小学数学教学技能导练

主　编　田晓葭
副主编　杨晓华　李海波

復旦大學 出版社

内容提要

　　本书根据教育部《全日制义务教育数学课程标准（实验稿）》的精神，本着实用的原则进行编写。全书以小学数学教师教学技能为研究对象，运用新课程的理念和方法，密切联系小学数学教学实际，将小学数学教师教学技能分为教学设计技能、课堂教学技能、教学评价技能、教学研究技能，每项技能从概念入手，辅之以典型的、具体的新课程案例解析，并配备了研究性练习，使技能训练操作性更强。

　　本书可以作为高等师范院校小学数学教育专业教材，旨在帮助师范生教学能力的提升。也可作为小学数学教师培训提高的教材，以及在职教师进修的参考书。

前言 *FOREWORD*

历史翻开了新的一页,人类跨入了崭新的 21 世纪。21 世纪是一个充满机遇和挑战的世纪,对人们提出了更高的要求,人才的竞争也更为激烈。提高人的素质和增强人才的竞争力的关键在教育,尤其是基础教育。

改革开放以来,我国的基础教育取得了辉煌的成就,基础教育课程建设也取得了显著的成果。但是,从时代对基础教育的要求来看,基础教育仍不能完全适应时代发展的需要,必须进行改革。从 20 世纪末到本世纪初,中共中央、国务院发布了两个文件:《关于深化教育改革全面推进素质教育的决定》和《关于基础教育改革与发展的决定》。随后,教育部为贯彻这两个《决定》,公布了《基础教育课程改革纲要(试行)》,确定了基础教育课程改革的具体目标。其中,最值得关注的有以下两项内容:

一是改革课程过于注重知识传授的倾向,强调形成积极主动的学习态度,使获得基础知识与基本技能的过程成为学会学习和形成世界观的过程。

其次是改革课程过于强调接受学习、死记硬背、机械训练的现状,倡导学生主动参与,乐于探究,勤于动手,培养学生收集和处理信息的能力,获取新知识的能力,分析与解决问题的能力以及交流与合作的能力等。

不言而喻,要想使基础教育改革获得成功,课程改革的目标得以实现,首先必须有一支高素质的教师队伍,才能培养出高素质的和具有较强竞争能力的人才,才可以说基础教育(主要是中小学教育)适应了时代发展的需要。高素质的教师必须具备两个条件:一是应摆脱传统教学思想中落后因素的束缚,确立适应时代发展需要的教学新理念;二是能娴熟地掌握和运用课堂教学艺术,精心地组织和安排课堂教学过程,使课堂教学出现一个生动活泼的、全体学生全身心投入的多层次的网络化结构,以达到教学形式与教学内容的完美结合。

基于以上认识,我们编写了《小学数学教学技能导练》一书,目的是给即将踏上教师这一岗位的"准教师"提供一本有关如何确立课堂教学新理念,如何提高自己课堂教学艺术水平的参考书。这本书具有两大特色:一是新颖——紧扣小学数学的课程标准,紧密联系小学数学新教材,体现新的课堂教学理念(如愉快教学,"教"要积极地适应"学",提倡精讲多练等等);二是实用——通俗易懂,具体,具有较强的可操作性,教师在自己的课堂教学活动中遇到问题时,大都能从中找到一些解决问题的途径和方法。

　　本书的编写参照了原国家教育委员会1994年颁布的《高等师范学校学生的教师职业技能训练大纲(试行)》。在编写过程中,我们始终坚持方向性、科学性、实践性、创造性原则,结合师范教育的特点,努力坚持对高等师范学校学生进行"双专业"训练的方向,引导学生树立成为21世纪高素质优秀教师的志向;本书着力于技能训练的指导,使教者好教,学者切实受到训练,突出实践性;我们在借鉴、参考大量中外教育理论著作和教育实践经验的基础上,克服了泛泛而谈的弊病,设计了本书独特的体例,体现了创造性。本书旨在使高等师范院校的学生在接受训练以后,能掌握作为专业教师无可替代的教学工作技能,提高求职过程中的竞争力,缩短任教的适应期,增强发展的后劲,为成为优秀教师奠定基础。

　　本书整体框架由田晓莅构建;绪论、第一章、第二章、第三章的第四节、第七章由田晓莅执笔;第三章的第一节、第二节和第三节、第四章由杨晓华执笔;第五章、第六章由李海波执笔。全书由田晓莅统稿。

　　本书在策划和建构框架的过程中,得到了黑龙江幼儿师范高等专科学校金日勋书记、陈虹岩校长、由显斌校长、徐青主任富有建设性的帮助和全力支持。值此成书之际,编者真诚地向所有关心和帮助这本书编写和出版工作的老师和朋友们表示衷心的感谢!

　　由于编写时间仓促,书中疏漏不妥之处在所难免,恳请广大读者不吝批评指正,以便日后加以修正,使这本书的质量得以提高。

编者

2010 年 4 月

目 录 CONTENTS

绪　　论

　　随着信息化、数字化、学习化社会的到来,社会对公民的数学素养提出了新的要求:人们每天面对越来越多的数字,需要从中理解数字所表达的信息,并会运用数字表达、计算和交流;空间与人类的生存和居住紧密联系,人们最先感知的三维世界是"空间与图形",要会通过正确描述事物的形状、大小,并会用恰当的方式表述事物之间的关系来认识周围世界,分析和理解现实世界,解决学习、生活和工作中各种问题;能掌握数据收集、整理、描述和分析的方法来理解丰富多彩的现实世界,更全面、更客观地认识人、自然和社会;能综合运用已有的数学知识、方法和经验与他人合作探究共同解决现实问题。

　　新世纪新起点,自从 2001 年以来的课程改革正如火如荼地进行中,对数学课程标准的理解、领会和把握就显得尤为重要。而当前小学教师的基本数学素养、数学基本功也因时代的不同、社会的发展、理念的更新产生了以下一些微妙的变化。

一、数学课程标准概述

　　数学教学大纲是指导数学教学的纲领性文件,规定着数学学科的性质、教学目的、教学要求和教学内容,是编写数学教材的依据,也是检查和评估数学教学质量的重要标准。新中国成立以来,除了 1950 年颁布的具有大纲性质的《数学课程暂行标准(草案)》以外,先后颁布了七部数学教学大纲。实践证明,沿用了几十年的数学教学大纲已不再适应当今社会进步、学生发展以及数学教学改革的发展需要。数学课程标准的颁布,标志着我国的数学教学改革又进入了一个崭新的发展阶段。

(一) 基本理念

1. 教育目的——数学教育的根本目的是面向全体学生,促进学生发展

　　随着社会的发展,数学教育目标在发生变化,由原来过多地关注基础知识和技能转变为在学习基础知识和技能的同时,更加关注学生的情感、态度、价值观,关注学生的一般发展。数学课程目标的核心是促进学生的发展,具体表现在以下几个方面:改变长期以来过分强调知识的掌握、技能的形成,而忽视学生的态度、情感和价值观;义务教育阶段的数学教育不是培养数学家,不是为培养少数数学精英,而是要面向全体学生,使每一个学生都能得到一般的发展;学生的发展不是同步的,不是一刀切,要使不同的

人在数学上得到不同的发展。

（1）人人学有价值的数学

有价值的数学有显性和隐性之分，显性的数学包括重要的数学事实、基本的数学概念和原理以及必要的运用数学以解决问题的技能；隐性的数学集中反映为具有元认知作用的各种思想意识（如函数思想、统计思想、优化思想和计算机意识、应用意识等等）和具有智能价值的数学思维能力（如主要用于分析问题的模型化能力，它主要用于解决问题的应用能力和一般智力意义上的推理能力等）以及具有人格建构作用的各种数学品质（如热爱科学、追求真理的求实、创新精神、一丝不苟、勤奋学习的科学态度等）。

（2）人人都能获得必要的数学

大量的事例说明，义务教育新的数学课程，在突出思想方法、紧密联系生活的原则下，估算、统计、抽样、数据分析、线性规划、图论、运筹以及空间与图形等知识是人人必需的数学。与此同时，枯燥的四则混合运算、繁难的算术应用题、复杂的多项式恒等变形以及归纳公理体系的繁难欧氏几何证明等等，这些与社会需要相去甚远、与数学发展方向相脱节、与学生实现有效智力活动相冲突的数学内容，理应删去。

（3）人人在数学上得到不同的发展

第一，每个人都有自己的生活背景、家庭环境、特定的生活与社会文化氛围，这导致了不同的人有着不同的思维方式、不同的兴趣爱好、不同的发展潜能。新体系下的数学课程将在使所有学生获得共同的数学教育的同时，让更多的学生有机会接触、了解乃至钻研自己所感兴趣的数学问题，最大限度地满足每一个学生的需要，对有特殊数学才能和爱好的学生提供更多的发展机会。从这个意义上讲，面向全体学生的数学与精英数学并不对立，恰恰相反，精英数学是面向全体学生的数学教育体系的有机组成部分。

第二，数学能够帮助人们处理数据，进行计算、推理和证明。数学可以提供自然现象、社会系统的数学模型，为其他科学提供语言、思想和方法，是一切重大技术发展的基础，在提高人的推理能力、抽象能力、想象力和创造性等方面有着独特的作用。

2. 数学的作用——树立"工具性"和"文化性"相结合的课程观

课程标准指出数学的价值主要体现在以下四个方面：

（1）工具价值：标准明确了"数学是人们生活、劳动和学习必不可少的工具"，这种工具性价值主要体现在它的思想能够帮助人们收集、整理、描述信息，处理数据，进行计算、推理和证明；数学模型能有效地描述自然现象和社会现象，进而解决问题；数学方法可以帮助人们更好地探求客观世界的规律，能对现代社会中大量纷繁复杂的信息作出恰当的选择与判断，并为人们交流信息提供一种有效、简捷的手段。

（2）基础价值：可以说现代一切重大的科学技术成果的发明和研制没有哪一项不以数学作为其研究的基础和工具。数学的基础价值主要表现为数学能为其他科学提供语言、思想和方法，这就要求我们的数学教育在让学生获得对数学理解的同时，更要让学生获得数学的思想和方法、解决问题的策略和应用数学的意识，以真正帮助学生学会用数学方法思考，形成数学的思维、积极的情感态度与健全的人格，为他们的一生奠定基础。

（3）能力价值：2000年版教学大纲指出"数学是日常生活和进一步学习必不可少的基础和工具"，这就使得数学教学的目标过于狭窄，内容过于单一，方式过于陈旧，导致数学教学的目的也强调在理解掌握基础知识和基本技能的同时，培养学生的能力，且仅限于逻辑思维能力或思维能力。课程标准将数学的能力价值重新确定为"数学在提高人的推理能力、抽象能力、想象力和创造力等方面有着独特的作用"。"逻辑思维能力"转变为"推理能力、抽象能力、想象力和创造力"，这说明数学的能力价值有了新的内涵和外延，也为数学教育全面培养学生的数感、符号感、空间观念、统计观念、应用意识和推理能力提供了一个教学依据。

（4）文化价值：课程标准在赋予数学以工具性价值的同时，还赋予数学以文化的价值，这是历次大纲所没有提到的,指出"数学也是人类的一种文化,是现代文明的重要组成部分"。数学的文化价值主要表现在:要用数学的悠久历史来展现数学文化的丰厚背景,用数学的广泛应用来感受数学文化的博大精深,用现代的文明成果来展现数学文化的功能价值,用数学的美学价值展现数学文化的无穷魅力。数学文化理念的提出,要求我们在数学教育中应积极地用数学学科自身的发展历程、数学应用的广泛性以及数学思考本身所带来的无穷魅力引领学生感悟到数学文化价值的所在。

3. 学习的方式——转变学习方式,赋予数学学习活动以生命的活力

课程标准明确强调了数学教育不能再单纯地依赖模仿与记忆,要转变过去的封闭、被动、接受性的学习方式,以"动作实践、自主探索、合作交流"作为学生学习数学的重要方式,使学生的数学学习不再单一、枯燥和沉闷、机械,以真正体现学生的数学学习活动是一个生动活泼的、主动的和富有个性的充满生命力的过程。

倡导有意义的学习方式:自主探索、亲身实践、合作交流、勇于创新。

(1) 在探索活动中,在解决问题过程中理解和掌握基本的数学知识、技能和方法。

(2) 提供充分从事数学活动的时间和空间。

(3) 改变教师角色,教师成为数学学习活动的组织者、引导者、合作者。

(4) 鼓励小组学习、合作交流、与人分享和独立思考的学习方式。

4. 教学的本质——揭示数学教学活动的本质,明确角色转变

"交往"意味着师生关系的平等与情感的沟通,"互动"意味着民主的对话与共同的合作,因此,数学课程标准指出"数学教学是数学活动的教学,是师生之间、学生之间交往互动与共同发展的过程"。教学活动是教与学的辩证统一过程,新课程赋予了学生以最多的思考、实践和交流的机会,教师更多时候是学生数学学习的组织者、引导者和合作者,教师的作用就在于激发学生的学习积极性,提供现实而有吸引力的学习背景,学生在自主探究学习后教师要进行有效的指导和促进,要深入了解学生的现实状态和思维水平,展开互动对话交流,善于倾听、捕捉、获取学生的课堂学习信息,有效调控教学,促进课堂的动态生成。

教师在教与学的双边活动中帮助学生通过观察、操作、实验、猜测、推理与交流等活动去"做数学",完成数学的"再创造",以促进学生真正理解和掌握基本的数学知识与技能,数学思想和方法,获得广泛的数学活动经验。而教师角色的重新定位是为了更好地体现学生学习方式的转变,因此,教学既要促进学生的学习与发展,也要关注教师在创造性教学实践中的专业发展,以体现师生共同发展的新理念。

5. 评价的目的——重新厘定评价的主要目的和体系

评价的主要目的是为了全面了解学生的学习状况,激励学生的学习和改进教师的教学,应建立评价目标多元化、评价方法多样化的评价体系。对数学学习的评价既要关注学习的结果,又要关注他们在学习过程中的变化和发展;既要关注学生数学学习的水平,又要关注他们在数学实践活动中所表现出来的情感与态度,帮助学生认识自我,建立信心。对评价结果的描述,应以定性为主,采用鼓励性语言;评价主体也打破了原来"教师一人说了算"的局面,评价由"自我评价、同学评价、教师评价、家长评价和社会有关人员评价"共同组成;评价内容实现多元化,包括参与数学活动的程度、自信心、合作交流的意识、独立思考的习惯、数学思考发展水平等;实行多样化的评价方式:书面考试、口试、作业分析等方式,也可采用课堂观察、课后访谈、大型作业、实践、操作活动、建立成长记录袋、分析小论文、活动报告等方式;评价过程的动态化是倡导为学生发展的评价,其过程应是动态的和开放的,促使学生看到自己的成长,看到自己存在的价值,看到独立个体的生命,这也体现了评价的人文关怀,唤起学生的学习内驱力。

6. 现代信息技术的使用——充分发挥现代信息技术在数学教育中的积极作用

课程标准强调"现代信息技术(特别是计算机和计算器)应成为学生学习数学和解决问题的强有力的工具"。因此,现代信息技术的发展将对数学教育的价值、目标、内容以及学习和教学的方式产生重大的影响。义务教育阶段的数学课程应重视运用现代技术,特别要充分考虑计算器、计算机对数学学习的影响,大力开发并向学生提供更为丰富的学习资源,把现代技术作为学生学习数学和解决问题的强有力工具,致力于改变学生的学习方式,使学生乐意并有更多的精力投入到现实的、探索性的数学活动中去。

在数学课程中的有效使用现代信息技术将有助于学生巩固概念和技能,使学生进行有意义的学习;丰富教学的手段;有利于学生进行合作学习;有利于在抽象概念和具体经验之间构建一座桥梁;有助于学生探索解决问题的不同方法,充分挖掘学生的学习潜能,在真正意义上做到尊重学生的创造性。

(二) 目标的分析

1. 总体目标特点

(1) 体现课程改革理念,注重学生发展。

(2) 把过程目标放在重要位置:使学生了解数学化的过程,增强应用数学的意识。

(3) 突出情感、态度与价值观的培养。

(4) 倡导学习有价值的、必需的数学知识、技能和思想方法。

2. 学段目标特征

(1) 分学段目标与总体目标的一致性:总体目标中提出的几个方面内容,在分学段目标中具体阐述。

(2) 各学段目标的统一性和层次性:1~3 学段都分为相同或相似的几个方面阐述,但随年龄提高要求不同。第一学段的"解决问题"要求"能在教师指导下,从日常生活中提出简单的数学问题",第二学段则表述为"能从现实生活中发现并提出简单的数学问题"。

(三) 内容标准的分析

1. 结构的创新

新数学课程标准的内容结构有较大的创新,内容体系力图反映出数学学习规律。新《标准》对义务教育阶段的数学教学内容要求作了统整和规划,在内容结构上,阐述了"数与代数"、"空间与图形"、"统计与概率"、"实践与综合应用"四个领域的内容标准,具有较大的创新。

第一,从总的结构上,新《标准》的四个内容领域分别都用不同的水平呈现给每个学段的学生,显示了数学内容的螺旋式上升的结构体系,符合学生的学习规律。

第二,从每一部分内容的具体目标的阐述中,不仅有传统的"了解"、"理解"、"知道"、"掌握"、"灵活运用"等要求,也有"经历"、"体会"、"探索"、"欣赏"、"体验"等新的术语,体现了新的课程理念。

2. 内容的变化

(1) 加强的内容

① 数感与空间感。

② 理解运算的意义、选择适当的运算策略与工具。

③ 加强口算与估算。

④ 体会与理解模式与关系。

⑤ 认识事物与图形的位置与变换。

⑥ 把统计与概率作为一个重要内容。

⑦ 加强数据的搜集、整理、分析与应用。

⑧ 加强实践与综合应用。

⑨ 重视计算器的运用。

(2) 削弱的内容

① 淡化繁杂的计算。

② 降低笔算的要求。

③ 不独立设置"应用题"单元,取消对应用题的人为分类。

(四) 教学过程的理解

新课程标准下数学教学过程可作这样的表述:数学教学过程是师生双方在数学教学目的指引下,

以数学教材为中介,教师组织和引导学生主动掌握数学知识、发展数学能力、形成良好个性心理品质的认识与发展相统一的活动过程。

1. 新课程下的数学教学过程是多种要素的有机结合体

在新课程下,数学教学过程是实现课程目标的重要途径,它突出对学生创新意识和实践能力的培养,教师是数学教学过程的组织者和引导者。新课程要求教师在设计教学目标、选择课程资源、组织教学活动、运用现代教育技术,以及参与研制开发学校课程等方面,必须围绕实施素质教育这个中心,同时面向全体学生,因材施教,创造性地进行教学。新课程标准下还要求教师学习、探索和积极运用先进的教学方法,不断提高师德素养和专业水平。学生是数学教学过程的主体,学生的发展是教学活动的出发点和归宿,学生的学习应是发展学生心智、形成健全人格的重要途径。因此,数学教学过程是教师根据不同学习内容,让学生采取掌握、接受、探究、模仿、体验等学习方式,使学生的学习成为在教师指导下主动的、富有个性的过程。教材是数学教学过程的重要介质,教师在数学教学过程中应依据课程标准,灵活地、创造性地使用教材,充分利用包括教科书、校本资源在内的多样化课程资源,拓展学生发展空间。

2. 新课程标准下数学教学过程的核心要素是师生相互沟通和交流

新课程标准下数学教学过程的核心要素是加强师生相互沟通和交流,倡导教学民主,建立平等合作的师生关系,营造同学之间合作学习的良好氛围,为学生的全面发展和健康成长创造有利的条件。因此数学教学过程是师生交往、共同发展的互动过程,而互动必然是双向的,而不是单向的。

新课程标准下教师高超的教学艺术之一就在于调动学生的积极情感,使之由客体变为主体,使之积极地、目的明确地、主动热情地参与到教学活动中来。教师在数学教学过程中以肯定和赞美的态度对待学生,善于发现并培养学生的特长,对学生已经取得或正在取得的进步和成绩给予及时、充分的肯定评价,从而激发学生的自信心、自尊心和进取心,不断将教师的外在要求内化为学生自己更高的内在要求,实现学生在已有基础上的不断发展。

3. 新课程标准下,数学教学过程的完美实现在于教师与学生的充分理解和信任

新课程标准下要求教师在数学教学过程中充分理解和信任学生。理解是教育的前提。在教学中教师要了解学生的内心世界,体会他们的切身感受,理解他们的处境。尊重学生,理解学生,热爱学生,只要你对学生充满爱心,相信学生会向着健康、上进的方向发展的。因为"教育是植根于爱的"(鲁迅语),"聪明的教师总是跟在学生后面;愚昧的教师总是堵在学生的前面"。

新课程标准要求教师"目中有人",把自己视为教学的指导者、促进者和帮助者,是"带着学生走向知识"而不是"带着知识走向学生"。基于此,课堂上教师可以采用"小组合作学习"的教学形式,以小组成员合作性活动为主体。学生在小组内相互讨论、评价、倾听、激励,加强学生之间的合作与交流,充分发挥学生群体磨合后的智慧,必将大大拓展学生思维的空间,提高学生的自学能力。课上教师应该做到三个"不":学生能自己说出来的,教师不说;学生能自己学会的,教师不讲;学生能自己做到的,教师不教。尽可能地提供多种机会让学生自己去理解、感悟、体验,从而提高学生的数学认识,激发学生的数学情感,促进学生数学水平的提高。

4. 新课程标准下数学教学过程强调教师的组织性和协调性

新课程标准下教师已经不再是单纯地传授知识,而是帮助学生吸收、选择和整理信息,带领学生去管理人类已形成和发展的认识成果,激励他们在继承基础上加以发展;教师不单是一个学者,精通自己的学科知识,而且是学生的导师,指导学生发展自己的个性,督促其自我参与、学会生存、成才成人,是各种知识源泉的组织者、协调者,他们让学生走出校门,感受社会和整个教育的文化。

新课程标准下的数学教学过程对学校管理,对教师和学生都提出了新的要求,面对新课程,教师要在数学教学过程中充分理解新课程的要求,要树立新形象,把握新方法,适应新课程,把握新课程,掌握新的专业要求和技能——学会关爱、学会理解、学会宽容、学会给予、学会等待、学会分享、学会选择、学会激励、学会合作、学会创新,只有这样,才能与新课程同行,才能让新课程标准下的数学教学过程更加流畅。

二、数学素养

数学素养是一种个人能力,小学教师应能确定并理解数学在社会中所起的作用,得出有充分根据的数学判断和能够有效地运用数学。这也是培养小学生作为一个有创新精神、关心他人和有思想的公民,从而更好地适应当前及未来生活所必需的数学能力。在上述的界定中有以下几个方面需要做进一步的阐述和说明,以便我们更好地理解其内涵。"社会",它包括自然、社会,个体生活的文化背景;"从事",它并不仅仅指狭义上的身体的或社会的行为,而是包括传递、联系、评价甚至欣赏陶醉于数学知识;"当前及将来的生活",它包含有个体的私人生活,职业生活,与朋友、亲友的社会生活,以及作为社区公民的生活。基于以上对数学素养的认识,小学教师主要应有四个方面的数学素养,即数学技能、主要的数学概念、数学课程因素和数学情境。其中,数学技能和主要的数学概念为主要内容,数学课程因素和数学情境则是次要内容。

(一)数学技能

数学技能是指数学的综合能力,它是评定小学教师所有的数学素养的第一个主要方面,它包括各种不按等级顺序排列的数学综合能力,当然,这种技能与各级的教育相关。具体而言包含这样几个方面:数学的思考能力;进行数学论证的能力;建立模型的技能;提出问题并解决问题的能力;表示的能力;使用符号、形式和技术能力;交流观点的能力;使用各种工具、辅助物的能力。

(二)主要的数学概念

主要的数学概念应是包含有足够多的类型和深度来揭示数学的本质。要学会慎重选择机会、变化和增长、空间和形式、数量推理、不定性、从属性关系等概念作为其需要的主要数学概念。

(三)数学课程因素

主要来源于职前所学的系统的数学课程,这部分内容包含有数字、测量、估计、代数学、函数、几何学、概率、统计学、离散数学等。

(四)数学情境

要求小学教师能在各种不同的情境中解答数学问题,运用数学知识。

三、数学基本功

小学数学教师须有的基本功很多,主要有以下几方面:

(一)计算基本功

它包括口算、速算、估算与四则混合运算。随着当前科学技术和生产的飞跃发展,现代化计算工具已日益普及,繁杂的大数目及四则混合运算完全可以由计算工具来进行。为保证小学生具有一定的计算能力,要求一些基本口算达到熟练的程度即可。预测计算是小学数学教学的一项内容,加强口算与估算,可以提高学生的基本素质。在计算教学中,要重视算理教学和过程教学。因此,小学数学教师必须掌握估算、速算与四则混合运算,熟练掌握计算机、计算器的原理与用法。

(二)逻辑思维基本功

思维能力是智力的核心。逻辑思维基本功包括分析综合基本功、比较抽象基本功、归纳、类比基本功、检验和论证基本功。

（三）识图、画图基本功

空间想象能力是人们对客观事物的空间形式及符号表示，进行观察、分析、抽象思考的能力。作为合格的小学数学教师，识图、画图是从事小学数学教学必备的基本技能，包括能熟练地使用绘图工具画出平面几何图形和其他示意图；会画小学数学教材中的角、垂线与平行线、多边形、圆等简单几何图形的组合图形；扇行图、条形图等统计图；圆的等分等；掌握直线和平面的空间位置的画法；简单多面体旋转体的直观图的画法；会水平放置的平面图形的斜二测和正等测的画法；会画空间两直线、两平面、直线与平面的各种位置的关系的图形；会画简单多面体和旋转体及其组合体的直观图。

能熟练地进行命题画图，包括："执意画图"，即把文字，语言（或符号）一句句直接转化为图形；"推理画图"，即根据条件弄清图形的基本元素和位置关系，进而构思成图；"命题画图"，即根据命题条件，画出图形，并且把命题结论在图形中反映出来。

能熟练地分解图形，能从复杂图形中抓住基本图形，分析图形中元素间的关系。根据直观图形，思考空间图形及其位置关系。

（四）数学语言基本功

语言是人类特有的信息交流和感情交流的工具，它是以语音和字形为物质外壳，以词汇为建筑材料，以语法为结构规律而构成的，是社会约定俗成的音义结合的一种符号系统。世界上的语言各种各样，数学语言是其中的一种。掌握数学语言有利于学生掌握数学基础知识，有利于发展学生的思维能力，有利于教师进行小学数学教学工作。数学语言有别于其他语言，它是用来认识和处理数量关系与空间形式的特殊语言，具有确定性和抽象性，数学语言要求能用词语正确地表达数学内容，能用简明的语言叙述的数学内容具有科学性，符合客观事实或已有的科学理论，要逻辑严密，无懈可击。数学语言分为口头表达和书面表达两种，口头表达要语音适度，节奏分明，形象生动。书面语言包括文字语言和图形语言两种，文字语言要求题文要一致，叙述要简明，判断要恰当；图形语言要简单、清晰、准确，易于理解。

第一章

教 学 技 能

"树人自是千秋业,名扬教师万里风。"教育是一种特殊的生产部门,教师是特殊的生产者。邵守义教授说过:"教师的工作决定着学生的前途和命运,决定着一些家庭的痛苦和欢乐,决定着祖国的未来和希望。"(摘自邵守义《在母校八十周年校庆大会上的演讲》)可见,教师有什么样的工作,有什么样的劳动,就会带来什么样的教学结果,产生什么样的社会效应。因此,社会对教师也就提出了更高更严的要求。首先要求教师应该是一个知识渊博的人,或者至少在某一门学科或某一个方面具有专长的人。我们平时常说,要交给学生"一杯水",教师得先拥有"一桶水",这"一桶水"便是教学工作对教师的知识量提出的要求。其次要求教师应具有娴熟的教学技巧和方法。而这似乎更为重要。正如前苏联教育家加里宁所说:"具有知识的人不一定就胜任教学,这只是掌握了材料。材料多固然好,但还要求有极大的技巧来合理地利用这些材料,以便把知识传授给别人。"

第一节 教学技能的概念

一、教学技能的研究意义

21世纪是知识经济的时代,世界已进入一个竞争更加激烈的社会,国家对高素质人才的需求空前提高。人才培养的关键是教育,教育质量的提高关键在于教师的素质,要求教师成为一种专业,教师不仅是学科的专家,而且是教育专家,像医生、律师的专业一样是一专门的职业,具有不可替代性。

随着基础教育课程改革的深入和普及,教师面临着严峻的挑战,经调查表明,挑战居然有十种之多,即:全面展开的素质教育;大张旗鼓来势凶猛的课程改革;现代信息技术与学科课程的整合;创新教育的推进;社会及学生家长的高期望值;社会上教师职业的激烈竞争;教育对象的巨大变化;中国加入世界贸易组织;教师社会交往与协调;新时期教师角色的调适。这些挑战首当其冲的是:如何提高教师的专业能力水平,适应教师专业发展的需要;如何发掘优质的培训资源,适应基础教育课程改革的需要。

作为基础教育主干学科的小学数学,其教学所花费的时间约占小学阶段全部课时的40%,学时不可谓不多,但是教学效果并不令人满意。造成高耗低效这一状况的原因固然很多,但是决定性原因恐怕还是在于小学数学教师整体素质不高,特别是教学技能水平不高,尽管他们接触了教育学、心理学、教材教法等课程,但教学技能并没有得到良好的训练。

我国长期以来一直采用见习、实习的整体训练方式培养、培训教师,其效果难如人意。过去的教育学教材和教学科研中对教学技能的提法过于原则、抽象,这对教师的培养、培训缺乏实际意义。而近几十年来,国际上对教师教学技能培养培训的具体化已成为大趋势。

高等师范院校是培养基础教育教师的场所,要提高基础教育的质量首先必须提高师范生的质量,以适应未来教育教学工作的需要。随着教师专业化在世界各国的推进和我国基础教育以课程改革为核心的教育改革发展,以及未来对教师的要求越来越高,师范院校必须改变过去师范生培养的方式和方法。

我们应当针对我国目前师范教育存在的问题,从改变思想观念入手,建立教师教育新体制,改革师范院校的课程体系,从促进师范生教师专业化发展出发,从探索师范生教师专业化发展途径出发,确立师范生培训的内容和方法。教师专业化的一个重要方面是教师教学技能的培养和发展。

教学技能是教师从师任教的基础,在实施素质教育的过程中,教师没有熟练的教学技能,再好的素质教育思想也难于在课堂教学中得到贯彻和体现,例如,不掌握学习指导技能,就不能使学生认知活动得到发展,为终身学习打下基础;课堂教学的导入设计不好,就不能为学生创设有利于学习的情景,把学生兴趣盎然地带进学习;教师的语言技能比较差,就不能有效地表达自己的思想和情感,影响学生对问题的理解;教师的提问技能不过关,就不能有效地启发学生的思维活动和对学生进行强化、鼓励等。教学技能是教师专业化的重要组成部分,是教师必须掌握的教学基本功,而每一项基本功都是决定教学质量的重要因素,教学基本功的习得是正确的知识与科学的训练的结果,也是过去教学实践中符合教学规律的经验的积淀。

二、教学技能的概念

对于教师教学技能的研究在我国还不深入,没有一个公认明确的概念。在教育心理学中对技能进行了明确的定义,如"技能是顺利完成某种任务的一种活动方式或心智活动方式,它是通过练习获得的"。(潘菽《教育心理学》)而国外在微格教学或教育技术的研究中一般都给予了较为明确的概括。例如:澳大利亚悉尼大学克利夫认为:"基本教学技能是在课堂教学中教师的一系列教学行为。这些行为是影响教学质量、促进学生学习的主要方面,它们具有可观察性、可描述性和可培训性,每一种行为又具有能被分解为不同构成要素的特点。"其他一些国家的定义则与此接近。印度《教育技术概论》认为:"教学技能可以定义为一套能够在学生中造成如期变化的特别有效的行为。"《培格曼最新国际教师百科全书》说:"教学技巧是教学行为专业化的一个方面,它被认为是促进学生取得优异成绩的最有效途径。"

从心理学对技能的定义和国外对教学技能的概括中我们可以看出,技能是顺利完成教学任务的行为方式,其目的是引导、促进学生的学习,掌握基础知识、形成技能和能力,为学生顺利完成学习任务形成情感、态度,达到学习目标创造有利条件。

因此,教学技能是指在教学工作过程中教师完成某种教学任务的一系列行为方式。具体地说是教师在教学中,依据教学理论,运用专业知识和教学经验等,使学生掌握学科基础知识、基本技能并受到思想教育等所采用的一系列教学行为方式。教学技能是教师的职业技能,是作为一个教师必须掌握的。它不但有教育、教学理论做基础,还有实践的原则和要求,是教师培养中不可缺少的一个重要方面。教学技能的运用,既受到教师本人对教学的认识及教学经验多寡的制约,同时又是经过学习和训练可以获得的。教师一旦掌握了各种教学技能,就有利于他们经验的积累和水平的提高。

教学技能的涵义揭示了其内涵,教学技能的分类则确定了其外延。目前对教学工作技能的分类研究有许多值得重视的见解和观点,如前苏联教育心理学家提出过信息传递、引起动机、促进发展、定向四项技能技巧。日本教育家提出过教学设计、课堂教学技能、学校管理技能、普通教学技能、明确课题实质五大技能。美国斯坦福大学则提出刺激的变化、导入、概括、沉默与非言语暗示、学习者

参与教学的强化、提问的频率、提问的深度、高质量的问题、发散的问题、留意对方的发言与行动的态度、解释和实例的作用、讲解、预定计划的反复、沟通的完成共 14 种技能。英国的微格教学工作者特罗特把在教学中能够观察、表现、实行量化分析并为教师所熟悉的教学行为,设定为六种教学工作技能,此外,日本、印度等国也提出几种观念。我国自 1989 年引进微格教学后,一些师范院校和教师培训部门将"微格教学"引入了教师教育领域,开展并加强了对教学技能的研究,国家教委在 1994 年下发的《高等师范学校学生的教师职业技能训练大纲》中,把教学技能分为五类:教学设计技能、使用教学媒体技能、课堂教学技能、组织和指导课外活动技能以及教学研究技能。在课堂教学技能中,主要设定了九项基本技能,即:导入技能、板书板画技能、演示技能、讲解技能、提问技能、反馈和强化技能、结束技能、组织教学技能、变化技能。有的从传播理论出发,通过对教学信息传播过程要素的分析,设定了导入、语言、板书、教态、演示、讲解、提问、反馈强化、结束和组织 10 项教学技能。还有的从系统理论出发,对教学过程进行任务分析,设定了 8 项教学技能。虽然所依据的理论各不相同,但所设定的教学技能基本是一致的。

第二节　教学技能的功能

教学技能是指教师运用有关的知识和经验,有效地进行教学与促进学生学习的教学行为方式。教学技能的习得有两个条件:第一,必须通过学习掌握一定的知识。作为小学数学教师应具备相应的数学专业知识、数学教育学知识、数学教学心理学知识和哲学、美术、伦理学,甚至天文、地理等百科知识,以及教学技能本身的知识;第二,必须在掌握知识的基础上,进行反复的教学实践和科学的训练,才能真正习得教学技能。

系统论认为,功能是要素,特别是结构作用的表现。也就是说,系统的要素与结构决定系统的功能。所谓功能是在一定的环境下所能发挥的作用。教学技能的有效运用能对教学活动发挥哪些作用呢? 从整体上分析,教学技能整体结构具有以下五大功能:

1. 导向功能。

一个系统的结构是按照系统的目的建立并调整的,所有教学技能的运用都是为了达到一定的教学目标。教师通过教学技能的运用以实现教学目标,这就是教学技能的导向功能。

2. 调控功能。

要达到预定教学目标,教师必须综合运用各种教学技能进行调控。因此,教学技能具有调控功能。如课堂上出现了偶发事件,影响了课堂教学的有序进行,教师就必须恰当运用组织、应变、语言等技能进行调控,使课堂教学回归到有序状态。

3. 传知功能。

教学目标之一是向学生传授知识,教师有效运用各种教学技能就可以达到传知的目的。因此,教学技能具有传知功能。如讲授技能的运用,能使学生认识、理解和掌握各种数学知识,并促使学生运用这些知识去解决问题。

4. 启智功能。

开启学生智力,培养数学能力,是小学数学教学的又一个目标。教师有效地运用各种教学技能可以培养学生的感知能力,激发学生的想象和思维,促进注意力和记忆力的发展,这样,可以发展学生的认识能力和理解运用数学思维的能力。如提问技能的运用,可以激发学生思维,发展学生语言。

5. 激趣功能。

培养、激发学生数学学习的动机和兴趣,提高学生非智力因素的素质,是小学数学教学目标之一。教师在课堂教学中恰当运用各种教学技能,可以培养和激发学生的动机和兴趣,调动学生学习积极性和主动性。如板书技能的运用,以其直观性、形象性来激发学生数学学习的兴趣。

第三节 小学数学教师应具备的教学技能

为贯彻《中共中央国务院关于深化教育改革全面推进素质教育的决定》，1999 年教育部正式启动新一轮基础教育课程改革，2000 年人教社对教学大纲进行了修订，并对教材也进行了大幅度的修改。2000 年 1 月至 6 月通过申报、评审，成立了各学科课程标准研制组。2000 年 7 月至 2001 年 2 月，各研制组在专题研究的基础上形成了课程标准初稿。3 月教育部基础教育司在 9 个地区向广大教育工作者和专家学者征求意见，对各学科课程标准进一步修改。7 月教育部颁布《基础教育课程改革纲要（试行）》和《全日制义务教育课程标准（实验稿）》。数十家出版社纷纷依据新课标编写了新课标教材，并于 2001 年秋季在全国 38 个实验区进入新数学教材的实验阶段。2003 年 4 月，《普通高中数学课程标准（实验）》颁布，标志了我国中小学课程已经进入全面实施阶段。随着对课标的不断修改与深入学习，实验教材的使用范围也在一步步扩大。

不同以往的教学大纲，《数学课程标准》更关注人的发展，关注学生的经验和兴趣，关注学生的情绪和情感体验，立足于学生的全面发展。实施数学课程的直接结果就是在数学课程中出现了 5 个引人注目的变化。第一是小学数学课程理念的变化；《数学课程标准》提出了一种全新的数学课程理念："人人学有价值的数学；人人都能获得必须的数学；不同的人在数学上得到不同的发展。"这种全新的数学课程理念使得小学数学课程具有价值性、必需性、发展性和选择性等特点。第二是小学数学教学目标的变化；《数学课程标准》注重学生数学学习体验的实际意义，总体目标被细化为四个方面：知识与技能、数学思考、解决问题、情感与态度。第三是小学数学学习方式的变化；新一轮数学课程改革的核心是注重数学教学中学生参与活动，《数学课程标准》指出："动手实践、自主探索与合作交流是学生学习数学的重要方式。""数学学习活动应当是一个生动活泼的、主动的和富有个性的过程。"这种学习方式的改变首先需要教师改变课堂教学观念，为学生提供充分的从事数学活动的时间与空间，摆脱那些烦琐枯燥和重复性的工作，使学生在探索实践合作交流的氛围中进行数学思考，解决数学问题。第四是小学数学课堂教学的变化；《数学课程标准》指出："数学教学应从学生实际问题出发，创设有助于学生自主学习的问题情境，引导学生通过实践、思考、探索、交流，获得知识形成技能，发展思维，学会学习，促使学生在教师指导下生动活泼地，主动地、富有个性地学习。"这就使得课堂教学注重于教师在教学过程中的引领和情境的创设。第五是小学数学学习评价的变化；课程标准提倡评价目标要多维性、评价方法要多样性、评价主体要多元性。这就要求教师改变以往的评价理念，多角度、多方位地实施评价，通过评价促使学生全面持续地发展。

随着课程改革的不断深入，小学数学课程理念、课程目标、教材内容、学习方式、教学方式的不断更新，对教师的教学行为提出了更高的要求，即要具有创新精神和强化实践能力；建立与学生和平融洽的气氛的能力；提高把握新课程的能力；提高使用现代教育技术的能力。

新课程背景下小学数学课程的变化对教师的教育教学行为提出了许多新的要求，小学数学教师应具备的教学技能的内涵也在发生着变化。因此，研究小学数学教师教学技能问题，尤其是研究和创新教学技能就显得极其重要了。

回顾传统课堂教学技能，我国一致公认的分类体系将课堂教学技能分成以下十项：

导入技能：集中注意，激发动机，明确意图，进入交流；

语言技能：运用正确的语言、语调、语义交流信息；

板书技能：提纲挈领，明确重点，辅助口头语言交流；

变化技能：活跃气氛，增强情感，辅助口头语言交流；

演示技能：增强感知，交换信息通道，增强交流效果；

讲解技能：形成概念，掌握规律，揭示交流实质；

提问技能：检查学习，促进思维，获得反馈，改善交流效果；

反馈加强技能：实现反馈，强化学习，巩固交流成果；

结束技能：总结归纳，拓展延伸，形成体系，结束交流；

课堂组织技能：教育学生，指导学习，保证交流顺利进行。

近几年来，我国的学者在对已有技能的改造和开发上也有了一定的成绩：王海秋先生在 1997 年提出了课堂观察技能和反应技能；刘启艳教授在 1999 年提出了合作学习技能和作文指导技能；孙连众先生在 1999 年提出了构建教学技能。这些研究在我国都形成了一定的影响，这些技能更多地注重了师生之间的联系，关注到了学生的需求，具有一定的意义。

新课程改革后，小学数学教师不但需要掌握基本的课堂教学技能，还应掌握适合数学课程的新技能，以便于更好地落实与完成新课程改革提出的新要求，促进学生更好地发展与完善。

第二章

教学设计技能

　　"设计"一词来自工程学。广义讲,几乎人类一切有目的的活动都涉及设计,如建筑设计、机械设计、线路设计、服装设计、美术设计等等。人们为了达到自己的目的,都要寻求解决问题的途径,而寻求解决问题途径的过程就是设计。教学是一项有目的、有计划的人类活动,为了达到一定的教学目标每一位教师都在自觉或不自觉地依据一定的教育思想和自己对教育、教学过程的理解,以各种方式、方法对教学活动进行计划安排,即对教学过程进行设计。如何对教学进行科学的设计是教育科学发展的产物。

　　教学设计是教育技术学的一个分支,是用科学的方法对教学进行研究。随着教学的发展,特别是新课标的实施对教学提出的新要求,课堂教学设计的研究对提高课堂教学效果显示出越来越大的作用。

　　在教学领域大力普及有关教学设计的理论知识,提高小学数学教师教学设计能力,对于改革教学方法提高教学质量具有重要的作用。

第一节　教学设计概说

一、教学设计的意义

　　教学设计是按照整个教学系统的规划,是教师教学准备的组成部分。教学设计以传播理论和学习理论为基础,应用系统理论的观点和方法,调查分析教学中的问题和需求,确定教学目标、建立解决问题的步骤,选择相应的教学活动和教学资料,分析、评价其结果,以达到最优的教学效果。

　　教师在备课过程中,如何组织、设计一节课,把各种教学资源有机结合起来,合理加以利用,使教学形成系统,达到优化,是教师搞好教学的一项重要工作。一般来说,我们把教师在备课过程中相互联系的各个部分的安排做出全部计划,确定一个分析研究的方法和解决问题的步骤,并对预期的结果进行分析,这种系统的计划教学的过程叫做课堂教学设计。

　　教学设计与教学计划是两个不同的概念。教师在制订教学计划时,是根据自身的教学经验、知识水平和教学条件来计划自己的教学过程和活动方式。这是一种传统的制订教学计划的方法,它通常受到

教师自身经验和知识水平的限制,而要使之达到完善,则需要长时间的经验积累。教学设计是以系统理论、传播理论、学习理论等为基础,应用系统的思想和方法分析教学需求和实施过程,根据教学目标探索教学过程中诸要素的相互关系和各种教学方法、教学媒体的合理组合,以求得教学效果的优化。

教学设计在思想观念上不同于教学计划。过去的教学计划所依据的是教学目的,是以教师的直观感觉和主观经验为基础的,它所关心的是教师教的方法而不是学生学习的方法,计划是教的过程而不是学生学习的过程,把学生置于被动的地位。教学设计则依据明确、个体的教学目标,关心学生通过学习将会做什么及达到什么程度;它从学生的学习方法和学习过程出发,着眼于激发、促进每一个学生的学习;它要求教师有效地使用各种教学媒体,发挥各种教学技能的作用,帮助学生达到预定的教学目标;并通过及时地反馈改进教学和强化学生的学习。

课堂教学是学校教学工作的基本形式和中心环节,也是实施小学数学课程,实现课程目标的主要途径。要提高小学数学的教学质量,最根本的一条就是提高课堂教学的效果。

教学设计以优化课堂教学效果为目的,搞好教学设计是提高课堂教学效果的根本保证,也是减轻课后批改作业和个别辅导的压力,实现教学良好循环的关键。

$$\longrightarrow 课前准备充分 \longrightarrow 课堂教学效率高 \longrightarrow 作业批改、个别辅导省力 \longrightarrow$$

可见,掌握教学设计技术,对于新教师来说,是胜任课堂教学的第一步;对于老教师来说,则是一项精益求精、没有止境的工作。即使同一教材反复教学多次,仍要认真进行教学设计。

如果把课堂教学看作一项工程,那么备课就相当于施工前的设计工作。然而,在现实中,可能有完全一样的工程,却不可能有完全一样的课堂教学,这是因为学生情况在变化,教学内容在更新,教学方法也需要不断改进,所以教学设计不能一劳永逸。

二、教学设计的作用

(一) 有利于大面积提高教学质量

教学设计着眼于激发、促进、辅助学生的学习,保证没有一个学生处于教育劣势,力争使每个学生都有同样的机会发挥和完善自己的才能,能适应环境并积极参与改造的活动。这样就能保证教学面向全体学生,促使大面积提高教学质量。

(二) 有利于因材施教

教学设计强调教学不仅要从社会需要、教学内容、教师及教学资源等实际出发,更要求对学习者进行科学分析,综合考虑生活采用何种教学策略、教学环境,并通过评价进行反馈,根据每个或某类学习者实际,采取强化措施,使教学对不同的学生产生不同的效果,促使他们按各自的特点有效发展,真正做到因材施教。

(三) 有利于教学过程最优化

教学设计具有很强的适应性,大量地用于课程设计、单元设计、课堂设计、教学课件和媒体设计等,因而有利于教学过程的各个环节都保持最佳状态。

三、教学设计的特点

(一) 科学合理

教育是艺术,但教育首先是一门科学,它的目的是培养人,教学设计就是围绕如何更有效地把知识传授给学生,为提高学生素质服务。教学设计要符合教育教学的科学理论,符合其他相关学科的科学理论,才能达到培养人的目的。

（二）严谨周密

教育既然是科学，就要以科学的精神和科学的态度去处理教学事务。教学设计是最直接作用于学生，直接关系到人的素质培养的问题。因此，教学设计的整体应是严谨周密的，每一个细节都应是一丝不苟的，因设计不严密而产生的漏洞和错误，既会浪费教学时间，又无从谈教学效果。

（三）新颖有趣

教学设计的艺术性就体现在新颖性和趣味性上。为实现同一教学目标，各位教师可以设计出不同的教学方案。墨守成规、枯燥呆板的方案是很难把教学双边活动统一起来的。优秀的教学设计要与时俱进，密切联系发展的情况，灵活、艺术地处理教学内容。优秀的教学设计还具有趣味性，有趣味才能调动学生学习积极性，使学生学得轻松愉快。

● 四、教学设计的分类

由于在设计中所依据的原则、理论及设计层次、具体内容的不同，又可以分为以下几种类型。

（一）按设计理论分类

经验型教学设计：教师根据自身的教学经验、知识水平和教学条件等来设计教学过程，是一种传统的教学设计方法。这种设计方法受到教师本身经验和教育、教学知识水平的限制，使教师不能站在理论的高度上来研究教学，解决教学中的问题，也难于在短时间内提高教师的教学水平。因此，要使之达到完善，需要长期工作经验的积累。

程序型教学设计：是 20 世纪 40 年代以来，在斯金纳等人的推动下，根据刺激-反应学习理论，把教学内容序列化，编制成一套教学程序，用程序教学书、程序教学机、电子计算机等来执行教师的功能，完成教学任务，这是程序教学和计算机辅助教学的基础。目前把这种方法引入到课堂教学设计中来，用流程图的形式来表示和研究教学过程。

系统型教学设计：是近年来发展起来的一种方法。它以传播理论和学习理论为基础，应用系统的观点和方法，分析教学中的问题和需要。根据教学目标和教学资源，探索和规划教学过程中诸因素的相互关系并合理组合，通过评价不断改进，以求得教学效果最优化的教学设计方法。

（二）按设计层次分类

课程设计：课程是比较综合和复杂的系统，它包括一类学校、一个学科或一个学习系统的设计。通常由系统目标的确定、实现目标方案的建立、分析系统要素的构成、系统的建立及试行、评价和修改等几方面工作所组成，涉及面广，难度较大。系统设计一旦完成，就要投入范围很大的特定场合使用和推广。因此，这一层次的设计需要由教学设计人员、学科专家、教师、行政管理人员，甚至包括有关学生组成的设计小组来共同完成。

课堂教学设计：是根据课程标准或教学大纲、教材的要求，针对一个班学生的具体情况，在固定的教学设施和教学资源条件下进行的教学设计。其设计工作的重点是充分利用已有的设施，选择或编辑现有的教学材料，根据学生的特点计划教学活动的过程，为教学目标的实现对教学的各方面及实施的整个过程进行设计。

教学媒体设计：是以教学中需要使用的媒体、材料、教学包等为对象的教学设计。通常由教学设计人员、教师、学科专家及媒体制作人员共同完成。设计开发出的产品通过试用、评价、修改，便可推广使用。

（三）按设计内容分类

教学设计按设计内容可分为教学目标设计、教学内容设计、教学方法设计、教学媒体应用设计、教学

组织形式设计、教学环境设计和教学评价设计等。

虽然以上的方法各不相同,但是它们之间确有紧密的联系。作为一名教师和教学研究人员,既要从总的目标出发掌握课程的整体,又要落实到具体课堂之中;既要总结和积累实际的教学经验,又要贯彻新的教学理念,形成一定的模式,站在理论的高度上对教学工作进行全方位的思考。诚然,教学设计不同于工程设计,没有必须严格遵守的公式和定理,但只要准确地从宏观上和微观上把握教学目标、教学资源和教学评价等设计的原则和方法,就有可能更好地对教学系统进行设计。

◉ 五、教学设计的总体要求

(一) 要有正确的教育思想

特级教师钱梦龙说得好:"教学思想是教学设计的灵魂。"要拿出较科学合理的教学设计,就必须树立正确的教育思想。不同的教育思想指导下的教学设计差异是很大的。近年来教育开放越来越深入,各种新的教学方法、教学模式层出不穷,诸如合作学习模式、探究学习模式、体验学习模式等等,这些新型的教学成果,就是在新的、正确的教育思想指导下产生的。

(二) 要围绕教学目标进行

教学设计与教学目标的关系是手段与目的的关系。教学目标是教学工作的出发点和归宿,是联系教材与《课程标准》的桥梁,教与学的一切活动都要围绕它来进行。教学设计是实现教学目标的手段,是为教学目标服务的。教学设计最忌脱离教学目标,摆花架子,让人觉得设计的外表看起来很好,或者实际教学应用起来很花哨,但无实际作用,不能为实现教学目标服务。如一个教师教"元、角、分的认识",整个设计有提问、有实物演示、有投影、有讨论,实际教学的气氛也十分热烈,其实,学生在幼儿园和家长那里就已经获得了钱币的知识,再则,教材中关于"分币"的知识已经过时,书中的样币已经很少使用,教师却没有变通,仍在那里兴致勃勃地演戏,从实际角度说,这个老师这节课没有实现让学生认识钱币的教学目标。

(三) 要讲究教学效果

教学效果就是教师为达到教学目标而使学生的知识、情感、技能有较大的发展和提高。教学设计就是要让这种效果得到最大限度的发挥。教师进行设计时要充分重视对学生学习情况的了解,即要对学生的认知水平、情感态度、学习技能有较全面的、准确的了解,才能因材施教,制定教学措施。设计要重视效能反馈,调控教与学的活动,尽量缩小教学效果与教学目标的差距。比如,有个教学教"元、角、分",事先设计就做好了心理准备,当课堂教学一开始,就提问学生关于书本上钱币的知识,学生都能对答如流,教师马上调整设计,给学生介绍新版人民币的知识,并适当补充关于以前几套人民币的知识。这节课虽然在某些程度上脱离了课本,但因教师及时调控,教学效果十分显著,真正实现了教学目标。

(四) 要有一定的远见和策略

教学设计是一种设想,实际应用的情况如何还是一个未知数,要创造出优秀的教学设计来,除了依据教学目标、学生实际两大主要因素外,从教师素质方面来说,还要有一定的教学远见和灵活运用教学策略的能力。教师要在积累教学经验的基础上形成对学生能力发展、教学情况变化等的预见力,这样,在教学设计时就能表现出创新意识,教学设计就会具备新颖性的特点。进行教学设计时还要讲究一定的策略。教学策略是教学设计时为实现教学目标而使用的谋略,就好像打仗一样,宜智取则智取,宜强攻则强攻。比如进行导语的设计,教师就要先有准确的预见,并想方设法运用策略去调动学生的学习积极性,努力把学生的注意力吸引到教学课题上来。

第二节 教学设计案例解析

0的认识和0的加减法

（人教版《义务教育课程标准实验教科书·数学》一年级上册）

[设计依据和教学目标]

设计依据：

《标准》强调要让学生结合生活情境和生活实例来认识、感受数的意义。数0的含义比较丰富，在生活中应用比较广泛。不同的应用体现出0的不同含义，所以教材把数0的教学单独安排，并注重通过多种情景来经历"具体—抽象—具体"的认数过程。因此，本课在研究教材，以及学生的知识、技能、心理特点等因素的基础上，发掘教材潜在的智力与非智力因素，经过教学法的加工，营造情境氛围，架起现实生活与数学学习之间、具体问题与抽象概念之间联系的桥梁，让学生在具体情境中积极参与、体验0的意义，并通过一系列活动，如在情境中体验0和0的计算，在生活中找0，在练习中应用0……在已有知识经验的支持下，自主能动地探索，实现教学的再创造。

教学目标：

1. 学生初步知道0的含义，会读、会写数字0，初步学会计算有关0的加、减法。

2. 通过观察、思考、讨论、探索等学习活动，提高自主学习的意识和发现简单规律的能力。

3. 在教师的鼓励和帮助下，学生对身边与数学有关的事物产生兴趣，在认识0的情景中体验知识与生活的密切联系，在探索研究0的活动中体会学习成功的喜悦。

[教学过程和教学策略]

一、在故事中体验0

1. 可怜的小兔：第四只小白兔采到了多少个蘑菇？（动画演示前三只小白兔分别采到了3个、2个、1个蘑菇，让学生猜后自己写数。）

提问：你是怎么猜到这只小白兔一个蘑菇也没采到呢？（可以从它的表情看出，也可以从3、2、1等数的排列猜出。）

提问：你用什么数来表示一个蘑菇也没有？（学生自由上台写数。）

2. 贪吃的小猴：猴妈妈出门办事，留给小猴两个桃子做午饭和晚饭，可是小猴太贪吃了，瞧……（动画演示课本例题。）

提问：你知道最后怎么表示吗？（学生自由上台写数。）

（设计意图：从学生喜爱的童话世界出发，提出有关的数学问题，以激发学生学习的兴趣和动机，初步体验0的意义。）

3. 猜一猜：我们今天这节课要学什么？（揭示课题。）

4. 提问：你觉得0像什么呀？（鸡蛋、圆圈等。）

5. 学写0：比一比黑板上谁的0写得最漂亮。（教师演示写法，学生书写。）

师：谁来教教同学们怎样写0？（学生练习书写。）

二、在生活中寻找0

1. 生活中你在哪儿见到过0？（与你的小伙伴说一说。）

2. 集体交流。

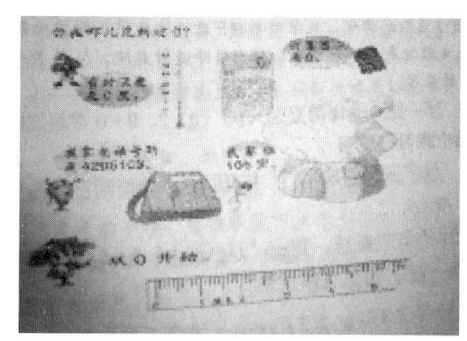

看到这些生活中的0,你觉得0可以表示什么呢?

(设计意图:从生活中你见到的0入手,带领孩子们去生活中寻找知识的原型,不仅丰富了孩子们对0的感知体验,同时也让孩子们深刻体会到生活中处处有数学。)

三、在情景中体会0的计算

1. 看动画,你想到了什么数学算式?(动画演示:小明手里的两只大气球飞走了。)

(1) 你能得到什么算式呢? 你是怎样想的?

(2) 你还能说出生活中这样的例子吗? 可以怎样列算式呢?(学生自由说,大家列算式。)

(3) 从这些算式中你有什么发现吗?

2. 同学们真聪明,发现了不少数学知识。瞧! 连小青蛙都为你们高兴哪!(动画演示课本青蛙图。)

(1) 在这幅图中,你又能想到什么算式呢?(3+1,说说你的看法。)

(2) 继续演示4只小青蛙,对面漂来一叶空浮萍,你能列出加法算式吗?(4+0,说说你的想法。)

(3) 你还能列出这样一些算式并说出得数吗? 你又有什么发现?(学生自由说。)

3. 动动脑,帮老师解决难题:5—0得多少?

你有好办法吗?(小伙伴之间商量商量。)

集体交流不同想法。

(设计意图:自主探索、合作交流是学生学习数学的重要方式。对于刚入学的一年级小学生来说,让他们自主探索、合作交流是很困难的,这就需要教师要为学生提供探索的机会,教给学生交流的方法,培养学生主动探索、交流的意识。本节课在这方面做了大胆的尝试。教学时教师有意识地为学生创设一系列丰富的问题情境,鼓励学生大胆发表自己的意见,并与同伴交流,从而亲身体验关于0的计算及在生活中的应用。)

四、在活动中练习与应用

1. 排一排:"数字王国的数字们"排队了,你能帮它们重新排排队吗?

$$4, 3, 1, 0, 5, 2$$

(学生上台演示不同的排法,突出"从小到大"和"从大到小"。)

2. 一笔画:比一比,看谁画得最快?

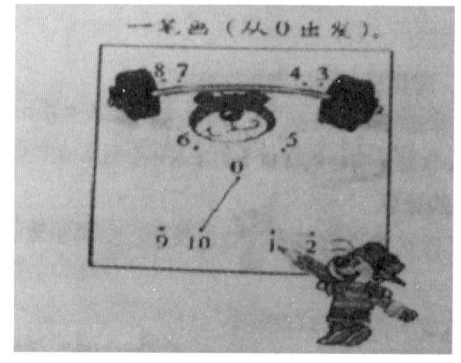

欣赏你的一笔画,你觉得像什么呀?(学生畅所欲言。)

3. 帮小鸡回家:将"练习四"口算题制作成卡片形式,做游戏。

4. 表扬今天课上表现最好的三名同学,将黑板上的三朵大红花一朵朵奖给他们。

① 每次拿掉一朵,你能列出算式吗?(3−1=2,3−2=1,3−3=0)

② 看看这些算式,你有什么发现吗?

③ 你能很快填出它们的得数吗?

4−□=1 4−□=2 4−□=3 4−□=2 4−□−1 4−□=0

你是怎样想的呢?

五、从0的出现中了解数字史

同学们,你们想知道0在古代是怎样产生的吗?

(教师以多媒体讲述阿拉伯数字中0的出现及如何历经种种困难后被大家所使用的故事。)

 **解析**

在学习的过程中,新知识的学习如果建立在已有经验的基础上,学习效果就会得到极大地提高。注重学生的生活经验,加强数学与生活的密切联系,学会用数学的眼光看待生活,在这种思想的指导下,新教材更注重情境的创设,不仅选择了许多生活中的情境,也要求教师在教学的过程中自行设计情境。教学中应体现以下三点:

1. 让孩子们看到一个生动、亲切、饱满的0

0原本只是一个抽象的数,教者通过学生喜闻乐见的故事形式,自然引入0的认识。"可怜的小兔"、"贪吃的小猴"等故事情节活泼生动,问题富有挑战性,足以激发孩子们强烈的学习兴趣。0原本只是一个数字的符号,似乎与孩子有一定的距离,但本课始终以各种生活化、动态化的情景来展开学习活动,如"在故事中体验0","在生活中寻找0","在情景中体会0的计算",让孩子感觉0是那么的亲切、熟悉,与自己的生活息息相关。0原本只是一个简单的数字,可在这节课的学习中,我们找到了生活中的0,知道了它既可以表示没有,也可以表示起点……它的意义变得那么丰富,它的运算变得那么富有挑战性。这样的教学让学生对0的认识沿着一条通道缓缓前进,每跨一步都留下一个深刻的脚印,相信孩子们对0的认识会是生动、亲切、饱满的。

2. 为孩子们点亮一盏明灯

教育家第斯多惠说,教育的艺术不在于传授知识,而在于激发、鼓舞。教者给学生创造了一个宽松的学习氛围,就像一盏明灯,鼓励着学生的思想和言行。在认识0的过程中,孩子们自己去发现0、去寻找0、去研究0的计算。他们能开心地笑、能大胆地说、能勇敢地试。他们会把0想象成身边的任何一样事物,他们会从生活中找到许许多多的0,他们对0的计算能用生活中的事例来解释真理,他们的童心智慧不断闪烁在课堂上。

3. 向孩子们敞开数学史广博而神秘的大门

虽然0的学习似乎很简单,但是它所承载的远不止纯知识的学习。本课在适当的地方介绍了一些数学史料,如在课堂的结尾通过多媒体讲述了阿拉伯数字的演变历史,特别介绍了从0的出现到广泛的应用,使孩子们初步了解了数学知识的产生和发展,体会数学史的演变。也许他们的年龄还小,感悟得并不够深刻,但数学史的大门在这里向他们敞开了。这节课一定会在他们幼小的心灵里播下探索数学、研究数学、热爱数学的种子。

可 能 性

（北师大版《义务教育课程标准实验教科书·数学》二年级上册）

[设计依据与教学目标]

设计依据：

《标准》强调,数学的知识、思想和方法必须由学生在现实的数学实践活动中理解和发现,而不是单纯地依靠教师的讲解去获得。在数学教学实践中,充分创设情境,设计富有情趣的数学活动,构建以"活动式"为主的课堂教学模式,将学习与活动完美地结合起来,鼓励每个学生动手、动口、动脑,积极参与数学的学习过程,在活动中体验和学习数学。

教学目标：

1. 让学生在活动中初步体验有些事件的发生是确定的,有些则是不确定的,初步能用"一定"、"可能"、"不可能"等词语来描述生活中一些事情发生的可能性。

2. 在活动中培养学生学习数学的兴趣,形成良好的合作学习的态度。

[教学过程与教学策略]

一、创设情境,引入新课

1. 教师出示一枚一元硬币,定好正反面,准备抛向空中。问学生："你们猜一猜,一会儿硬币落在地上,是正面朝上,还是反面朝上?"

学生有的说正面朝上,有的说反面朝上。

教师抛出后,让一名学生来讲台看结果,让他告诉全班同学结果。

教师请这个同学第二次抛币,先让学生猜一猜,哪面朝上。

2. 让学生拿出硬币,分小组轮流抛一抛,抛之前先猜一猜,哪面朝上?（学生抛）

让学生在抛后讨论：从中你有什么发现? 是不是一定是正面呢?（可能正面朝上,也可能朝下。）

3. 总结：抛一次硬币,抛的结果可能是正面,也有可能是反面,正面、反面都可能出现。今天我们就来研究事件发生的可能性。（板书：可能性）

（设计意图：在现代社会中,人们面临着更多的机会和选择,常常需要在不确定的情境中做出合理的决策。抛硬币就是最常见的随机现象。这一环节由抛硬币导入,目的是在先猜测后实践的过程中把学生的注意力吸引过来,让学生初步感受到事件发生的不确定性,极大提高学习的兴趣。）

二、示范演示,指导操作

教师出示一个袋子,告诉学生里面有4个球。在黑板上出示一个空表格,用来记录摸出的球的颜色并统计结果。如下表：

（　　）黄（　　）白								
黄　球								共（　　）只
红　球								共（　　）只

让各组选一名学生和老师一起玩摸球游戏,先由老师在袋子里摸出一个红球,同时让一名学生做记录员,在黑板表格里的红球一行做个记号,然后放回袋子里,并由学生重复老师的操作。每人摸一次后,记录员统计结果,然后根据统计结果猜一猜,袋子里是几个黄球,几个白球。

学生猜后,教师把袋子里的球倒出让学生验证,确证后填好表格。

三、分组实践,探索体验

1. 分组进行摸球游戏。

分组游戏：请小组长做记录员,按刚才的方法进行操作。老师事先安排,每组一些表格和一袋球,每袋6个,并故意安排有的组全都是白球,有的组全都是黄球,有的组4黄2白或5黄1白,有的组3黄

3白,有的是2黄4白或1黄5白。

教师巡视并和学生一起进行摸球游戏。

(设计意图:一位教育家说过:"儿童的智慧就在他的手指尖上"。动手操作的过程,是学生手、眼、脑等多种感官协同活动的过程,让学生多种感官参与学习活动,不仅能使学生学得生动活泼,而且对所学知识能理解得更深刻,记忆得更牢固,还有利于发展学生的思维,培养学生的创新精神和实践能力。)

2. 根据学生摸球的情况,随机讲解"可能、不可能、一定"。

教学中可能出现以下情况:

(1)结合学生提出"老师,怎么我们总是摸到黄球"这样的问题,教学"一定和不可能",即我们摸到的球一定是黄球或我们摸到的球不可能是白球。

(2)结合学生提出"我们这组摸到的球,有的是黄球,有的是白球"这样的问题,教学"可能",即我们摸到的可能是黄球,也可能是白球。

(设计意图:学生在摸球游戏中获得"摸到黄球概率大小"的直观感受,"我经历了,所以我学会了"。正如数学课程标准指出:数学学习强调从学生已有的生活经验出发,让学生亲身经历将实际问题抽象成数学模型,并进行解释与应用的过程。)

(3)结合学生提出"我们这组摸到的球,有的是黄球,也有的是白球。但摸到黄球的次数多"这样的问题,教学"可能性的大小",即我们摸到的球可能是黄球,也有可能是白球,但摸到黄球的可能性比白球大。

(4)结合学生提出"你能说一说,摸到的球会是黑球吗?"这样的问题,教学"不可能",即不可能,因为袋中根本没有黑球。

(设计意图:在学生充分手摸、猜测和验证的基础上,由学生根据自己这组摸出球的情况,猜测袋中的球,并根据给出的条件进行简单的判断、推理,概括出事件发生相应的可能性,由教师随机根据学生的问题,教学"可能"、"不可能"、"一定",充分体现学生的主体性和教师的主导性。)

四、师生游戏,巩固新知

1.(出示一只袋子)老师往袋子里放了2个白球和2个黄球。从这个袋里任意摸一个球,让学生猜测能摸到什么颜色的球,教师演示验证。

2. 教师拿走一个刚才摸到的白球(或黄球)。再次摸球时,让学生猜测现在能摸到什么颜色的球,进一步巩固"可能"和"可能性的大小"。

3. 再拿走摸出的白球,现在如果再摸,让学生猜测会摸到什么颜色的球,巩固"不可能"和"一定"的意义,即现在摸到的不可能是白球或现在摸到的一定是黄球。

4. 添入两个绿球,猜一猜现在能摸到什么颜色的球。

5. 再添入两个红球,猜一猜现在能摸到什么颜色的球。

6. 能摸到黑球吗?为什么?

7. 完成第93页"连一连"。

8. 小结。

通过刚才的活动,我们知道摸到白球的可能性有几种?(三种)是哪三种?什么情况下,任意摸一个球一定是白球?什么情况下不可能摸到白球?怎样放,摸到的可能是白球?

五、返回生活,应用延伸

1. 故事疑团。

教师讲《猫和老鼠》的故事。老鼠想得到猫的果子,对猫说:"我把手中的50枚硬币抛出,如果硬币落下全部正面朝上,你的果子就给我,否则我的桃子全给你。"猫想了想,高兴地答应了。老鼠抛出硬币,落下的果然全部正面朝上。猫很奇怪,为什么会全部朝上呢?请同学们帮助猫解疑团。

2. 生活实例。

说说日常生活中什么事情可能发生,什么事情很可能发生,什么事情不可能发生。

教师让学生在小组互相交流生活中"可能"发生的事情,"很可能"发生的事情,"不可能"发生的事情。

六、总结评价,完善自我

通过今天的游戏,你有什么收获?你觉得你学得怎么样?

 **解析**

1. 教师应该成为课程的创造者和开发者

教师从教教材到用教材教,是一种观念和方法的飞跃;从用教材中的材料教,到选择、设计合适的材料教,更是一种创造和发展。教师要善于发现和选择有利于学生发展的学习材料,促使学生主动学习,和谐发展。在本课例中,教师事先有组织地安排好学生操作游戏的材料,即有的组全是白球,有的组全都是黄球,有的组4黄2白或5黄1白,有的组3黄3白,有的组2黄4白或1黄5白。学生利用这些材料进行操作,不仅有助于在学生头脑中产生认知冲突,促进学生的数学学习,也有利于组织学生积极主动地投入学习。因此教师不应该仅仅是课程的实施者,而且应该成为课程的创造者和开发者。

2. 要给学生留有较大的时间和空间

一个问题的解决需要时间和空间,只有给学生留有较大的时间和空间,学生才能有所发现、有所创造。教学中,常常看到教师为了让学生急于获得知识的结果,而用简单的方式,或似是引导实为灌输的方法,使学生沿着教师设计的"问题"通道到达知识的彼岸,用牺牲学生的思维强度来获得所谓的教学效率,试想,如果这个问题不是学生自己想出来的,而是教师给予"启发"、"点拨",学生只知道"噢! 原来是这样",那么还谈得上学生的思维得到了什么发展吗? 学生的思维发展,就是在想的过程中,就是在从"想不出"到"想出来"的过程中获得发展的。越是对遇到的问题百思不得其解时,学生的思维活动越是积极,一旦问题解决,他们的思维也就得到了一种令人惊喜的发展。当然,每一节课的教学时间是有限的,在有限的时间内,能不能把尽可能多的时间和空间留给学生呢? 如果今天给学生留有了充足的时间和空间,学生得到了很好的发展,那么,在今后学生就会有更大的收获和发展。欲速则不达,我们现在的教育不就是常常为了急于求成,造成"留给学生要记忆的东西不少,学会思维的东西却不多"这一大遗憾吗?

3. 要关注学生的生活经验和知识背景

《标准》指出:数学教学活动必须建立在学生已有的知识经验基础之上,向学生提供充分的从事教学活动的机会。在上述教学中,教师从抛硬币这一生活中常见的实际问题引入,这样贴近生活的数学,使学生既感受到生活离不开数学,数学源于生活,又使他们对数学产生浓厚的兴趣和亲切感。

现代心理学认为,知识并不能简单地由教师或其他人"传授给学生,而只能由每个学生依据自己已有的知识和经验主动地加以建构。"学生对于新知识必须有一个"理解"或"消化"的过程,这个过程也就是把新知识纳入学生的认知结构之中。学生对此作出主动的反应,使新的学习材料与主体原有的认知结构建立实质性、非人为的联系,从而使新知识有意义,同时原有的认知结构的内容也更丰富了,或者通过改组得到了改善和提高。因此,教师要善于抓住学生知识的现实背景,促进学生主动地建构。如在教学"可能"、"不可能"、"一定"后,并不是停留在原有的基础上,而是进一步组织学生游戏,在不断地变化中促进学生的认知得到不断提高。

4. 要让学生自主学习、自主发展

儿童有一种与生俱来的,以自我为中心的探索性学习方式。动手实践、自主探索和合作交流是学生学习数学的重要方式。苏霍姆林斯基说:"在人的心灵深处都有一种根深蒂固的需要,这就是希望自己是一个发现者、研究者、探索者,而在儿童的精神世界中,这种需要特别强烈。"因此,数学教学要努力创建有利于学生主动探索的数学学习环境,关注学生的自主探索和合作学习,使学生在获取作为一个现代公民所必需的基本数学知识和技能的同时,在情感、态度和价值观等方面得到充分发展。

因此在教学中,教师利用游戏,让学生自由地操作,自主地探索,在学生独立思考的基础上,组织学生进行合作交流。教师放手让学生从他们的思维实际出发,给学生以充分的思考时间,对问题进行独立探索、尝试、讨论、交流。学生也充分展示自己或正确、或错误的思维过程。

折折 剪剪 量量

（苏教版《义务教育课程标准实验教材·数学》二年级上册）

[设计依据与教学目标]

设计依据：

《标准》强调，教材、教师和学生是最重要的课程资源。本课中教师充分挖掘课内外资源来展开教学，充分利用儿童熟悉的环境、喜爱的动物来呈现现实性、挑战性的学习背景，使课堂始终在轻松愉悦的氛围中，帮助学生激活生活经验，展开丰富想象，进行创造性的实践活动。

教学目标：

1. 学生通过长方形的折折、剪剪、量量，初步感知长、正方形的特征。

2. 培养学生的操作能力、空间观念和探索意识。

3. 激发学生学习数学的兴趣，增强学好数学的信心。

教学准备：

教具：一张长方形纸、一把剪刀、一把直尺、多媒体课件。

学具：学生自备两张长方形纸、一把剪刀、一把直尺。

[教学过程与教学策略]

一、联系生活，创设情境

"蓝猫和淘气"是同学们熟悉的朋友，今天我们就把"蓝猫和淘气"请到教室里来。大家说好吗？（投影《蓝猫和淘气》）

每次"蓝猫和淘气"总会给大家带来一些有趣的内容，今天它们又为我们带来了什么呢？

（设计意图："蓝猫和淘气"是同学们熟悉而又喜欢的朋友，从贴近孩子们的生活实际中取材，创设有趣的情境，更能够巧妙增添学习情趣，调动同学们的学习热情。这样设计使得上课伊始就抓住了学生的兴趣点，使学生在愉悦的氛围中进行学习。）

二、布置"作业"，激情增趣

（放录音）同学们，你们好。今天我们给大家带来了一份"作业"，作业嘛，很简单，就是我们平时经常用、学习少不了的纸张。这一张张的纸有什么奥妙呢？那就请同学们自己动手去发现，到时候可要像蓝猫交作业给鸡大婶那样，及时交上你的作业哦！

（设计意图：课堂上的儿童化语言是教师应具备的教育素质之一，使用儿童化的语言会使教师更具有亲切感、可信感，使教育更能贴近学生，起到应有的效果。教师用具有童趣的语言提出"作业"要求，能有效地激发孩子们自主探索的欲望，增强他们完成作业的兴趣与信心。）

三、动手操作，自主探索

1. 猜猜我是谁。

"蓝猫和淘气"：首先请大家猜一猜，下面的图形会是什么图形？你是怎么想的？

投影1：出示被遮住一部分的图形。

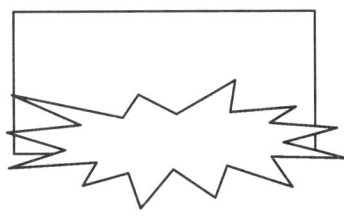

说明：被遮住的图形可能是长方形、正方形或者是其他图形，当学生猜测到其中某一种图形时，都

给予肯定,并要求说出自己这样猜测的理由。

(设计意图:猜想是带有创造性的想象,它是建立在已有事实和经验的基础上,用非逻辑手段得到的一种假定。猜想是创新的前奏,它的思维过程具有跳跃性,认识问题具有独特性。在这里教师提供了有利于学生观察、猜测的开放性素材,一方面通过信息反馈了解学生对长方形、正方形的认识的程度,为下面教学调整提供依据,另一方面培养学生敢于大胆猜想的精神,并创设一种积极主动参与的课堂氛围。符合《标准》的四个新特点:① 由"双基"到"三基"(基础知识、基本技能和基本的数学思想方法);② 培养、发展与提高各种能力(意识);③ 丰富"思维能力"的内涵;④ 增强数学文化的作用。)

2. 量量我的四条边长,你发现了什么?

投影2:出示一个长方形。

"蓝猫和淘气":同学们,我有几条边呢? 你能量出每一条边长是多少厘米吗? 拿出一张长方形纸,量一量,并把量的结果记下来。

上面一条边长是( )厘米;

下面一条边长是( )厘米;

左面一条边长是( )厘米;

右面一条边长是( )厘米。

你发现了什么?(老师对于学生的各种发现,一方面要引导学生用语言说清楚,讲完整,另一方面引导学生相互评议,培养学生倾听意识和评价能力。)

3. 折一折,你发现了什么呢?

"蓝猫和淘气":同学们刚才有了很多的发现,你们真爱动脑筋。下面请同学把这张纸折一折,你能发现什么呢?

把长方形纸折一折,再打开。(演示一下折的动画过程。)

(1) 折一折:学生动手。

(2) 量一量:折痕的长是( )厘米。

(3) 想一想:它和长方形的哪一条边的长度相等?

(4) 你发现了什么?(小组间进行交流,再汇报评议。)

"蓝猫和淘气":刚才同学们都很棒,如果像下面这样折呢?(动画出示左右折)你能像刚才这样做一做,并说一说你的发现吗?

(设计意图:通过看一看、折一折、量一量、比一比、议一议等多种教学活动形式,向学生提供了充分从事数学活动的机会,其中两次折一折,由扶到放。一方面有利于培养学生大胆探索的胆量和精神,另一方面对学生的学习方法进行了有针对性的指导,有利于学生进一步学习与探索,帮助学生在自主探索与合作交流的过程中真正地理解、掌握基本的数学知识,学会一些数学思想和方法,在数学学习的过程中体验数学。进行这样的活动能够积极有效地增强学生学好数学的信心,培养良好的学习数学的习惯。)

4. 你敢试一试吗?

"蓝猫和淘气":同学们,不要得意得太早了,我这里还有一题,你们敢试一试吗?

(1) 出示要求:你会把一张长方形纸变成一张正方形纸吗?

(2) 学生自主探索。(给予充分的时间。)

(3) 学生上台演示。

(4) 设疑:你是怎么知道的呢? 引导学生叙述自己的想法,并适时引导学生用量一量、折一折等方法来说明折后的图形是正方形。

(5) 量一量:这个图形的四条边是( )厘米。

(6) 小结:师生共同小结刚才的学习内容。

(设计意图:本环节设计了让学生自我尝试、自我解释、自我验证、相互争论,充分调动了学生的感官,让他们在一系列活动中体验数学的乐趣。学生并不是空着脑袋走进课堂的,他们有着丰富多彩的生活体验,具有一定的知识基础。充分挖掘学生的资源是实施新课程的重要内容之一,同时这一教学环节的设计一改传统的"学数学"为"做数学",真正地引导学生走进数学,触摸数学的脉搏,感受数学的气息,让学生与数学零距离接触。)

四、回顾反思,课外延伸

"蓝猫和淘气":刚才同学们可真聪明,通过动手找到了藏在纸里的许多小奥秘,今天,同学们都可以称得上是"小小发现者"。说说看,你们今天有什么发现?同学们,用这样的纸你们还能折出其他美丽而又有趣的图形吗?请你们在课外动手做一做,下次我再来看你们的表现!

解析

新课程要求我们的教学要面向全体同学,使每一个学生都学习到自己需要的数学,使每一个学生都获得一定的进步和成绩,体现不同的人在数学上获得不同的发展。这就要求教师必须具有全新的课程资源观。

1. 教材是最核心的课程资源

教材的选择是专家根据一定的教育教学原理并通过一定的实践经验总结而产生的,它本身就具有典型代表性、一般性。所以作为教师首先要相当熟悉教材内容,把握编者的意图,把握教材内在知识体系,但无论怎样具有代表性的教材,在实际运用过程中总不能满足鲜活的实际生活与学习的需要。这就要求教师必须在把握教材体系的基础上,依据学生的生活情况与年龄特征,善于灵活运用,把教材内容、学生的实际生活和教师本身的实际情况有机地联系起来,大胆地、创新地活用教材,把教材作为发展自己和发展学生的活引子。在教学中充分发挥教师的主体作用,一方面把教材与学生的实际生活联系起来,把教学与学生的需求心理联系起来,充分运用自身的生活体验和经验,贴近学生的生活和实际体验实施教学;另一方面在教学中要有机地把握教材的示范作用,与校内外的资源结合起来,实现大教学观,引导学生从课内走向课外,从校内走向校外,从自我走向社会。有了这样的课程资源,教师就会从新的视角去重新看待课堂教学,创造性地运用教材资源,为学生的学习创设良好的学习环境,激发学生学习数学的好奇心和求知欲,使之积极参与到学习活动中来。

2. 教师是最重要的课程资源之一

在新课程理念的指导下,课堂教学不再是教师高唱"独角戏"的舞台,而是真正的教学相长的地方。把人作为最具活力的课程资源来开发,尊重学生的自然属性和社会属性是十分重要的。教师是课程资源,因为是课程实施者,是课程的释疑者,通过教师的实施和解释,课程才能更好地为学生所接受和理解。综观课程改革史,教师的参与程度和状态直接左右着新课程的推行,因此教师是影响课程改革成败的关键因素,任何课程改革都不能忽视教师的作用。在推行新课程改革的过程中,教师必须通过不断的学习与实践来丰富对新课程的认识。

3. 学生也是课程资源

教师不能再把学生看作消极的知识"容器",是缺乏力量、只能接受知识的客体,而是应该把学生看作知识的积极建构者,拥有无穷的创造潜力者。作为认识和实践活动的主体,学生主体性的基本特征表现在自主性、能动性、创造性等方面。学生主体性的发展需要教师的指导,因此,教师必须首先认识并认同学生作为学习主体的地位,尊重学生的主体性,转变传统的以教师为中心的做法。在教学中充分发挥学生的主体作用和相互作用,才能开发好学生这块常被遗忘的课程资源。我们的家长同样也是课程资源。"三人行必有我师焉",把人看作课程资源,可以打破班级、学校、区域、空间、时间的限制,使学生的学习内容丰富多彩。"能者为师",这是新课程理念下的"教师"应有的更新的内涵。

　　本节课的教学设计,先通过学生的观察、猜测,使学生联系已有的知识经验,探索并发现事物的特征。因为,观察是学生认识事物、获取知识的一个重要途径,也是学生自主探索的有效方法之一。然后再通过试一试、议一议、说一说、量一量等实践操作活动,让学生有充分的时空从事数学活动和数学交流,用外显的动作来驱动内在的思维活动,从而把外显的动作、过程抽象为数学的表达,从中获得数学知识,积累数学活动的经验,体会这样的学习方法。在教学设计中教师要做一个有心人,把学生最熟悉的事例、生活与学科教学有机地联系起来,善于把潜在的课程资源变成能促使学生生动活泼、主动发展的现实的课程资源。

　　"蓝猫和淘气"是动画里的人物,它们聪明而又调皮,非常惹人喜爱,也是小学生最喜爱的动画片人物之一。本节课以"蓝猫和淘气"的角色来组织课堂教学环节,给数学课堂增添了生动的情趣,让学生在轻松、愉悦的氛围中与数学有了亲密的接触。课程改革为我们带来了新的教学理念,为学生发展提供了更广阔的空间。因此,凡是学生能够探索出来的,教师决不能替代,凡是学生能够独立发现的,教师绝不能暗示。让学生从生活、活动、思索、合作交流中学习,尽可能多给一点思考的时间,多给一点活动的空间,多给一点表现自己的机会,让学生多一点创造的信心,多一点成功的体验。我们不妨在上课之前都给自己敲响一次"教育是孩子的生命"的警钟!! 课堂应使学生的生命获得源源不断的、健康和谐的发展。从以上的教学设计可以看出,教者是本着对每一个学生生命的关注,不让一个孩子从课堂流失的思想,给予了学生可亲的人为关怀。解放了数学,使数学不再高深莫测,高高在上,让数学回归生活,回归自然,回归儿童! 更重要的是解放了学生,让数学鲜活了起来,让学生鲜活了起来。

厘米的认识

（人教版《义务教育课程标准实验教科书·数学》二年级上册）

[设计依据与教学目标]

设计依据:

　　《标准》明确指出:数学教学必须注意从学生熟悉的生活情境和感兴趣的事物出发,为他们提供观察和操作的机会,使他们体会到数学就在身边,感受到数学的趣味和作用,对数学产生亲切感,从而学好数学。"厘米的认识"属于测量的内容,《标准》对于测量的教学目标是:结合生活实际,经历用不同方式测量物体长度的过程,在测量活动中,体会建立统一度量单位的重要性,并要求在实践活动中,体会厘米的含义。

教学目标:

　　1. 使学生初步认识长度单位厘米,初步建立1厘米的长度概念,初步学会用刻度尺量物体长度的方法。

　　2. 使学生初步学会估计物体的长度,增强学生估计意识,培养学生的空间观念、创新意识和实践能力。

　　3. 培养学生敢于质疑、积极思考、合作探究的良好学习习惯,以及热爱学习的品质。

教学准备:

一角的硬币若干个、回形针、文具盒、学生尺、图钉、火柴盒、线……

[教学过程与教学策略]

一、引入新知

　　1. 学习例1。

　　（1）师:同学们,今天我们要学习测量一些物体的长度。你们想知道哪些物体的长度?（学生汇报）

师：下面就请同学们用你所带的工具,测量一下你想测量的东西。(学生汇报测量结果)

(2)师：通过刚才的汇报,你们发现了什么?

引导学生得出以下结论：

① 有好多物体都可以作为工具去量另一个物体的长度。

② 由于测量的工具不同,测量的结果也不同。(我量到自动铅的铅芯盒有 3 个回形针那么长。而×××量到自动铅的铅芯盒有 8 个小正方体那么长。)

(3)师：两个自动铅的铅芯盒一样长吗?(一样长)都是量的同一边,那为什么量出的结果不一样呢?

生：回形针和小正方体的长度不一样。

师：对了。看来要测量一个物体的长度,要有统一的长度单位,不然的话,结果都不同,太麻烦了。

(4)练习：完成第 2 页的"做一做"。

2. 教师出示两根线(一根红色,一根白色,分别弯曲着绞在一起),问：哪根比较长?

3. 追问：哪位同学能想出好办法,有根据地说出哪根长,哪根短?(学生可能会说拉直了比。这时教师要当即请他进行操作演示,予以肯定。)

4. 继续追问：如果不用这种比较的办法,你还能想出更科学的办法来证明红、白两种线绳的长短吗?(学生可能会说用尺量。)

5. 教师顺势引入课题：今天我们就学习用尺量物体的长度,比较短的用"厘米"做单位。(板书课题：认识厘米、用厘米尺量。)

(设计意图：美国教育家布朗认为："讲授不应立即试图将抽象的数学概念及方法一开始就与有意义的环境相分离,学习的环境应放在真实问题的背景中,使它对学生有意义。"这里"真实问题的背景"显然大部分是指实际生活或者模拟的实际生活。数学最早的起源便是因为人们生活的需要。确实需要才有价值,使学生深切感受到学习数学的必要性和应用性。学生对这种学习数学的方式,不会感到陌生、无味和厌倦。新课开始就实施了开放性教学,使学生个性化地学习。)

二、感悟新知

1. 认识尺：请同学们拿出尺,找一找尺上有些什么。请把你的发现告诉大家。(根据回答,逐一出示。)

介绍"刻度"：这些竖线叫刻度线。刻度线一样长吗?请你观察一下长刻度线有什么特点。对,这些长刻度线就是厘米刻度线。第 1 条厘米刻度线对着几?是 0 刻度,它在尺的最左端,表示起点。

cm：这两个英文字母就表示厘米的意思,是国际通用的长度单位。

2. 认识 1 厘米。

(1)认识：在尺上从刻度 0 到刻度 1 的长度是 1 厘米,刻度 1 到刻度 2 的长度也是 1 厘米。那你还能找出 1 厘米的长度吗?你有什么发现?(学生回答。)对,每相邻的两个长刻度线之间的距离都是 1 厘米。

(2)找一找：在自己的尺上找出 1 厘米的长度,并说一说。

(3)比划：用手势比划出 1 厘米大约有多长,可以到自己的尺上去比一比。

(4)举例：在生活中老师见过很多东西大约长 1 厘米。(出示实物：图钉、火柴盒)提问：你见过哪些东西大约长 1 厘米?

(5)度量：老师的这个手指的宽度大约是 1 厘米。你的哪个手指的宽度也大约是 1 厘米?请你到尺上去量一量。

(6)小结,延伸：刚才我们认识了 1 厘米。(演示：刻度 0 到刻度 2。)那这是几厘米?你是怎么知道的?(演示：刻度 0 到刻度 5)这是多长呢?原来刻度 0 到刻度几的长度就是几厘米。在尺上比划出 3 厘米、8 厘米、10 厘米。

(设计意图：在教师的参与、指导下,学生通过指、比、选、举例等大量的操作,感知了 1 厘米的实际长度。为让学生加深对 1 厘米长度的认识,在头脑中真正建立 1 厘米的表象,教师从实际出发,让学生观察、回想生活中见到的长度大约是 1 厘米的物体,给学生创造机会,留有空间,让学生开动脑筋,开阔视野,捕捉生活的实例,将所学知识和学生的生活实际紧密结合,使学生加深对数学知识的理解。上面

的认识过程:从具体形象—共同特征—本质特征,符合人们认识事物的一般规律。而对具体形象的依托则是这一过程的基础,失去它,后面的抽象及深化将是无本之木。)

3. 学会用刻度尺量长度的方法。

(1)学习例2。

① 你能读出下面物体的长度吗?(出示例2)线段长几厘米? 你是怎么知道的?

小结:它左端对着刻度0,右端对着刻度几,就是几厘米,这样看很方便。

② 你会用厘米做单位量物体的长度吗?(板书:量。)拿出纸片,先估计它的长边大约有多长,再试着用尺量出它的长度。说说是怎么量的。(指定学生上前边演示边介绍。)

归纳量法:用尺量物体长度的时候,以上方法都可以,但我们一般有尺的0刻度对准物体的左端,看右端对着几,就是几厘米。

③ 判断:下面的量法对吗?(用手势表示。)为什么?(自己编一些易错题。)

④ 大家用正确的量法量一量。(练习一第三题。)

(设计意图:动手操作是最好的知识内化的方法,至少有两个方面的教学效果:一是"启智",使学生心灵手巧;二是"明理",使学生理解深刻。学生通过动手操作,用所学的数学知识解决了实际生活中遇到的问题。此外,教师也不满足于学生学会一般的测量方法,而让学生通过对判断题的辨析对比,认识测量方法的条件性与灵活性,拓展儿童的思维活动空间。)

(2)量长度不是整厘米数的物体。

①(演示:8厘米的线段)这条线段长几厘米?(演示:比8厘米长一些的线段)那这条呢?(演示:比8厘米短一些的线段。)那这条呢?

小结:无论是比8厘米长一些,还是比8厘米短一些,都比较接近8厘米,我们在估计时可以看做大约长8厘米。(板书:估。)

② 量出手掌的宽和一拃的长。

(设计意图:教师有意识地安排让学生度量生活中的实物长度,估算实物的长度,检验估算结果;指导学生学会用数学的眼光看待身边的事物,使学生充分感受到数学从生产、生活实际中产生,从而对数学产生亲切感和兴趣;发展了学生的空间观念,有益于培养学生的估算习惯和能力。)

三、总结全课

今天我们学习了一厘米,你知道了什么? 学会了什么? 还有什么问题?

四、拓展延伸

竞猜游戏:老师出示实物,学生不用尺,小组讨论出其长度,然后由小组长写在纸上。哪个小组的答案最接近,组员就都能得到一颗星,可以把星贴在身体的任何一个部位。(出示笔、日记本、24厘米长的纸条。)看,智慧之星在每个同学的身上闪闪发光!

 **解析**

1. 加强数学和现实生活的联系,培养学生运用数学的意识

根据小学生的认知特点,教师从"猜一猜线段的长短"这一学生熟悉的生活实际入手,引入新课的学习,进而引导学生观察几乎每天都用的尺子,使学生产生要学习长度单位的欲望→建立厘米的长度观念,概括测量方法→回到实践中加以运用。从尺子上认识长度单位厘米,再用厘米量物体的长度(如纸条、练习本、手掌宽、一拃长等),这些都是学生熟悉的东西。

2. 学生是学习的主人,突出学生的主体地位

(1)注重指导学生操作,在动手操作中,通过学生自己的努力,主动地获取知识。建立1厘米的实际长度的表象是本节课的重点。学生在操作中感知、领悟,顺利建立起1厘米的长度观念,形成了技能。这样在用手势比量中来体现学生学习的主体地位。

（2）放手让学生探索，促进学生主动发展。一方面，凡是学生能自己探索出来的决不包办代替，凡是学生能独立发现的决不暗示。在建立了1厘米的长度观念后，接着进入认识几厘米这一环节。老师放手让学生尝试在尺子上找出2厘米、3厘米的长度，并说出道理。这当中学生始终是知识的发现者。第二方面，学生始终处于"跳一跳，摘果子"的学习状态。在"度量物体的长度"这一环节的教学中，教师充分相信学生，在学生力所能及的范围内，由学生自己跳起来"摘果子"。在老师没有教的情况下，学生自己试着量纸条的长度，结果通过努力量出了纸条是5厘米，体验到了成功的学习乐趣。

3．培养学生猜测的意识，这是创造的前提

"猜测"贯穿于整个教学过程：在开始猜线的长短，建立1厘米的长度观念的时候，请同学猜一猜图钉长大约是几厘米；在"学习用厘米量"这一环节，先让学生猜测纸条的长度，再让学生用尺子量一量，来验证自己的猜测。学生可能就在这样的猜测过程中，不断产生创造的灵感，闪现创新的火花。

观 察 物 体

（人教版《义务教育课程标准实验教科书·数学》二年级上册）

[设计依据与教学目标]

设计依据：

人教版实验教材二年级上册的"观察物体"的教学，主要是引导学生能辨认从正面、侧面、上面等不同方位观察到的简单物体的形状，从而帮助学生建立初步的空间观念。教材以"活动教学"的理念编排了这部分的教学内容，力求让学生在情境中活动，在活动中体验，在体验中探究，在探究中互动，在互动中发展。

教学目标：

1．能辨认从正面、侧面、上面等不同方位观察到的简单物体的形状。

2．在观察、操作、猜想、讨论、交流等活动中发展学生的推理能力，形成初步的解决问题的策略，建立初步的空间观念，学会用数学思考。

3．学会与他人合作，并与他人交流思维的过程与结果，培养学生合作意识。

4．在丰富的活动中体验获得成功的乐趣，并对数学有较浓厚的兴趣。

教学重点：

能正确辨认从正面、上面、侧面等不同方位观察到的简单物体的形状。

教学难点：

能根据情境合理推理，判断想象他人会看到什么形状的物体。

教学准备：

小汽车、茶壶等实物，图片，多媒体课件。

[教学过程与教学策略]

一、创设问题情境，激发学习兴趣

1．创设情境。教师播放动画，介绍"盲人摸象"的故事。

2．引发问题：你们知道路旁的人为什么笑吗？在儿童交流的基础上揭示课题：观察物体。

（设计意图："问题是探究的出发点"，创设儿童熟悉的动物照片、喜欢的故事情境，旨在激发他

的学习兴趣,同时诱发儿童产生问题意识,激发儿童认识的冲动性和思维的活跃性。孩子们在明白"盲人摸象"的故事给人们的启示后,主动探究的欲望油然而生,都能积极调用已有的经验和知识储备,积累了初步的活动经验,激活了思维,形成了良好的"心理场",为学习新知识奠定了良好的教学起点。)

二、自主观察探究,促进主动建构

(一)自主观察,合作交流

1. 独立观察

请同学们坐在自己的位置上观察桌面上的小汽车,然后说一说你看到的是小汽车的什么部位。

2. 合作交流

学生在小组内自由述说自己看到的小汽车的部位。

组织全班学生交流看到的是哪个部位,是在什么位置观察的。

(1)请看到小汽车车头的同学站起来,说说你是从哪个位置观察的。

(2)请看到小汽车车尾的同学站起来,说说你是从哪个位置观察的。

(3)请看到小汽车车门的同学站起来,说说你是从哪个位置观察的。

(二)主动探究,促进建构

1. 创设情境,猜想推理

(1)情境演示。

教师在屏幕上演示小刚、小强、小芳三人在不同位置观察小汽车的情境图,并给出他们三人看到的三幅不同形状的图形。(图略)

(2)讨论探究。

请同学们独立思考,合作讨论:小刚、小强、小芳三人分别应该看到的是小汽车的什么部位? 你是用什么方法知道的?

学生活动:允许学生可以换位置进行全面观察,也可以借助自己的经验交流。

(3)交流汇报。

学生合作讨论后交流汇报他们三人应该看到的汽车部位图(图略)。

(4)猜测想象。

小芳想到高处去看看小汽车,于是她乘上了热气球。(屏幕显示小芳乘上热气球飞上天空的情境和三幅不同形状的图形)她现在是从什么位置观察小汽车的? 她看到的是什么形状的图形呢? 学生先想象猜测再自主观察,选择判断。

(注:让学生想象其他的图可能会是什么物体。)

(5)自主迁移。

师:刚才我们是从哪些位置来观察小汽车的? 除了这几个位置外,你还可以从什么位置去观察? 又会看到什么呢?

学生自主活动以后汇报所看到的是什么,又是怎样看的。

(6)小结反思。

刚才我们是怎样去观察一个物体的? 你有哪些收获?

(设计意图:用儿童熟悉的小汽车为直观背景,让学生亲自观察、比较、讨论,独立思考、合作交流、大胆想象。学生的思维在情境活动中引发,在想象活动中激活,在猜测活动中升华,在推理活动中建构。这种活动情境丰富了学生的体验,他们用眼去看,用口描述,用脑思考,用心感受,使儿童在多中种感官参与体验的活动中建立初步的空间观念。)

2. 主动探究,促进建构

(1)活动探究

① 自主观察。请同学们用刚才的方法从不同的位置观察桌面上的茶壶,把看到的形状用你喜欢的

方式与同伴交流。(学生可以用笔画图,用语言描述,用动作表示等。)

② 判断推理。教师有屏幕演示四个同学在不同的位置观察茶壶,并在旁边画有五幅不同形状的图形。请同学们想想,他们看到的各是哪幅图,并用线连起来。(图略。)

③ 启迪反思:你们在判断时觉得哪些比较容易?哪几个判断起来有困难?你又是如何解决的?(学生可以独立思考,也可以与伙伴合作解决,有困难的可以找别人帮忙。)

(设计意图:通过"观察茶壶"活动,再次使儿童在现实的情景中用刚刚学到的方法迁移创新,自主学习,在主动观察、猜测、探索、比较中,加强他们的感性认识,进一步体会从不同的位置观察物体所得到的形状是不同的,从而形成空间观念,获得广泛的数学活动经验,享受探索数学之乐趣。)

(2) 直接判断。

师:请同学们看课本上的恐龙图,思考这三幅图分别是谁看到的。

学生小组讨论交流。

提问:如果小明的对面还坐着一个小男孩,他会看到什么形状的恐龙呢?(电脑显示。)

(3) 自由活动。

以小组为单位自由选择一件喜欢的物体(有些是学生课前带来的),用刚才学到的方法进行自由观察。

(设计意图:课程标准倡导"学生的数学学习内容应当是现实的、有意义的、富有挑战性的"。上述教学过程中设计的"如果小明的对面还坐着一个小男孩,他会看到什么形状的恐龙"这一富有挑战性的问题,使其在现实的情景中激活经验储备,促进儿童调用已有的生活原型,联系实际,充分想象推理、多元体验,享受智慧的挑战,学会数学的思考。)

三、注重问题解决,迁移拓展应用

1. 猜测辨认

教师在多媒体屏幕上出示飞机的四面图、洗衣机的侧面图、台灯的前面图、电视机的背面图、储蓄罐的侧面图、钢琴凳的上面图、垃圾桶的顶面图等,让学生根据图示大胆猜测可能会是什么物体,并说一说分别是物体的哪个面。

(1) 教师在屏幕上出示飞机的正面图,再出示旋转图,然后请学生分别说一说这些面分别是从飞机的哪个面看到的位置图。

(2) 教师在屏幕上依次出示洗衣机、台灯、电视机、储蓄罐、钢琴凳、垃圾桶的上面、前面、侧面、背面、顶面图,让学生猜测可能是什么物体,然后屏幕显示出正确的物体。

(设计意图产:用儿童生活中常见的实物作为探究的材料组织"猜一猜"的游戏活动,一方面可以有效地激发孩子们的学习兴趣,使他们产生浓厚的学习热情,增强儿童对数学的亲切感,另一方面可以诱导他们大胆猜测,合情推理,发展儿童的想象力,让儿童感受到"生活数学"的魅力。学生通过主动的活动,包括观察、描述、操作、猜想、实验、思考、推理、交流和应用等,亲眼目睹了数学过程形象的生动的性质,亲身体验如何"做数学",如何实现数学的"再创造"。)

2. 实践应用

问题情境:一辆卡车从小明的面前经过,小明拍摄了一组照片,可惜他排乱了顺序,你能帮他按照卡车被摄入镜头的先后顺序给下面的照片编号吗?请与同伴交流。(教师播放卡车行驶的录像,帮助学生理解、体验、应用。)

3. 迁移拓展

如果有多个物体组合起来,你还会观察吗?请课后实践,你会有新的发现吗?把你的发现与同伴交流。

(设计意图:联系学生的生活空间设计实践应用活动,旨在使儿童在现实的生活情景中感受到数学是饱满的、丰富的、充实的,更是精彩的,使儿童的数学学习充满智慧的挑战,负载着丰富的情感,享受着探索的愉快,体验到数学在生活中的广泛而真切的应用价值,赋予儿童数学的眼睛,使他们学会用数学思考,帮助儿童在数学课堂上享受着生活,体验到数学课堂独有的文化价值。)

 **解析**

　　数学课堂就是一种生活,应该洋溢着文化气息。在"观察物体"的教学中,教师力求构建一种数学课堂文化,让学生切实感受到数学是现实的、饱满的、丰富的,同时也是可以活动的、体验的、享受的,整个课堂精彩纷呈,高潮迭起。这种数学课堂文化,我们可以从以下几个方面去构建:

　　1. 联系实际,激活经验,提供现实性的背景

　　《标准》指出:"要紧密联系学生的生活实际,从学生的生活经验和已有知识出发,创设生动有趣的情境。"在"观察物体"一课中,教师联系儿童的日常生活经验,提供了大量的现实性的生活背景,设计了多种观察物体的活动,如观察生活中常见的小汽车、卡车、玩具恐龙、茶壶等,有效地激活儿童的活动经验。儿童积极地提取已有的经验积累,编辑、想象、判断、推理,作出合情合理的思考,提升了数学应用意识。

　　2. 注重过程,自主建构,倡导探究式的学习

　　"数学教学是数学活动的教学",《标准》倡导自主探索、合作交流、实践创新的数学学习方式,课堂上要"为学生提供充分地从事数学活动和交流的机会",引导学生开展"观察、操作、猜想、推理、交流等活动,使学生通过数学活动,掌握基本的数学知识和技能,初步学会从数学的角度去观察事物,思考问题,激发学生对数学的兴趣,以及学好数学的愿望"。本节课教师为儿童提供了广阔的思维空间和结构化的思维材料,有效地促进了学生的自主探究与参与创新。特别是在"观察茶壶"的活动中,有的学生认为观察对象是容易辨别的,有的学生认为观察对象是复杂多变的,因此他们选择的解决问题的方式也是不一样的。他们可以自由地独立观察,也可以与伙伴结伴观察,有的是借助实物观察思考,有的是凭借经验想象推理,这些都促使每个儿童用不同的学习方式来自主完成意义建构。

　　3. 丰富经验,激励成功,赋予人文性的关怀

　　对于二年级的儿童来说,积累的经验是零散的,思想是原始的,方法是朴素的,思维是不够系统、全面与辩证的。为此,教学"从不同的方位辨认物体"时,教师增强了儿童对观察物体的活动体验,如亲历性的实物观察(小汽车、茶壶)、想象性的推理观察(恐龙)、验证性的判断观察(卡车)等活动就为儿童拓宽了体验的渠道,让儿童能够自由充分地活动,形成正确、强烈的认知表象,促进推理能力的形成、数学观念的养成、思辨智慧的提高。同时,教师针对儿童的心理特点与年龄特征,在课堂教学中注意不断激励儿童勇于探究,给予孩子成功的体验。课堂上真正赋予儿童人文的关怀,使儿童始终保持着强烈的求知欲望与学习热情,主动投入学习活动,使数学的知识负载着情感,使学习的情感融入知识,知情合一,"思维场"与"情绪场"和谐共振,帮助儿童在情感、态度、价值观等方面得到持续发展。例如,"根据照片判断卡车经过的先后顺序"的活动,几乎每个学生都能进行正确的推理与思考,这时孩子们脸上荡漾着的那份喜悦,无不感染着同伴,感染着老师,所有的学生都沐浴在人文的阳光里,这种精彩的数学活动怎不令学生心旷神怡?

　　4. 关注差异,动态生成,确定多元化的起点

　　有效的数学课堂教学必须要全面了解学生的"学情",关注学生的学习差异,将学生差异作为一种生成性的教学资源,以此来确定教学的目标与教学的起点,促进学生富有个性地学习。在本节课的教学中,教师在课前进行了调查,了解到学生多多少少有过观察物体的活动体验,课堂上教师的角色就是必须有效地组织活动,利用学生的"原生资源"促进课堂"创生资源"的不断形成。例如,儿童对于"根据物体某一面的形状猜一猜可能是什么物体"的活动,表现出极大的热情。由于每个人已有的经验与知识储备是不一样的,个性化的学习方式随着差异自然而生,活动中他们根据自己的生活经验踊跃参与,大胆猜测,想象的合理性、体验的多元化与答案的丰富性常常引来同伴与老师的喝彩,同时又会给师生以新的启迪与提示。这种富有挑战性的智慧活动使大家关注的不再是那个标准的答案,而是尽情地体验着活动本身所带给他们的惊喜。课堂教学在动态生成中

高潮迭起,精彩纷呈。在此时,原本单纯培养学生空间想象能力的训练活动变成将知识的、技能的、情感的、价值的、态度的教学目标融为一体的活动,课堂也因此而变得丰满。

5. 师生互动,合作交流,构建对话型的平台

现货教学理论倡导师生之间是互动的"对话"关系,"学生式的老师"与"老师式的学生"将是现代课堂教学中教师和学生应有的角色。在本节课中,教师和学生平等对话,合作互动:在学生有困难需要帮助时,教师是一个协助者;在学生有分歧需要讨论时,教师是一个促进者;在学生有疑问需要指点时,教师是一个参与者;在学生有成功需要分享时,教师是一个合作者;而当教师有意见需要交流时,学生是一个倾听者;教师有"疑问"需要阐述时,学生是一个合作者。因此无论是观察小汽车与茶壶,还是想象推理照片与图片,大家都是在交换意见,交流观点,表达思想,没有"权威"与"标准答案",有的只是"我有补充","我有不同意见","我在你的启发下又想到……"。学生创新思维的火花才会不断闪现,创新的个性才会得以张扬,教师的教育智慧才会不断得以生成,课堂真正焕发出生命的活力。

6. 回归生活,实践应用,关注应用性的数学

"数学生活化"的教学理念要求数学源于现实,又必须应用于现实。本节课的教学内容基于学生的现实背景与生活经验而展开,并在学生完成意义建构的前提下又回到现实的生活实践中,在问题解决中提高应用意识,在迁移发散中拓展思维潜能。例如"根据照片判断卡车经过的先后顺序"的应用实践,有效地促进了学生主动地激活并调用生活经验来进行判断。如有的孩子根据卡车的前后部位的不同来确定卡车被摄入镜头的先后顺序,有的能根据周围的参照物来确定卡车经过的先后顺序,有的能在脑子里先想象一辆卡车在身边开过时的情形,即利用表象来判断。在这样的实践应用过程中,教师给予学生的不仅仅是一份知识的行囊,更多的是智慧的启迪。孩子们养成了用"数学的眼睛"来观察周围的事物,善于用"数学的头脑"来思考现实世界的习惯与意识,而这些不正是课程标准所追求的吗?

第三节　研究性练习

1. 试着说说教学设计与教案的区别与联系。

2. 调查、了解当地小学生的数学兴趣在哪几个方面?同学之间互相研究针对这几个方面的兴趣你在教学设计上有何突破?

3. 观看教学示范片,研究其教学设计的特点。

4. 下面是两位小学数学教师对《小数的性质》这节课的教学设计片断——情境创设,请你分析她们设计的优缺点。如果这节课由你或你的团队来设计,会怎样创设情境呢?希望把你或你们的想法记录下来。

联系生活,教师提出问题

师:同学们在购物中见过小数吧!大家相互交流一下。(交流购物中标签上的小数)

生:一个文具盒标价 6.50 元。

师:那你买这个文具盒付了多少钱?

生:6 元 5 角,也就是 6.5 元。

师:这说明 6.50 元＝6.5 元。它们为什么会相等呢?下面我们就来研究这个问题。

联系生活,学生提出问题

师:同学们都有购物的经历,你们还记得所买物品的单价和实际付的钱数吗?

生:一个文具盒标价 6.50 元,我买它时付了 6 元 5 角,也就是 6.5 元。

师:标价 6.50 元,而你付 6.5 元,商家不吃亏吗?

生:不吃亏,因为 6.50 元=6.5 元。

师:其他同学也遇到过这种现象吗?

生:一包薯片标价 2.00 元,我买它时付了 2 元。2.00 元=2 元

师:看来这种现象在生活中还真不少。同学们有疑问吗?

生:为什么 6.50 元=6.5 元,2.00 元=2 元? 为什么后面的零可以去掉?

师:是啊! 同学们,你们知道吗? 这些看似简单的生活现象,它里面却隐藏着一个数学规律。这个规律是什么呢? 下面我们就来一起发现它。

5. 仿照范式,编写各种形式教案。

(1) 参照下列表格教案一例,选择一个课题,设计一份表格式教案:

科　　目		课　　题		
教材分析	重　点			
	难　点			
	关键点			
教学目的				
教学内容				
教学设想	课时安排		教法	教具
	教学进程			
	辅助活动			
教学后记				

(2) 对照卡片式教案一例,将上一课题设计成一份卡片式教案:

> 科目:
> 课题:
> 一、
> 1.
> 二、
> 1.

(3) 将上一课题设计成文字表述式教案。

(4) 到当地一所小学的教学班级,结合教学进度计划、单元教学进度计划,编写一份完整教案。

(5) 试用自己编写的教案进行微格教学,逐项自我评价、修订、完善,接受教师和同学的评价。

6. 下面是一节"10 的认识"的教学设计,请你谈谈它的优缺点。

"10 的认识"教学设计

教学内容： 九年义务教育六年制小学数学第一册 54～55 页 10 的认识。

教学目的：

1. 使学生能准确地数出数量是 10 的物体个数并会读、会写 10；

2. 使学生知道 10 以内数的顺序，会比较 10 以内数的大小；

3. 使学生熟练地掌握 10 的组成和分解；

4. 激发学生的学习兴趣，培养良好的学习习惯；

5. 结合插图对学生进行民族大团结的思想教育，培养学生助人为乐的精神；

6. 培养学生的动手操作能力、发散思维能力以及敏捷性、灵活性等思维品质。

教学重点： 10 的分解与组成。

教学难点： 形成 10 以内数的整体认知结构。

教具准备： 主题图（幻灯片）、计数器、刻度尺、游戏卡片、动物头饰、点子图、录音机及磁带。

学具准备： 10 朵以上小红花，10 根小棒，1～9 数字卡片。

教学过程：

一、复习

1. 故事导入，学生抢答。

有一天，一群可爱的小鸭在草地上做游戏，这时候，鸭妈妈来了，说："孩子们，今天妈妈带你们去公园好吗？"小鸭马上欢呼起来。这时鸭妈妈又说："不过有个条件，先考考你们，说对了，带你们去。"小鸭子傻眼了。小朋友们我们帮帮小鸭子吧，看谁算得又对又快。

9－1　7＋2　3＋6　5＋3　6－2

9＋0　9－0　8－3　7＋1

（故事导入，激发学生的兴趣，学生抢答，在复习旧知过程中，培养学生快速思维的能力。）

2. 口答。

（教师充分肯定小朋友助人为乐的精神，进一步谈话导入。）刚才我们能够快速算出以上的试题，是因为我们认识了 0 到 9 这些数并学会了 9 以内的加减法，哪位小朋友能按从小到大的顺序数一数呢？

学生口答，教师板书。

0　1　2　3　4　5　6　7　8　9

倒着（从大到小）数呢？会吗？

9　8　7　6　5　4　3　2　1　0

请小朋友们观察第一行数，比 8 多 1 的数是几呢？

比 9 多 1 的数是几呢？（10）

二、新课教学

1. 出示第 54 页彩色图（投影）并放录音。

（分两部分，先出示第一部分，并提出学生观察要求。）请小朋友们看一看、听一听，你发现了什么？（9 个小朋友，9 个气球。）

接着出示全图，学生观察。

又来了一个，现在有几个小朋友？几个气球？（10 个小朋友，10 个气球。）我们祖国是一个多民族的大家庭。看，各族小朋友多和睦、多快乐！

10 个小朋友，10 个气球都用"10"这个数字表示，今天我们就学习"10 的认识"。（板书课题。）

2. 摆红花。

学生拿出学具，摆 10 朵红花，教师巡视，然后肯定学生的多种摆法，鼓励学生的发散思维成果。

（以下是直接感知部分，采用直观演示教学方法，创设情景，让小朋友在愉快中感知，然后让他们在操作中感知 10 的"形象"，强化感知效果。）

3. 出示计数器。

先在计数器上拨 9 颗珠子,再拨上一颗。

一共有几颗珠子?(10 颗)计数器上的 10 颗珠子是怎么得来的?

学生先回答:"9 颗珠子添上 1 颗珠子,就得到 10 颗珠子,也就是 9 添上 1 得到 10,还可以怎样说? 也就是说:9 加上 1 得 10。接着教师问"哪位小朋友来说说日常生活中用 10 表示的物体?"

(鼓励小朋友进行发散思维,强化他们的学习积极性,同时通过小朋友的回答,让"感知"向"表象"过渡。)

4. 出示刻度尺。

10 还可以表示物体的长度,(接着出示刻度尺,引导小朋友观察刻度尺上的刻度)9 和 10 的顺序是怎样的?(9 在 10 的前面,10 在 9 的后面。)

(引导小朋友理解 10 的序数意义。)9 的后面一个数是 10,10 的前面一个数是 9。那么 9 与 10 谁大? 谁小呢? 请小朋友们看图说说 10 与其他的学过数的大小。

5. 比较数的大小。

出示点子图,小朋友数,教师板书。比较 9 和 10 的大小,并强化 9 在 10 的前面,9 添上 1 得 10,9 比 10 小,10 在 9 的后面,10 比 9 大,10 还比哪些数大呢?

(通过小朋友"说"物体,"认识数的顺序"、"比较大小"等形式,充分调动小朋友的多种感官,形成并强化"10"的"表象",理解 10 的序数意义和基数意义。)

6. 写 10。

小朋友们,你发现 10 和我们以前学过的数有什么不同? 你会写吗? 试试看。

教师示范,写 10 要占两个日子格,左边写 1,右边写 0,指导学生读两遍。

翻开课本,学生练习写 10,教师巡视指导。

(教师示范,指导小朋友认真书写,培养他们认真学习的习惯和一丝不苟的学习精神。)

7. 10 的分解与组成。

请小朋友们拿出学具,数出 10 根小棒,摆在课桌的左边。

教师提出要求:把 10 根小棒摆成两份,看谁摆得快,能摆出多少种不同的摆法。鼓励小朋友"操作",说明各种摆法,同时教师将结果板书出来,看谁说得多一点? 还有别的分法吗? 你能从中想到什么?(小组讨论你们发现了什么规律?)

10 10 10 10 10

9 1 8 2 7 3 6 4 5 5

1 9 2 8 3 7 4 6

摆出 1~9 的数字卡片,找出组成 10 的两张卡片举起来,接着要求小朋友说几和几组成 10。

肯定小朋友摆得很不错,说得很对,真聪明,然后做课中操。

(这个环节的教学属于"概念"层次,是教学的重点,为了突出这个重点,教学时贯彻主体与活动教学思想,引导小朋友发现并充分肯定小朋友的学习成果。这样,既能抓住重点,落实教学目标,又能充分调动学生的学习积极性,培养他们主动学习的精神,培养发散思维能力。)

三、巩固练习

1. 拍手游戏。

智慧老爷爷说,小朋友们学得这么好,小燕子要和小朋友们对口令,并且要求你们对的数要和它说的数组成 10 才行。

2. 幻灯,在 □ 里填上合适的数:

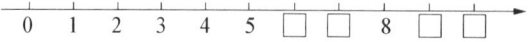

3. 小鸽子看小朋友们答得这么好,也跑来表示祝贺,同时,他说(放录音):我种了 10 棵苹果树,每棵树上有 10 个苹果,但是有些苹果被树叶挡住了,小朋友们,你们想一想,树叶挡住了几个?

小朋友们真聪明,老师也想考考你们:

小燕子种了 10 棵苹果树,可是全被两座房子挡住了,请你们说说,这两座房子有可能各挡住了几棵?(出示幻灯片)

(让学生讨论,鼓励学生,培养学生的发散思维能力。)

4. 做采蘑菇的游戏。

我是采蘑菇的小姑娘,今天听了你们的课,真高兴,因为你们认识了 10,会读写 10,知道 10 的分解与组成。现在,我采了好多好多的蘑菇,想请你们把它们装到篮子里,但每个篮子的蘑菇必须是 10 才行。

5. (此内容根据课堂时间而定)同学们,你们真肯动脑筋,智慧爷爷都伸出大拇指表扬你们呢!他还给大家留下一道思考题,下节数学课他要来检查,并给大家发奖品。

小鸽子种了 10 棵苹果树,可是全被三座房子挡住了,请你们思考一下,每座房子有可能挡住了几棵?

6. 翻开课本,做练习作业。

(巩固练习的设计,体现了三个层次,基本题、综合题及智能题,这样能促使学生主动发展,同时采用多种游戏形式巩固知识,多种感官的协同活动,充分运用小朋友形象思维的特点,利于提高学习效果。)

小结:今天这节课,我们学会了数数量是 10 的物体,从在计数器上拨珠知道了 10 是由 9 个珠子再添上 1 个珠子得来的。从直尺上的刻度,知道了 10 在 9 的后面,9 在 10 的前面。学会了比较 9 与 10 这两个数的大小。通过摆小棒,知道了 10 的组成。今天小朋友们学得很认真,知识掌握得很好,老师和你们一起去做课间游戏。

第三章

课堂教学技能（一）

  课堂是教师活动的主要舞台，课堂教学是教学的基本组织形式，是教学活动的中心环节。课堂教学技能是在课堂教学中教师为促使学生有效学习的多种行为方式的组合。

  课堂教学技能是整个教学技能的核心，课堂教学技能训练是教学技能训练的中心。课堂教学技能训练的目标在于使师范生理解各项技能的理论基础，掌握各项技能的基础知识；了解课堂教学各项技能的类型，理解其概念，熟悉各项技能执行的程序和要求；通过训练，使师范生能够根据教学情境，正确选择和使用教学技能。

  课堂教学中教师的行为方式是复杂的，因而教学技能是多样的。按照课的运行机制划分，有提问技能、讲解技能、演示技能、沟通与表达技能；按照师生间传输信息的方式分，有指导学生探究学习技能、指导学生合作学习技能。这些都是一位成熟的教学专业人员在课堂教学中必备的行为方式，而这些并非"生而知之"，都是后天习得的，故必须要经过学习和训练。

第一节　提问技能

▶ 一、提问技能概说

（一）什么是提问技能

提问作为一种教学方法又叫"谈话法"或"问答法"。

提问作为一种技能是指教师运用提出问题，以及对学生回答的反应的方式，以促使学生参与学习，了解他们的学习状态，启发思维，使学生理解和掌握知识并发展能力的一类教学行为。提问技能的核心是教师的提问。提问的质量影响学生的学习过程，影响学生学习主动性的发挥，影响学生的发展。

提问技能在培养学生的思维能力方面有着特殊的重要作用，是解决问题最有效的教学行为，因此，有人称提问是教师的常规武器。从心理学上讲，推进认识，发展思维的首要条件是，学生对认识对象发生兴趣，并产生力图了解这一对象的内在愿望——求知欲。当原有的经验结构与新接受的信息不相适应，在心理上产生矛盾时，就会产生力求统一矛盾，使心理状态趋于平衡的内在要求，其结果是得到一种心理满足。求知欲的产生来自疑问。所以教师在课堂上有目的地设置问题，形成问题情境，从而引起学生的认识兴趣和认识矛盾,激起探究的愿望,造成一种心理紧张,是使他们对学习产生兴趣,积极参与学习活动的良好方式。

(二) 提问技能的功能

提问技能是课堂上师生交流思想的最主要和最直接的技能之一。通过师生问答,教师可以了解学生学习的情绪、心态和知识技能的具体程度,以不断调整自己的教学,做到有的放矢、因材施教;学生可以了解教师的意图,领会教师的点拨指引,并能检查自己学习的情况。因此,提问技能可以使师生双方协调教学步骤,克服教学的盲目性,发挥双方的积极性。提问技能在激发学生思考,引起认知需要,促进学生思维发展方面有重要的作用。学生的学习是在已有的经验体系与新获得的心理的统一过程中,在变化着的客观世界与思维着的主观世界的矛盾统一中,逐步发展前进的。可以把这个过程看成是一个不断发现问题和解决问题的过程。学生如果没有问题,认识也就停止了。提出问题,标志着已到了知识的大门,解决问题,就是获得了知识。问题和认识过程不可分割地联系着。课堂上除了鼓励和启发学生去发现问题外,教师的提问是不可忽视的,有时是起决定作用的。运用提问技能可以实现以下的功能:

1. 把学生引入"问题情境",使他们的兴趣和注意力集中到某一特殊的专题或概念上,产生解决问题的自觉意向。

2. 为学生的反应提供机会,激励他们不断地提出问题,积极参与学习活动,认真思考。同时促进师生之间、学生之间的交流。

(三) 提问技能的注意事项

1. 提出问题要突出针对性

在应用提问技能时,教师应避免盲目性和随意性,树立目标意识,根据不同的情况提出不同的问题,并灵活应用。

(1) 针对教学目标,提出主要问题。

(2) 针对学生的认知水平、心理特征,提出能理解的问题。

(3) 针对学生已有的基础,提出铺垫的问题。

(4) 针对教学时机,提出恰当的问题。

在设计问题时必须充分考虑以上四点,使提出的问题具有明确的针对性。

2. 提出问题要注重灵活性

在提问过程中,教师要紧密结合其他教学技能,穿插运用沉默、提示、点拨、重述、评论、强化、更正、追问等教学手段,在课堂的导入、讲解、活动、讨论和结束的各个环节中,都可以灵活使用,使提出的问题更能发挥其作用。

总之,在精心设计的前提下,只有做到随机应变,灵活运用,才能达到事半功倍的效果。

3. 提出问题要面向全体学生,并给学生留有一定的思考空间

教师设计问题时要针对学生的认知基础,使提出的问题能够与知识能力相适应、相衔接,保证大部分学生能够回答并充分表达自己的想法。这样,学生才能感觉到问题的可理解性,从而激发学生深入思考、探究解决问题的欲望。同时,提出问题后要根据问题的难易程度,给学生留有一定的思考时间,使提出的问题能够转变为学生内在的冲突,产生思索问题、衍生问题、提出问题、探究解决问题的思维过程。提问太集中,会打断学生的思维,挫伤学生探究问题的积极性。

4. 创设问题情境,使提出的问题有趣味性和新颖性

数学是一门基础性学科,他不像应用性学科那样直观、形象,比较抽象。教师要通过创设问题情境,提出新颖、趣味的问题来激发学生的学习兴趣和求知欲望,使他们积极主动地去思考和解决问题。

(四) 提问技能类型

1. 诱导提问

这类型的提问是启发学生学习积极性,创设问题情境,使学生形成问题意识,开展定向思维的提问。

一般在某个新课题的起始阶段,教师为了引起学生的学习兴趣,进行定向思维,常常使用这一类型的提问。或为学生营造某种学习氛围,或是将学生的注意力集中到某一特定内容。

2. 疏导提问

这类型的提问是学生在学习过程中,思路受阻或是偏离正确方向时,教师进行点拨、疏导的提问。

3. 台阶提问

这类型的提问是将一组提问由简到繁,由浅入深地排列得像阶梯一样,引导学生一阶一阶地攀登,以达到教学目标的提问。设计这种类型的提问,应符合学生的认识规律,即由浅入深,由具体到抽象,由现象到本质,由局部到整体的认识规律。

4. 迂回提问

这类提问也称作"曲问",即为了解决一个问题,折绕地提出另外一个或几个问题的提问,这种类型的提问意在增加思维强度,引导学生自己去解决重点和难点,使学生处于主动学习的地位。

(五) 应用要点

1. 在课前,教师必须设计好关键问题或主要问题。这类问题的解决对实现教学目标起到至关重要的作用。这类问题的设计,应从教学内容要求和学生认知需要两方面考虑。

2. 教师一定要根据学生的年龄和个人能力特征,设计多种认知水平的问题,使多数学生能参与应答。

3. 问题的表达要简明易懂,最好用学生的语言提问。提问时教师态度要亲切,不要用强制回答的语气和态度提问。

4. 结合教学内容,利用学生已有的知识和经验,合理设计问题,并预想学生的可能回答及处理方法。

5. 凡是已形成的提问框架,要注意单个问题之间前后的内在联系,问题排列符合学生的思维进程。提问时把握好时机,使学生能循序渐进,去解决主问题。

6. 对学生回答的反应,应坚持以表扬为主的原则。不仅要充分肯定那些正确的回答,同时对回答有缺陷或不正确,甚至完全错误的,也要分析其中的积极因素,给予表扬和鼓励。

二、提问技能案例解析

小学数学第二册第二单元"方向与位置"的第二课,即上下、左右的学习

首先谈话导入,老师抓住一年级的孩子特喜欢动物的特点就设计了这样的问题。教师:同学们,你们都去过动物园吗?今天动物园里举办了一场小型动物图片展,我们一起去看看。老师这么一问,一下就调动了孩子们的学习积极性。教师紧接着出示教科书上的例2的图片,让学生仔细观察,然后问:从图上你看到了哪些动物?孩子们都纷纷举手,老师请了几个孩子回答,其中有一个孩子就用英语单词来说。教师听了过后,当场就表扬了他。接下来,教师又提了两个问题:兔子的下面是什么动物?斑马的上面是什么动物?没想到,站起来回答问题的孩子也都用流利的英语回答。当时教师感到既惊讶又高兴,心想,幸好读中学时的英语不错,要不然,还不知道孩子们在说什么呢!看来教师得加紧学习英语,才能胜任数学课。紧接着,教师又设计了这样一个问题:谁能结合图像像刚才老师那样用"上面或下面"的词来提问?老师的话音未完,孩子们就跃跃欲试。教师先后请了五、六个孩子,他们都大胆地提出了问题。并让他们自己请其他同学来回答。孩子们也都用英语来回答。整个课堂气氛一下活跃了起来,简直就像是在上英语课。

 **解 析**

由此看来,老师一个巧妙精当的提问可以激起孩子思维的火花,使孩子在轻松愉快中既学习了知识,又培养了孩子敢于提问并解决问题的能力。

 **案例 2**

数的整除复习与整理课

由猜教师年龄导入,给出条件:老师年龄数的十位上是自然数中最小的素数,个位上的数是最小的素数和最小的合数的和。你们说老师今年几岁了？为什么？

生：26 岁。最小的素数是 2,最小的合数是 4。

师：猜这个谜语,我们需要哪些数学知识呢？

生：素数、合数。

师：说得有理,在数的整除中,除了这些,我们还学了哪些概念呢？（根据学生回答继续贴纸条）

师：请学生分四人小组来相互说出这些概念的意义。（并找出一些相对应的概念）

生：奇数和偶数、素数和合数、约数和倍数、公约数和公倍数、最大公约数和最小公倍数等。

师：看了这些纸条,这样贴在黑板,你有什么感觉？

生：很乱,看不清楚……

师：怎么办呢？

生：整理一下。

师：好办法！我们知道这些概念之间既有联系又有区别,下面我们就根据概念发展与它的含义,找找它们之间的联系,汇成网络,并思考为什么会有这样的联系？请大家以小组为单位,按照你们自己的想法,用手中的卡片和相应的线段在纸上制成一个网络。

……

 **解 析**

老师问得简练,学生答得精彩,从上面教学片断中,可以看出学生学得相当主动积极,不仅课堂参与程度高,而且思维灵活多样,富有创造性,获得了自主学习的成功体验。

 **案例 3**

乘法的初步认识

老师一开始上课,便出示了一个十分漂亮的 Flash 课件的情景图——"快乐的大森林"。教师让学生观察画面并提问:

师：看了这幅图,你有什么发现？

生1：我发现森林好漂亮啊！有美丽的小花、绿绿的小草,还有好吃的果子。

生2：我发现天上的白云在飘动！

生3：我发现小鸟在表演节目。

生4：我发现小兔在跳舞,跳得真好看！

......

就这样,学生意犹未尽,而老师却也着急了,7、8分钟过去了,学生还不断有新的发现,但却仍旧是在"看图说话",似乎,他们已忘了,这是在上数学课呢。

 **解析**

为什么课会变得如此难以驾驭呢?因为教师的问题不够明确。其实,教师可以这样问:图上有几种动物?(3种,即小鸟、小兔和小猪)它们各是几只在一起的?(每3只小鸟、4只小兔、2只小猪在一起),这时教师要注意引导学生3只3只、4只4只、2只2只地数,突出"几个3"、"几个2"、"几个4",再让学生想办法求它们各是多少。如此一来,就能引导学生在问题情境中有效捕捉数学信息,初步感知"几个几"的数学情境问题(生活现象),为以后的乘法学习奠定基础。

对策:好的"设问"既要符合学生的认知规律,又要便于揭示知识的本质特征,使学生在原有的认知基础上都有所进步,提高学生的知识迁移的能力。

难易恰当的问题可以刺激学生的思维,促使学生积极思考探索,寻求问题的解决。反之,则会造成学生思维的障碍。

三、研究性学习

(一)课堂上,问题难度不当有两种表现:一是过浅,一是过深

问题过浅的情况较多,一些教师上课经常问学生"是不是"、"对不对"、"好不好"等,有的已成了口头禅。这些问题属于单纯性判断,几乎没有思维的价值,这类问题多了,学生就会感到单调乏味,失去学习的兴趣。又如,一些教师全然不顾学生的已有学力,搭桥平坡,把一个问题可以解决的,非要列出两三个问题进行引导,逼着学生"走碎步"。

如某位教师教学二年级"万以内数的认识"一课,在"做一做"过后评价时,提问学生:"6732"中,6读什么?7读什么?3读什么?2读什么?

 **解析**

"这个数读什么"这样的问题太琐碎,学生完全可以一下子读出来。此外,有些问题本身含有合理的思维难度,学生想一想可以作答,但教师怕学生答不出,就在提问时带有暗示性(特别是在有领导、老师听课时),使得一些较好的问题简单化了,失去了思维的价值。

问题过深的情况表现为教师不能准确地把握学生现有的知识水平,所提问题思维跨度过大,学生经过努力不能找到问题的答案,课堂出现"休克"状态。如有位老师在教分数的意义后的小结时,为了强调单位"1"而设问:单位"1"的含义是什么?这个问题对于他所面对的学生而言,太难,要求太高。接着这位老师指着半圆又问:它是单位"1"吗?这个问题又因其答案的豁然性而令学生难于回答。

对策:难易适度,注意科学性。提问的难度要适合学生的认识水平,要是学生力所能及的,所谓跳一跳就能摘到果子。要防止浅——缺乏引力,索然无味;偏——抓不住重点,纠缠枝节;深——高不可攀,"听"而生畏;空——内容空洞,无从下手。提问适度,就是要掌握好难易间的"度"。

太易，脱口而出，无法引起思考；太难，无从下手，造成学生心理压力，效果适得其反。因此，提问考虑难易适度必须"建立在学生的认知发展水平和已有的知识经验基础之上"。使"最近发展区"转化为"现实发展区"，这样学生的知识和能力就都得到发展。

在"数的整除复习与整理课"中，教学内容由浅到深，从知识的发展联系出发，分别提出了这样几个问题：① 猜这个谜语，我们需要哪些数学知识呢？② 说得有理，在数的整除中，除了这些，我们还学了哪些概念呢？③ 请学生分四人小组来相互说出这些概念的意义。（并找出一些相对应的概念）④ 看了这些纸条，这样贴在黑板，你有什么感觉？怎么办？⑤ 请大家以小组为单位，按照你们自己的想法，用手中的卡片和相应的线段在纸上制成一个网络。这样在新旧知识的衔接处设计提问，运用知识的迁移规律，沟通新旧知识间的联系，使学生运用旧知识探究新知识。这种提问难易适度，符合学生的实际水平。

（二）课堂提问要利于发展学生的思维

课堂上的问题通常是封闭式的，它只有一个正确答案，而教师又容易滑进这么一条路：提出问题之后，就滔滔不绝地重述自己的知识，迫不及待地阐述自己对问题的看法，每一步都获得学生的赞同与喝彩，却总是忽略了学生的独立思考。而实际上，最好的问题大概是没有完全明显的答案的，虽然没有一种提问方法能适应所有情况，但是好的方式应当是把注意力放在激发学生的思维过程上，而不是急促地迈向结果。比如在刚刚结束的三年级数学期末调测中让学生填写单位名称，出现了小明的身高 165（千克），一支铅笔长 20（米）等这类笑话，假如我们的老师在平时的教学中能够提出一些这方面有价值的问题，多问几个你是怎么想的，多关注学生的数学思维，也不至于会填这样的结果了。

（三）问答的方式不讲究

教学退位减法时，出示题目"42−28"，教师问这题得多少，并从举手的学生中指名回答。生：得 14。师：你是怎么想的？生：个位上 2 减 8，不够减，从十位上退 1，12 减 8 得 4，所以得 14。师：十位上 4 减 2 怎么会得 1 呢？生：因为……如此师生二人一问一答，其他学生作陪。

 解 析

反思：《数学课程标准》指出，"教师应激发每个学生的学习积极性，向学生提供从事数学活动的机会，获得广泛的数学活动经验。"像上例这种"打乒乓式的问答"方式的出现，其最大的弊端是不能启发全班学生参与学习和思考，将集体的活动变成了个别考核，更谈不上发掘全班学生的智力潜能。可见，教师还没有真正转变到"组织者、引导者与合作者"的角色上来。

对策：因材施教，注意针对性。常言道"十个手指不一样齐"，更何况人的学习水平呢？学生的学习必然存在着好、中、差，如果教师在课堂提问时统统都让好学生回答，而忽略了学习困难的学生，就会造成两极分化。因此教师在设计课堂提问时，要针对不同学生的情况提出问题。对尖子生可适当"提高"，对普通学生可逐步"升级"，对学习困难的学生可适当"降级"，满足不同胃口的需要，从而使"不同的人在数学上得到不同的发展"。课堂教学时，教师虽然无法为每一个学生设计一套问题，但注意提问层次和梯度，并根据问题的难易提问不同的学生，这还是能办到的。

比如，教学梯形的面积计算时，如果问学习困难的学生"梯形的面积是如何推断出来的?"还不如问"梯形的面积公式是什么?"或"怎样计算梯形的面积?"这样的提问难度小，他们都能够回答出来。这样就能增强他们学习的信心，促使他们上课认真听讲，积极思考。同时，教师及时表扬他们的进步，使学习困难的学生尝到学习的甜头，从而提高他们的学习热情。

对于课堂设问每位教师都要做到心中有数。

1. 问谁

儿童的思维多是从直观、表象开始，抽象逻辑思维较差。因此，教师应尽力为学生创造启迪思维的具体情境，使提问符合学生的认知特点，避免过于抽象的设问。例如同样是在应用题教学中的讲解思路，对于低年级学生，我们可以指着已列出的算式问："这样列式，你是怎么想的?"而对于高年级的学生则可以问："你能说说为什么这样做吗?"又如同样是认识长方体、立方体的总结性提问，对于一年级的小朋友，教师可手执长方体和立方体的教具，问："今天我们认识了这两种几何物体，一种是——(举起长方体教具)，另一种是——(举起立方体教具)。谁还能说说对于这两种几何体你都知道了些什么?"而对于五年级的学生，老师则可问："同学们，今天我们认识了长方体和立方体，谁能说说长方体和立方体的特征以及这两种形体的关系吗?"

2. 问什么

备课时要根据教材内容和学生的知识基础和认识水平，预想课堂教学时可能出现的各种情况，精心设计问题，形成知识网络。实践过程中，教师必须根据学生的"反馈信息"随时调整自己的教学，使学生保持学习的积极性和主动性。

3. 怎样问

儿童的心理特点是好奇、好动、好玩。设计问题要考虑儿童的心理特点，使问题富有情趣，调动学生思考的积极性。如有一位教师在教学"认识方向"时，没有像一些教师一样设问：左边是什么方向? 右边是什么方向? ……而是创设一个小朋友感兴趣的动物聚会场景，让学生猜猜每种动物居住在池塘的哪个方向，请你帮它们找个家。此问一出，学生无不跃跃欲试，都想一显身手，学习的积极性空前高涨。

4. 何时发问

课堂提问要捕捉良机，引导学生主动探索知识。从教材内容的角度来说，提问的最佳时机是新旧知识的交汇点和难易的转化点上;从学生的角度来说，是当其思维困于一个小天地无法突围、疑惑不解时，或是学生有所领悟，心情振奋时;或是当其胡思乱想、精力分散时。

5. 精心设计，目标明确

问题的清晰程度直接影响学生的思维方向的定位，影响学生是否回答问题及回答问题的水平。因此，教师备课时就要明确提问的目的：为引入新课? 为新旧联系? 为突出重点? 为解决难点? 为引起学生的兴趣和注意? 为促使学生思考? 为总结归纳? 等等。要尽可能剔除可有可无、目标模糊不清的提问，保留针对性强，有实际意义的提问。使提问恰到好处，为教学穿针引线，达到"一石激起千层浪"的效果。

比如，教学异分母分数加减法时，先组织学生复习同分母分数加减法，然后把题目改成异分母分数加减法，通过提问："异分母分数加减法又应该怎样计算呢?"导入新课，让学生带着这个问题自学课本，使学生明确本节课的学习目的和内容。这样的提问有明确的目的，紧扣主题，围绕教学重点难点，启发了学生学习的积极性和主动性，造成寻求答案的渴望心理，最终达到理解教材的目的。

四、研究性练习

1. 结合二年级"万以内数的认识"一课教学，设计一教学片断，并标明每个提问各属哪种类型。

2. 结合"数的整除复习与整理课"的教学，设计一教案，并标明每个提问的功能。

3. 通过阅读案例材料，或看教学录像片，在现行小学数学教材中自选一内容，进行教学实践，并对提问技能的运用情况作出评价。

4. 试分析在课堂教学的各个环节（导入、讲解、巩固练习、结束等）提问分别起什么作用？

5. 在导入过程中，教师采取回忆提问："我们以前学习过平行四边形面积的计算，谁还记得平行四边形面积公式是什么？"结果一个举手的也没有，此时你如何处理？

6. 试分析下列问题或语言叙述的优劣：

（1）教师手举一个木质的正方体，问："我手中的物体有什么特点？"

（2）教师问："黑板的角是直角，对不对？"

（3）教师问："什么叫约数？ 什么叫倍数？ 什么叫公约数？ 什么叫公倍数？ 什么时候求最大公约数？ 谁知道请举手？"

（4）教师问："长方形面积公式是什么？"立刻有 80% 的学生举手，教师说："这么多人举手，说明这个问题很简单。我叫一个全班最差的同学回答。"

7. 对下列发问进行分析评价：提问后不留思考余地；连珠炮式地频频发问；时机不到随意问、信口问。

8. 对提问后出现下列各类现象进行分析，提出是何种原因导致？ 该做出怎样的处理（要求准确敏捷）：

（1）没有任何反应；

（2）学生不会回答；

（3）学生不明白问题；

（4）学生支吾回答；

（5）学生的回答一部分正确，一部分似是而非；

（6）学生迅速作出反应要求回答问题，答案完全正确，等等。

第二节 讲解技能

一、讲解技能概说

课堂教学中的讲解技能是教师运用语言向学生讲授知识与方法，促进智力发展、表达思想的一类教学行为。为促进教师更好地把握并合理地运用这一教学技能，特提出如下要求：

（一）把握讲解的实质

讲解的实质是建立新知识与学生原有知识经验之间的联系。新知识的获得，主要依赖原认知结构中适当的概念，并通过新旧知识的相互作用，说明新旧知识的关系，填补学生原有经验与知识之间的沟通，以及剖析新知识本身各要素之间的关系，是讲解的主要任务。因此，教师应在把握讲解实质的基础上，不断增强并能动地运用讲解技能，揭示新旧知识间的联系，架设彼此沟通的桥梁的自觉性。

（二）注重讲解的特点

讲解有两个特点：一是在主客体信息传递中，语言是主要的媒体。教学，不论是哪一门学科的教学，大部分是将教学内容转化为语言，并以此为媒介进行的，讲解尤为如此。因此，每一位教师都应自觉地把培养自己的组织语言的能力、快速进行语言编码的能力以及提高自己语言表情达意的能力，作为提高自己讲解技能的前提。二是信息传递是由主体传向客体，具有单向性，学生常处于被动地位。教师应

通过准确、流畅、清晰、生动的描述,循循善诱、层层推理、点点入滴的讲解,激发起学生"欲罢不能"的学习激情,变被动接受为主动索取。

(三) 提高讲解的教学功能

讲解的教学功能,一是引导学生在原有认知结构的基础上,感知、理解、巩固和应用新知识、新概念和新原理;二是帮助学生明了得出结论的思维过程和探讨方法,推动学生的认识能力,如观察力、思维力、设计能力等;三是培养学生的学习兴趣,激发学习动机,并结合教学内容的思想性和美感,影响学生的思想和审美情趣。教师在实施讲解的过程中,应充分运用讲解技能,不断提高讲解的教学功能。

(四) 科学选择讲解技能的类型

常见的讲解技能的类型有:

1. 描述式(又称叙述式或记叙式),即是通过对人、事、物的结构、要素、属性与发展变化的描述,使学生对所描述的人、事、物有比较形象的、具体的感知或有一定深度的认识。根据描述的不同方式,描述式讲解技能类型又分为:

(1) 概要性描述,即对人、事、物的特征,要素作概述。

(2) 例证式描述,即举出有代表性的、人们比较熟悉的、有说服力的例证来具体描述事物。

(3) 程序性描述,即按事物发展的过程、步骤一步步地描述。

2. 说明式(又称解释式或翻译式),即通过讲述,将已知与未知联系起来。根据说明的内容的不同,说明式又分为:

(1) 意义解释,即通过分析性说明,使学生理解其概念的意义。

(2) 翻译性解释,即通过翻译,使学生明了有关原理、概念、字词的含义。

(3) 结构说明,例如,天平的构造;实验室制取二氧化碳的装置;对一篇文章框架的说明等。

(4) 比较说明,即是运用人们可见的、具体的、熟悉的事物,同要讲解的那些微观的、抽象的、生疏的事物作比较,使学生认知所要讲解的内容。

3. 原理中心式,即以概念、规律、原理、理论为中心内容的讲解,这是教学中最重要、最基本的技能。按照讲解的逻辑方法,又可以分为归纳中心式和演绎中心式两种。

4. 行为动作中心式,即以训练动作技能为中心的讲解,主要有动作原理的阐述;结合示范的讲解;指导学生学习的讲解等。

5. 问题中心式。"问题"即未知,"解答"即由未知到已知的认知过程。认知的关键是方法,选择方法和具体解决问题,都离不开知识和思维能力。问题可能是一个练习题,作文题,也可能是带有实际意义的课题。问题中心式的讲解,常带有一定的探究性。其讲解的一般程序是:

引出问题(引入、导论)——明确要求(问题标准)——选择方法——解决问题——得出结论(总结、结论)

在把握上述常见的讲解技能的基础上,应根据讲解的具体内容与学生的实际,科学选择不同的讲解技能类型或是它们的组合,以提高课堂教学的质量。

(五) 遵循讲解技能的应用要求

教师在应用讲解技能时,应遵循下列基本要求:

1. 有明确的讲解结构

教师应在认真确定教学目标,分析教学内容的重点,明确新旧知识之间相互联系的基础上,顺知识结构之序,学生思维发展之序,提出系列化的关键问题,形成清晰的讲解框架,以使讲解条理清楚,引起学生的思考。

2. 语言流畅、准确、明白

语言流畅就是紧凑、连贯。准备充分和自信是语言流畅的前提。语言准确、明白,就是要求正确运用术语,用学生能理解的词,不用未经定义的术语;句子完整,措词和发音准确;语言和语速适应讲解内容与情感的需要。

3. 具有启发性

教师应把直观、具体的现象、事件,通过分析、综合、抽象和概括,将其升华为理性的概念和规律。讲解时应给学生留有一定的思考余地,把握讲解的时机。凡对重要内容作本质论述时,应尽量创设启发的教学情境。

4. 善于使用例证

例证是进行学习迁移的重要手段,是把熟悉的经验与新的知识、概念联系起来的桥梁。使用的例证,重要的不在于数量,而在于所举的例子与新概念之间是否具有实质性的非人为的逻辑联系,以及教师对比联系所作的透彻的分析。因此,教师在选择讲解的例证时,应十分关注例证同所要讲解的概念、原理间的实质的逻辑联系,并正确选用讲解技能,以便揭示这种逻辑联系的内涵。

5. 注意形成连接

清楚、连贯的讲解是由新旧知识之间、例证与原理之间、问题和问题之间恰当的连接构成的。在讲解中,教师应仔细选择起连接作用的词或短语,说明上述关系,使讲解形成完整的系统。

6. 会进行强调

强调是讲解清楚、成功的重要技术之一。教师在讲解中,对教学的重点或关键内容,对新旧知识的联系和新知识结构的分析,既可以运用讲话声音的变化、身体动作的变化、做出强调标记或直接用语言提示进行强调;也可以运用概括、重复或学生的回答进行强调。

7. 要重视获取反馈和及时调控

在讲解中,教师要善于通过观察学生的表情、行为和操作,留意学生的非正式发言,向学生提出问题或给学生提出问题的机会,收集讲解效果的反馈信息,弄清学生的理解程度,并及时调整讲解的程序和方式,以达到教学目标。

二、讲解技能案例解析

(一)教学"解决连乘的实际问题"实例

编织小组每人每天可以编织 10 个竹筐,照这样计算,5 人 8 天可以编织多少个竹筐?

学生很快列出如下三种算式:(1) $10 \times 5 \times 8$;(2) $10 \times 8 \times 5$;(3) $5 \times 8 \times 10$。

在讨论解题思路时,对前两种解法,大家都能流利地说出道理。对第三种方法,学生间发生了争执。大多数学生认为"5×8"这一步算式说不出道理来,所以列式是错误的。

"真的就说不出道理吗? 再好好想想!"老师面带微笑、满含期待地鼓励。

在确实没人发言时,教师用投影打出如下直观图,使出了教师预设的第一招:"让我们把这道题的数量关系画一幅图来看看。结合下幅图想想,现在能理解吗?"

								8天
10								
								5人

在学生充分发言后,教师讲解道:1 个小正方形表示"10 个竹筐",图中有 5×8 共 40 个小正方形,

"5×8"就表示总个数里包含了多少个"10个竹筐"。

在大家都明白了其中的道理后,教师又使上了第二招,在黑板上写上"1千瓦时",启发道:"其实,我们还可以结合生活中的一些复合单位来理解。如1千瓦的电器用电1小时,用电量就是1千瓦时。类推到这一题中来,我们也可以创造一个复合单位——'人天','10个竹筐'是1个人1天的工作量,可以说成是一个'人天'的工作量。那么5×8就表示编织小组共生产了40个'人天',这样5×8×10就表示40个'人天'的工作量。"

由于教师的适时讲解为5×8×10找到了合理的"名分",学生带着满足的表情下课。

(二)带中括号的四则运算式题

我们已经复习了带有小括号的四则混合运算式题。如果要改变小括号以外的运算顺序,就要用中括号。这节课我们就要认识中括号,学会中括号的写法,懂得中括号的作用,掌握带有中括号的四则混合运算的顺序。

板书例题:[190+(16-7)×15]÷25=?　　　　引导学生看题,告诉学生,题目中的"[　　]"叫做中括号。

教师板书示范中括号的写法。

中括号和小括号的作用一样,也是起到改变运算顺序的作用,它是在只用小括号已经不能满足要求的情况下增加的。

当在一道试题中,既有小括号又有中括号时,我们应该先算小括号里面的,再算中括号里面的。

同学们,那么在这一道试题中,我们第一步应该先算什么?

待学生回答后教师在(16-7)下面划上横线,并用红色粉笔注上①。

板书:[190+(16-7)×15]÷25

　　　=[190+9×15]÷25

中括号中还有哪几种运算?应该先算什么?

很好,中括号里还有两种运算,应该先算乘法,再算加法,这是第二步。教师在(9×15)下面划上横线,并用红色粉笔注上②。

提问:9×15的积是多少?

板书:[190+9×15]÷25=[190+135]÷25

提问:中括号里还有什么运算?中括号能不能去掉?为什么?(去掉了会怎么样?)

中括号不能去掉。因为中括号里的运算还没有做完。同学们要记住:当中括号里的运算还没有做完时,中括号不能随意去掉。

提问:那么,下一步应该做什么?

板书:[190+135]÷25=325÷25

教师在[190+135]下面划上横线,并用红色粉笔注上③。

提问:现在我们又该做哪一步了?这是第几步?

教师在325÷25下面划上横线,并用红色粉笔注上④。

提问:根据刚才例题的计算过程,哪一位同学能够总结一下,在计算含有中括号和小括号的四则混合运算试题中,应该先算什么?再算什么?什么时候才可以去掉中括号?例证反馈。

应该先算小括号里面的16-7=9,还有两种运算,应该先算乘法。

9×15=135。

中括号里还有加法运算,不能去掉,去掉了变成要先算除法135÷25,错了。下一步应该做190+135了。

190+135=325,应该做 325÷25=15。

第四步,应该先算小括号,再算中括号,当中括号里的运算计算完以后才可以去掉中括号。

教师总结:在计算含有中括号和小括号的混合运算式题时,应该先算小括号里的,再算中括号里的,当中括号里的运算还没有计算完时,千万不能去掉中括号,请同学们要注意。

解析

教师组织学生做相应的练习,从中可以看出,适当的讲解不失为一种教学良策。张奠宙先生在《华人如何学数学》一书中指出:"西方的大多数教育学和心理学理论,只是从一般的认识论角度出发,主张'探究'、'发现'、'实践'的直接经验。其实,人的知识大多数来自间接经验,学生的任务是在短短的几年时间里,把人类几千年来积累的知识精华逐步加以掌握。这样的学习要求,没有高度的教学效率怎能成?华人数学教育的一个显著特点正是通过教师有效的讲解,在有限的时间里,掌握更多的数学知识和技能"。就"5×8×10"的算理,要想让学生真正理解、掌握,在课堂教学的即时状态下,教师富有启发性的讲解不失为一种行之有效的好方法。

三、讲解技能的教学目的

讲解技能的教学目的指的是讲解技能的教学功能。从宏观上讲,讲解技能的目的与教学大纲的目标体系是一致的;从微观上讲,每节课的讲解目的与教学目标也是一致的。因此,讲解技能的教学目的大致有以下几个方面:

(一) 传授知识、解难释疑

讲解技能运用的首要目的是传授知识。通过教师的讲解,把知识准确、清晰地呈现在学生面前,引导学生在原有的知识结构的基础上,了解、理解并进一步掌握新知识。讲解的生命就在于使学生理解新知识。

教师课堂的每一段讲解都是针对学生学习中的疑点和难点以及新知识传授的要点设计的,这些讲解都是以让学生充分理解掌握知识为准则,经过认真筛选、科学组合和加工而成,或是描述情境、解释说明,或是阐说道理、推导结论。

(二) 引导学生、启发思维

通过讲解,引导学生进行数学思考。讲解区别灌输就在于充分重视讲解引导思维、发展思维、开发智力目标的实现。当然要实现上述目标,教师在设计讲解时要深钻教材,把握知识,同时要分析学生的学习现状和课堂心态,努力使讲解内容句句叩击学生的心扉、抓住学生的思维,以使教师的课堂讲解达到内容与学生求知渴望合拍,思维与学生的探寻心理沟通,在已知和未知之间为学生架通思维的桥梁。

(三) 传道育人、培养品质

德育目标与讲解内容是水乳交融的,给学生的影响是潜移默化的、润物无声的,成功的讲解是以积极向上的思想情感影响学生,使学生受到良好道德品质和行为规范的教学,以健康的审美情感熏陶学生,促进学生形成正确的审美观,正确的思维方法训练学生,培养学生良好个性品质和学习习惯。

四、研究性练习

1. 小学数学教学中的讲解为什么要从学生熟悉的感性知识和掌握较好的旧知识引入?

2. 观看教学录像,或到一所小学听一节小学数学课,分析反馈的信息,总结优点和经验,明确缺点及原因。

3. 根据所学的讲解技能的几种类型,你认为这所小学数学计算教学的讲解属于什么类型?

4. 试用描述式讲解"方程的概念"。

5. 试用说明式讲解"加法的结合律"。

6. 小学数学教材第十一册中,通过例题:"一辆汽车 $\frac{2}{5}$ 小时行驶 18 千米,1 小时行驶多少千米?"揭示了"整数除以分数的计算方法"。试运用讲解技能的有关知识设计其教学过程,在教学实践基础上再作出评价。

第三节 演 示 技 能

一、演示技能概说

演示技能是教师在上课时配合讲授或谈话,进行实际表演和示范操作,运用实物、样品、标本、模型、图表、幻灯片、录像带、计算机等,指导学生进行观察、分析和归纳,为学生提供感性材料,使其获得知识,训练操作技能,培养其思维能力和观察能力的一种教学行为方式,其核心是直观性和形象性。

(一) 演示的意义

教学中运用直观的演示手段,能够丰富学生的感性经验,减少掌握新知识尤其是抽象知识的困难。感性认识(或直接经验)是学生掌握书本知识的重要基础,教师传授的书本知识,主要是以抽象的语言文字为载体,而学生的直接经验是相对有限的,对于很多新知识的理解是有困难的。为了保证教学的效率与系统性,不可能让学生事必躬亲。在教学中运用直观演示的手段,可以避免教学内容抽象、空洞、难于理解的缺点。人的思维发展是从形象到抽象的,小学生的思维具有具体形象的特点,需要具体直观的感性经验来支持。因此,演示在小学课堂教学中广泛采用。随着科学技术的发展,大量的新技术和新媒体进入教学领域,为教学演示提供了丰富的手段和材料,对改革教学方法起了极大的推动作用。

(二) 演示的作用

1. 教学演示能使学生获得生动而直观的感性知识,加深对教学内容的认识,把书本知识和实际事物联系起来,形成正确而深刻的概念;

2. 教学演示能使学生获得理解抽象知识必需的感性材料,减少学习抽象知识的困难;

3. 教学演示能够提高学生实验操作的能力;

4. 教学演示有助于培养学生观察和思维能力,开发学生潜能,减轻学习的疲劳程度,提高教学效率,提高学生学习的兴趣、积极性。

(三) 演示的类型

1. 实物、模型演示

在教学过程中,演示实物、模型的目的是使学生充分感知教学内容所反映的主要事物,了解其形态和结构的基本特征,获得对有关事物的直接的感性认识。为了使学生的观察更有效,教师在恰当地使用演示技能的同时,还要用简洁的语言适时地引导和启发学生思维,使其更好地掌握所观察的内容。具体来说,这类演示要注意以下问题:

(1) 演示的材料要与语言讲解恰当结合。教师把实物、模型等展示给学生之后,不做讲解只让学自己观察的做法是不正确的。同样,在学生观察时,教师滔滔不绝地进行详尽的讲解,不给学生留下思考的余地,也是不可取的。讲解与演示有机地结合,讲解与学生的思维有机地结合,体现了教师演示的教学艺术。

(2)实物的演示与其他演示手段恰当结合。实物和教具所表现出来的现象,有时在结构上界线不清,影响学生清晰而准确地感知。为了深化学生的直观感觉,加深对所学知识的理解,凡是外部结构界线不清的,内部结构难于观察的,都应配合黑板画、投影、多媒体等演示手段,从而引导学生的观察向深入发展。

(3)模型的演示要做必要的说明,但是有时它的大小比例以及表示颜色等与实物有所不同,必须向学生交代清楚。

(4)必要时进行重复演示和观察。在教授新的教学内容后,学生已经获得了一定的知识,必要时可再次演示,以便起到验证、巩固、检查、加深已获得的知识的作用。

2. 挂图演示

挂图是教学中最早使用的一种教学辅助手段,这在低年级应用得较多,它不但制作方法简单,而且使用灵活方便,不受地点条件的限制。挂图一般包括两类:一类是正规的印刷挂图,一类是教师自制的简略图、设计图、结构图、分类图、表格图和象形图等。挂图是教学中最常用的直观教具,在演示时注意以下问题:

(1)注意演示的及时性,把握好演示时间。挂图不能在课前就展示给学生,以免分散注意力。上课前应把挂图背面朝外挂在挂图架上或黑板上,需要时再挂在明显的位置上让学生观察,使用完毕再把它反过去或取下来放回原处。这样,学生就不至于被挂图分散注意力,观察时也会有一种新鲜感。

(2)挂图、语言、文字有机结合。教师在演示过程中,一方面要进行必要的讲解,另一方面还要板书,使语言、图像、文字密切结合,发挥多种符号的作用,帮助学生理解。为使这三者配合得既恰当又自然,教师应注意采用缩短挂图与板书间距离的办法,在图的旁边对应图中各部分的位置写板书。演示挂图时并不板书,总结时再进行板书,使板书起到归纳总结的作用,做到讲解、演示、板书有主有从,同时也充分发挥语言和挂图有机结合的作用。

(3)画略图或使用辅助图配合主图。挂图的大小是有限的,尤其是在图形比较复杂的时候,不管多大的挂图都难免有个别细小的部分,不易被学生看清楚。例如,地图挂图中,某些地区学生是不容易看清楚的。如果在挂图上没有局部放大内容时,教师就应当在讲解中再在黑板上画一些略图,或使用辅助挂图,把局部放大,帮助学生配合主图看清一些重要而细小的部分。

3. 幻灯、投影演示

幻灯、投影演示即是使用幻灯机、投影仪进行的演示,能够化抽象为具体、化虚为实、化大为小,向学生提供相关事物丰富的感性材料。幻灯片、投影片的制作简单,成本低廉,容易掌握,因此,幻灯机和投影仪在现代教学中运用十分广泛。使用幻灯、投影演示时应该注意以下问题:

(1)要保证画面的质量。幻灯、投影放映出来的画面质量直接影响教学效果。清晰的、色彩鲜明、色调调合的画面,能够引人入胜;反之,模糊的、色调暗淡的画面,会使人产生厌烦情绪。因此,演示前对幻灯、投影片要精心设计,仔细挑选;放映时焦点调节准确,画面大小适当。

(2)演示时间不宜过长。幻灯、投影的演示虽然容易吸引学生的注意,激发学习的兴趣,但长时间演示会使学生产生视觉疲劳,因此,每次演示的时间不宜过长。同时,演示的次数要适量,不能过于频繁。

(3)室内局部遮光。幻灯机、投影仪虽然亮度较高,但在演示时仍需有一定的遮光条件。教室内长时间遮光会影响学生的视力,亮暗变化过大不但教师操作不方便,还会影响学生的情绪。因此,一般采用局部遮光的办法,把靠近银幕的窗户遮挡起来。这样,既不影响学生看书或做笔记,又不会太影响放映效果。

4. 电影、电视、计算机演示

这类演示是利用电影机、电视机、计算机等现代化教学媒体进行的。电影、电视具有图像鲜明生动、直观形象的特点,并且图像、声音同步。计算机演示是运用电子投影仪放映演示文稿或教学课件的形式进行的。这类演示能使教学内容得到充分表达,有助于激发学生的学习动机和集中学生的注意力,加深

学生对知识的理解。

应用电影、电视、计算机配合课堂教学,是目前国内外普遍重视的一种教学方法。这种演示方法给学生提供了感性材料,在加深对抽象知识的理解、拓宽学生的知识面和发展他们的思维能力等方面都有重要作用。使用电影、电视、计算机等媒体演示,必须注意做好以下几方面的工作:

(1) 做好课前准备。主要包括选择媒体软件,了解媒体软件的详细内容;计划课程进度,把媒体软件内容和课堂教学活动有机地结合起来;准备演示前必要的说明,对媒体软件内容的提示、在观看中应思考的问题、和有关部门进行联系等等。

(2) 辅助课堂教学。在用电影、电视、计算机辅助课堂教学时,可在概念、原理的讲解之前演示也可以在之后演示,为概念或原理的理解提供感性材料。其程序是:教师讲解概念或原理;放映媒体软件提供感性材料;结合讲过的概念、原理对媒体软件内容作系统分析,促进学生认识的深化;继续新的教学内容。

5. 实验演示

在课堂教学中,为了使学生对教学内容获得直观的感性认识,有时也采用演示实验的方法。实验演示有三个突出的特点,即科学性、直观性和启发性。实验演示具体可分为获取新知识的实验演示和验证、巩固知识的实验演示两种。

获取新知识的实验演示,是教师向学生讲解,传授新知识之前所进行的与之有关的实验演示。在演示时,教师要先详细说明实验条件,在学生看到实验现象后,启发、引导学生对实验现象进行分析、解释,从而得到正确的结论。而验证、巩固知识的实验演示,是在教师先向学生教授知识,学生掌握以后,再进行的实验演示。演示之前教师要向学生说明要做什么实验,引导学生运用刚学过的知识预测将产生什么结果,再开始实验。实验完毕后让学生说明为什么会产生这样的结果,用所学的知识来解释实验现象。

(四) 演示的基本要求

1. 演示与语言讲解紧密结合

教师在演示的同时需要进行必要的讲解。学生以视听结合的方式理解并接受知识,对于提高他们的理解力和巩固知识有重要的作用。演示与讲解相结合的形式有以下几种:

(1) 用直观手段辅助讲解。教师通过对教学内容进行语言描述并附有直观的教学演示,让学生在观察的过程中获取知识。

(2) 将直观教学手段作为讲解的出发点。这种方式是教师先提出问题,然后让学生根据问题对直观事物进行观察,最后教师对学生观察结果进行概括并将其上升到理论的高度。这时,直观教学手段的应用只是作为教师讲解的出发点,为学生的学习提供感性基础。

(3) 利用语言指导学生的观察。这种形式是让学生通过自己观察,获得直观教学手段能呈现出来的知识,此时,教师并不直接传授知识,而是通过指示学生有重点的观察,启发他们思考问题。

(4) 引导学生自己得出观察的结论。这种方式由教师先提出问题,然后由学生自己观察。在观察的基础上,引导学生自己思考,得出概括性的结论,最后由教师进行总结。

2. 演示要适时适度

所谓演示适时是指演示要在恰当的时候进行。教师的演示总有其特殊的目的,特定的时机。教师应根据具体情况在适当时机演示,不能提前也不能延后,否则,就达不到演示效果。通常,根据学生的心理特点,演示时机有离散时机、渴求时机、疑难时机、升华时机、欲试时机和懈怠时机等类型。所谓演示适度是指演示时,需要学生观察时则展示媒体材料,不需要时则收起媒体材料,以免学生产生疲劳,不能注意听讲。

3. 选取能给学生适宜刺激的素材

在选择演示素材时,应该注意选取能给学生适当刺激效果的内容素材。太强烈的刺激会对学习产生不利影响,最好是选取既能激发学生的情感活动,又能引起学习兴趣的那些刺激强度的内容素材。

4. 活用演示材料

充分发挥演示教学的艺术性,需要运用各种演示材料来调动学生的积极性,促使学生对所学知识产生浓厚的兴趣。

5. 设置悬念，引导探索

教学演示前要营造学生渴望演示出现的心理，以便演示出现后能吸引学生认真观察和积极思考。因此，演示前应有简短的引言，努力激发学生想看、想弄清楚某些问题的欲望。

此时演示挂图，不仅诱导学生期待挂图出现的心理，集中了注意力，而且在挂图出现后学生的注意力会集中在要观察的主要方面进行探索。

（五）演示注意事项

小学生的认知规律一般是由动作、感知、表象、概念四个环节构成，小学数学教材中安排了大量的教具演示和学具操作活动，结合教具演示、学具操作或观察实物，引导学生分析、综合、比较，抽象概括出数学概念、计算法则或公式。教师在演示教具时要避免以下情况发生：

1. 演示流于形式

有的教师没有认真钻研教材，只是模仿教材中的直观操作活动，在演示教具的过程中，不注意引导学生观察和启发学生思考，而是为演示而演示，使直观演示流于形式。如一位教师在长方形面积计算教学中，出示一个长 5 cm、宽 3 cm 的长方形纸板，用面积是 1 cm 的小正方形测量纸板的面积，问：每排摆几个小正方形？一共摆了几排？学生回答后，接着问：一共摆了多少个小正方形？长方形的面积是多少？长方形面积公式是什么？表面看来，进行了直观演示，也进行了启发引导，但没有留给学生思维的空间和时间；没有借助长方形中每排摆几个与长方形的长有什么关系，可以摆几排与长方形的宽有什么关系，长方形的长、宽与它面积有什么关系，来引导学生去探索、去发现，概括出求长方形面积的方法，而只是简单地把结论交给学生。这样的直观演示，学生对所学知识不甚理解，每个步骤都要认真考虑，使教具演示过程能正确揭示事物的本质特征和数量间的逻辑关系。

2. 演示不遵循学生的认识规律

数学教学要遵循学生的认识规律，重视学生获取知识的思维过程。通过演示的方式，可以引导学生进行比较、分析、综合、猜测，在感知的基础上加以抽象、概括，进行简单的判断、推理。教学演示中，只有对直观材料的观察，没有教师的说明和讲解是达不到教学目的的。教师应将直观演示和讲解相互结合，才能收到预期的演示效果。教具的演示与教师的讲解相结合一般有三种作用：一是讲解在演示之前，它起动员和提示的作用；二是讲解与演示交错进行，它起观察指导和互相补充的作用；三是讲解在演示之后，主要起总结、概括和强化的作用。

小学生掌握知识，首先是通过感知获得，即感性认识，而感知认识主要是通过对直观材料的感知而形成的。恰当地运用课堂演示，能够生动形象地再现各种事物、现象、情景和过程，丰富学生的感性认识，提高儿童感知的效果，为理解和运用知识建立坚实的基础。对于那些用语言难于讲清，或者虽能讲清但学生仍然难于理解的内容，如果采用演示的方法，可有效地揭示客观事物的本质和内在联系，就可以顺利地突破难点，帮助学生扫除对知识理解的障碍。如：我在教学三角形的面积时，就拿出两个完全一样的三角形，将其中一个进行旋转后与另一个相拼，学生观察后问：得到一个什么形？拼出的平行四边形的底就是原来三角形的什么？拼出的平行四边形的高就是三角形的什么？那么拼出的这个平行四边形的面积与原来一个三角形的面积有什么关系？反过来，一个三角形的面积又与拼出的平行四边形有什么关系？启发学生观察、思考、回答以上所提出来的这些问题。

通过三角形的实例演示，我们可以得到，当一个三角形与一个平行四边形等底等高时三角形的面积就是平行四边形面积的一半，由此推导出三角形的面积计算公式。总之，教师根据实际需要，有针对性、灵活性地采用不同的形式把演示和语言讲解有机地结合起来，可有效地提高演示和整个课堂教学的效果。现代教育论认为，教学效果主要取决于学生对学习活动的态度，他们的学习兴趣越浓，学习效果就越好。在教具演示过程中，学生动口、动脑、动耳等多种感官的参与符合学生爱动好奇的心理特征，有利于激发学生的学习兴趣和主动性，有利于儿童对抽象的数学知识的理解、掌握、强化、巩固，并增强记忆。在教学中，学具演示使学生对新知识的接受是在各感官统一作用下进行的，无论是从接受知识信息量还

是从掌握知识的牢固性方面看,都是单个感官无法相比的。因此,演示教学在小学数学教学中不仅是重要的,而且是不可缺少的。

二、案例解析

空 间 与 图 形

"空间与图形"是数学教学的一个重要内容。这部分内容比较抽象,需要学生有充足的空间想象能力和动手操作能力。教师在教学过程中要紧密联系现实的生活情境,注重引导学生操作、观察、演示、画图、实验,加深对图形的认识。通过开展"量一量、比一比、折一折、剪一剪"等活动,在探索图形特征和相关结论的活动中,发展空间观念,锻炼思维能力,增强创新意识。

然而,在实际教学中,由于多媒体的大量运用,教师往往依据现有或下载的课件来设计一节课的教学流程。教学过程中,甚至重难点突破的地方也全部由课件来代替,完全放弃了教师的操作和演示,影响了课堂教学的效果。

 **解析**

这是四年级数学下册《三角形内角和》的一个真实案例。在备教材的时候,教师对学生的学习情况,操作能力估计不够。执教这节课的时候,对课堂教学情况的预见性不够,认为学生肯定能把三角形的三个内角拼成一个平角。实际的情况却恰恰相反。在探究三角形内角和的这个环节时,教师只要求学生用折一折的方法来拼,看看有什么发现。结果,过了8分钟,仍没有一名学生折出想要的结果。学生折出的图形"五花八门",是一些没有规律、杂乱无章的折法。课堂教学的效果很一般。

课后,当我们拿了一个三角形来折,果然不好折。想要把三角形三个内角折成一个平角,没有一定的技巧,不按一定的方法,轻易是不会成功的。是什么技巧呢?要想把三角形的三个内角拼成一个平角,首先要找出其中任意两条边的中点,画出第三条边上的中位线,沿中位线把第三条边对应的角折下来。然后再折剩余的两个角,这样才容易把三个内角拼成一个平角。

备课的过程中,教师如果能加强对教材的钻研,询问了解学生的动手操作能力;教学的过程中,如果能预见到学生操作能力不强的情况,及时调整教学策略,加强必要的操作与演示,给予学生一定的引导与点拨,课堂教学的效果定会是另一番情景。

通过这个案例,我们深深地感到:教师要在钻研教材的基础上,针对教学的重点和难点,恰当地进行操作与演示,展示操作的步骤,说明操作的技巧,课堂教学的实效性会更好。

线 的 认 识

1. 线的曲直

组织学生画一条美丽的线,在欣赏线的美丽中凸显线的曲直。(经验:曲线可以拉成直线)。

小结:今天我们研究直直的线。

2. 线的长短(经验加工)

让学生说说看到的最短的线和最长的线。

小结:同学们说的最短的线都可以比较,因为有尽头,最长的线都无法比较,因为没有尽头。

因此,将生活中看到的线分类,可以分为哪几类?

线的两边都能看到头。

线的一边能看到头,一边看不到头。

线的两边都看不到头。

3. 线的模型(经验改造)

线的两边都能看到头。

线的一边能看到头,一边看不到头。

线的两边都看不到头。

您能将这三种不同特征的线画出来吗?

讲评:同学们画的这个"头",在数学上称为"端点"。

同学们画出来的这三种模型在数学上分别称为:线段、射线、直线。

4. 线的欣赏

您最喜欢哪种线?

 **解 析**

这节课中,老师充分体现了以学生为主体,学生是数学学习活动的主人。遵循学生的认知规律,由具体到抽象再到具体的学习过程有利于培养学生初步的课堂观念,引导学生观察,注重学生的感知体验,鼓励学生发表自己的见解。让学生经历知识发展和探索的全过程。这样有助于学生学习能力的提高。

 案例 10

100 以内的加减法

一、100 以内的加减法

师:小朋友们,你们喜欢春天吗? 为什么喜欢? 春姐姐知道大家这么喜欢春天,所以想组织大家进行一次春游探宝活动,领你们摘取世界上最神奇的智慧果,好吗? 可是春姐姐有个条件,要出几道题考考大家,你们愿意吗?

师宣布:春之声探宝行动正式开始(音乐起,课件展示美丽的风景),一群彩色气球挡住了去路,对出它们身上的口令才能继续前进,你们能对上吗? 问题解决了,我们继续前进吧(音乐起,课件展示),前面的小树这么愁眉苦脸,是不是生病了? 我们来为她检查一下吧!

在帮助别人的同时也进一步巩固了加法计算。

帮助了小树,我们继续探宝行动吧(音乐起)来到了森林深处,一群小精灵正在进行穿衣服比赛,我们一起去观战吧! (动画展示)看,它们动作多快呀! 哎呀,怎么把帽子带混了,能帮帮它们吗? 连线完成。(课后练习)

 **解 析**

这个教学片断中,老师充分利用多媒体教学手段,激发调动学生的学习兴趣,让学生主动参与,完成教学任务。

二、不进位、不退位加减法

一位老师为了让学生掌握100以内的不进位、不退位加减法的计算方法,他这样上课:

师:同学们,现在是秋高气爽的金秋季节,我们学校准备在下周组织一次秋游——去大连森林动物园,高兴吗?但是校长听说我们一年级一班的同学最聪明,所以给我们班布置了一项任务:请看大屏幕。(屏幕上出现了10辆客车,整齐停放在学校操场上,好像战士整装待发。)

师:我们学校共有一千多人,一共租了10辆大客车,请你按一定的规律给这些车编号,看谁填的后续数多。

大屏幕投影打出:

3,6,9,_____,_____,_____,_____,_____,_____,_____

5,10,15,_____,_____,_____,_____,_____,_____,_____

90,85,80,_____,_____,_____,

40,_____,_____,

师:我们上车,司机叔叔给我们出了一道题,看一看,会做吗?

投影展示:30里面有( )个十,5个十是( )。

3个十加上2个十是( )个十,减去1个十是( )个十。

师:我们终于来到了森林动物园,聪明的小猴子已在欢迎我们了,咦!小猴子手里拿着什么呢?哦,是口算卡片。小猴子听说小朋友聪明,不服气,想和我们比一比,你们接受挑战吗?

投影显示:

30+50=	64-4=	37-30=	6+72=	70-20=
38+20=	58-5=	4+44=	77-77=	98-8=
56+3=	5+82=	56+30=	76-4=	45+3=

 **解析**

这位老师充分发挥了投影的作用,大容量的习题用色彩鲜明、形象生动的画面展示,再加上悦耳的配音,不仅激发了学生的学习兴趣,又调动了学生积极主动去探索知识的能动性。

 **案例 11**

"图形的观察与思考"课堂实录

执教:浙江省舟山市教研中心 钱金铎

 **解析**

在新课程人教版教材中,对于一年级图形的教学要求是用两节课完成的,而对于这部分知识的最后要求就是学生喜欢拼成什么图形就拼成什么图形。大多数老师在教学这部分内容时,也就立足于此就算完成教学任务了。而钱老师对于这部分内容却有自己独到的见解,听他的这节课,真是让人享受了一顿"数形结合"的丰盛大餐。

【片断一】

师:(板书"看图说话")小朋友,认识这四个字吗?"看图说话"你们以前在什么课里碰到过?

生：在语文课里碰到过，数学课里也有。

师：现在请大家看图，说一句话，让人家一听就明白。

生1：这幅图中第一个是三角形，第二个是圆形，第三个是正方形，第四个是长方形。

生2：这幅图中的4个图形共有两种颜色。

生3：红色的图形都有角，蓝色的图形都没有角。

生4：红色的正方形最大，蓝色的圆最小。

解 析

在这一内容的教学中，老师呈现给学生说话内容的信息背景是比较宽的，既有图形名称、颜色的区别，又有稍高层次的面积大小的比较。

【片断二】

师：大家都讲得非常好，现在有更多的图形让我们来仔细观察，看图说话。（出示图形如下）这么多的图形一共有几个？你能不能用加法算式来计算呢？想出的算式越多越好。

生1：3＋3＋3＝9 因为一排都有3个，3排一共有9个。

生2：5＋4＝9，5个红色的图形加上其他4个颜色的图形一共有9个。

生3：6＋3＝9，前面两排有6个，最后一排有3个，一共有9个。

生4：5＋3＋1＝9，红色的有5个图形，蓝色的有3个，黄色的有1个，一共也是9个图形。

生5：7＋2＝9，在这些图里，正放的有7个图形，斜放的有2个，一共有9个。

师：我也想出一个算式：3＋4＋2＝9，你能猜出老师是怎么想的吗？

生：我知道，是3个三角形，4个长方形和2个正方形。

解 析

在这一教学环节中，教师引导学生用多种方法计数图形，要求学生说出是按什么标准和方法来解决，并鼓励学生个性化地学习数学知识，提倡解决问题方法的多样化，引导全体学生主动参与学习的全过程。让学生从不同的角度思考问题，会用数学思维思考问题。

【片断三】

师：大家说了那么多好的方法，真了不起。（出示4个完全一样的等腰直角三角形。）

师：看着这幅图，你又发现了什么？

生：这4个三角形是按红色、蓝色、红色、蓝色这样排的，它们都有一个直角，而且形状一模一样。

师：对，这里的三角形也和正方形一样有直角。那么，两个一模一样的三角形能拼成什么呢？

生：能拼成三角形或正方形。

师：如果△＝3，那么：□＝？

生：6。因为这个正方形里有两个三角形，也就是有两个3。

师：那么这4个三角形能拼成几个正方形？这两个正方形又能拼成什么图形？整个长方形又能代表几？

师：想一想，这4个一模一样的三角形能不能拼成一个正方形？

学生自己动手操作，再请一位学生到黑板上拼图演示。

师：这4个三角形不但能拼成长方形，还能拼成正方形。

看来,如果我们能多想、多思考,并且想得有道理,同一道题就会有不同的答案。

师:三角形能拼成许多图形,那么下面几个图形你还能发现什么?(出示6个图形)

生1:上面的图形大,下面的图形小。

生2:这些图形拼成3个圆。上面的第一个和下面的第二个;上面的第二个和下面的第三个;上面的第三个和下面的第一个。

师:有没有这样的情况呢?我们请电脑老师给我们演示一下吧。(师指黄色的1/4圆和红色的3/4圆拼成的圆)如果这部分代表5(指黄色的1/4圆),那么其他部分(指红色的3/4圆)代表几?

生:这块红色图形代表15。

师:为什么?

生:因为红色的图形里有3个黄色的图形。

 **解析**

教师用先猜想,后验证。再代数、计算的教学思路。把图形的分合展示得淋漓尽致,并以此为契机,引出计算方法.注意把数和形有机结合起来,使抽象的数形象化。

【片断四】

师:小朋友,这里有一个奇妙的图形,你能看出这幅图是由哪两个图形组成的?

生1:由一个长方形和一个三角形组成的。

师:你是怎么看的?(学生说,师演示)

生2:由一个梯形和一个三角形组成的。

师:你也来试试。

师:这个图形剪一刀后,能否拼成一个长方形?

(学生说,师演示)

师:剪一刀后,能否拼成一个正方形?(学生说,师演示)

师:大家很会动脑筋,现在再请大家看这些三角形,告诉你的同桌,你看到了什么?用两句话来说。

红色:△△△△△△

蓝色:△△△△

生:上边有6个红色的三角形,下边有4个蓝色的三角形。

师:能提个数学问题吗?

生:一共有几个三角形?

生:红色三角形比蓝色三角形多几个?

生:蓝色三角形比红色三角形少几个?

师:如果要使上下两排的三角形个数一样多,你有什么好办法?

生1:上边去掉一个,给下边就可以了。板书:6-1=4+1

生2:上边去掉两个就等于下边了。板书:6-2=4

生3:上边去掉三个,下边去掉一个。板书:6-3=4-1

生4:上边去掉四个,下边去掉两个。板书:6-4=4-2

师:看到这些算式,你能想到老师接下去要写什么算式吗?

生:6-5=4-3

师:干脆上边全去掉,下边也全去掉,这个算式会很有意思,谁会写?

生:6-6=4-4

 **解析**

　　通过图形的观察和操作以及数形结合的分析，训练了学生的想象力、动手操作能力和有序思考的思维品质。

四、研究性练习

　　1. 试用模型演示进行"长方体体积公式"的教学，并作出评价。

　　2. 试用计算机演示"长方体与正方体的关系"并作出评价。

　　3. 选一段演示技能的录像，说出在演示过程中，教师是如何指导学生观察分析的。

第四节　板书技能

一、板书技能概说

（一）什么是板书技能

　　板书是书面语言的一种，是教学媒体之一，教师向学生传递教学信息的中介。板书，从动态的角度理解，它是教师在上课时在黑板上书写的文字、符号以及传递教学信息的一种语言活动方式，又称为教学书面语言。从静态的角度理解，它是教师在教学过程中为帮助学生理解掌握知识而利用黑板以凝练简洁的文字、符号、图表等呈现的教学信息的总称。

　　板书技能是教师运用黑板或投影片上的文字、符号和图像等，向学生呈现教学内容，思维程序，从而使知识概括化、系统化，帮助学生正确理解，增强记忆，提高教学效率的一类教学行为。

　　板书是课堂教学过程中不可缺少的一种辅助形式，特点在于把教学中的书面语言述诸于学生的视觉，这就为数学课堂教学的形象化提供了条件。板书不仅可以概括教师上课时进行讲解（或讲述）的教学内容，补充教师上课时口头语言的不足，而且板书又有具体性与形象性的特点，可以帮助学生进一步深入理解和牢固掌握教材的重点和突破教学难点，同时，教师还可以用正确、美观、整洁、规范的板书陶冶学生爱美、欣赏美的情操，培养学生良好的学习习惯，逐步实现学生数学书写的规范化要求。这样，有经验的数学教师总是把课堂教学中的生动讲解（或讲述）、正确、美观、规范化的板书与精心设计的课堂练习等几个方面组成一个有机的整体，做到相互渗透、互相补充、相辅相成、相得益彰成为完美的课堂教学艺术。

　　板书一般分为主板书和副板书两种：主板书：又称中心板书、要目板书或基本板书。它主要体现教学内容的重点、难点和关键问题等，主板书是课堂板书的基本骨架，一般保留在教学的全过程中。副板书：也称附属板书、注释板书和辅助板书，主要在黑板一侧写出零散的分析与演算过程，或单个的字词句等，起到提示知识的作用。副板书是对主板书的补充和辅助说明，所以一般随教学进程随时擦掉或择要保存。

（二）板书的作用

　　板书是教师口头语言的补充，是近现代集体授课制中出现的传递信息的重要手段。好的板书主要有如下几种作用：

　　1. 信息传输作用

　　板书配合教师的口头语言，是早期的视听结合的手段，它可提高信息传输的效率。它符合知觉的协

同律,视听结合,比单纯口头语言传输更加真切地辨认文字、概念、名词、术语,避免口语障碍引起的信息传输阻隔。

2. 直观作用

简笔画、图表,能使学生通过形象的感知获得表象,从而意会教师口头语言和教材中书面语言未表达清楚或无法表达清楚的含义。

3. 条理化作用

设计精当的板书,提纲挈领,突出重点,把教材内容条理化,使学生一目了然。

4. 设置情境作用

板书可以配合教材和教师的生动形象的描绘,设置教学情境,激发学生兴趣,帮助学生领会难以言传、只可意会的内涵。

5. 陶冶作用

优美的板书使学生赏心悦目,从而激发他们的理智感、美感,受到感染和陶冶,潜移默化,使学生平时学习活动中产生美的价值追求。

6. 交往作用

优美的板书使学生对教师的崇敬感、亲切感油然而生,易于产生亲和动机,乐于与之交往,进而树立威信。

(三) 板书的功能

小学数学学科的特点是极度的抽象性、严密的逻辑性、高度的精确性和广泛的实用性,而小学生的具体特点是:从形象思维为主逐渐向抽象思维过渡,注意力容易分散,阅读能力不强,书写速度慢等。它们决定了小学数学课堂上的板书不是让学生抄写笔记,而是为了促进学生理解,加强学生的印象,巩固学生的记忆,为学生演算习题作出示范。

小学数学教师掌握好板书技能,根据课堂教学任务和教学对象的具体特点设计出条理清晰、逻辑严密、准确科学、重点突出、便于记忆的板书,并在课堂上灵活、恰当地应用板书,就能充分发挥板书在数学课堂教学中的功能。

1. 有助于引起注意,辅助讲授

集中学生的注意力是教师进行有效教学活动的前提。板书可以起到调节学生的无意注意,强化有意注意的效果。另外,通过板书还可以对教师的讲授起到同步强化和记录复现的作用,提高讲授的效率。

2. 有助于揭示规律,突出重点和关键

由于板书具有可暂留在黑板上这一特点,这就有助教师揭示数学知识间的内在联系,让学生在观察思考的基础上自己发现规律。这对突出教材的重点和关键、培养学生的能力有着一定的促进作用。

3. 有助于沟通联系,帮助建构

数学知识之间的联系是非常密切的,通过板书,可以将它们之间的联系更清楚、更完整地展示在学生面前,有助于学生形成良好的认知结构,建立知识的网络体系。

4. 有助于提纲挈领,帮助记忆

由于一般板书都具有简明性这一特点,板书的内容往往概括了教材中最基本、最核心的内容,这就有助于强化视觉对象加深学生对知识的印象和记忆。

5. 有助及时反馈,提高效率

板书是课堂教学中信息反馈渠道中的一种。教师可以从自身或学生的板演中及时获得有关的反馈信息,这对及时把握教学的主动权、提高效率无疑是十分有效的。

6. 有助于作业示范,培养好的学风

小学生学习数学带有一定的模仿性,尤其是中低年级更是如此。教师工整、规范的板书,特别是教师板书中的解题格式常常是学生作业的示范,对培养学生良好的学风往往可起到一种潜移默化的作用。

(四) 板书的类型

板书设计的基础是教学内容,板书要准确概括教学内容,要便于学生印刻在脑子里,理解所学的知识。不同的教学内容适合不同的板书形式,教师应根据教学目的、教材内容、学生的水平以及教师本人的优势而确定,决不可离开讲授内容去单纯追求板书的形式或教条地搬用他人的板书形式。板书的格式多种多样,我们把教师在教学实践中常用的格式归纳为以下几种类型:

1. 提纲式

提纲式的板书,是对一节课的内容,经过分析归纳,用精炼的语言,准确地概括出各部分、各层次的要点,以及逻辑关系、从属关系,并按照教材的思路,学生的认知规律,依次写在黑板上。这种板书的特点是纲目清楚、层次分明、内容系统、重点突出,便于学生对教材内容和认知结构的理解和记忆,便于学生提纲挈领地掌握知识。

例如,为了帮助学生整理分数的意义及其基本性质这部分教材的知识结构,可设计如下板书:

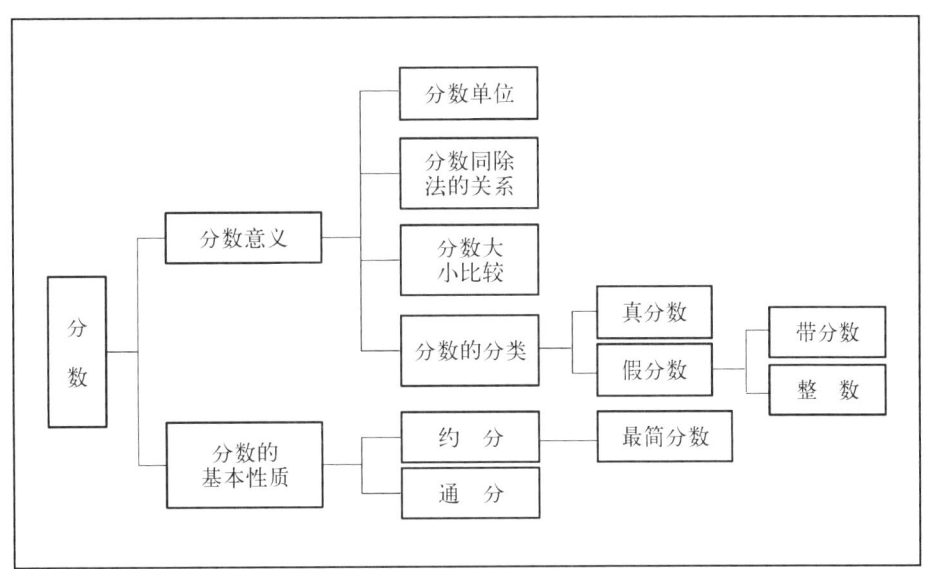

2. 表格式

表格式板书就是根据教学内容提出相应问题,让学生思考回答后书写简要的词语,形成表格。也可以先设计表格,边探讨边填写关键词语。这种板书的特点是内容扼要,类目清楚,井然有序,能将教材多变的内容形成鲜明的框架结构,增强教学内容的主体感和透明度,对比性强,便于比较概念的异同点,容易使学生把握概念的本质,深刻领会所学知识。

例如,教学比与除法、分数的关系,可设计如下板书:

比与除法、分数的关系				
名　称	联　系			区　别
比	前　项	比号(∶)	后　项	比　值	一种关系
除　法	被除数	除号(÷)	除　数	商	一种运算
分　数	分　子	分数线(——)	分　母	分数值	一种数

3. 图文式

图文式板书就是用简明的图形和提纲式文字呈现教学内容。它以知识的内在逻辑关系为线

索,图文相互映衬,通过图形帮助学生分析思考问题,运用提纲式文字展现思维过程,能突出教学重点,便于学生抓住要点理解和掌握知识的层次和结构,形成完整清晰的知识结构,提高分析概括能力。

例如,教学面积和面积单位,一位教师设计如下板书:

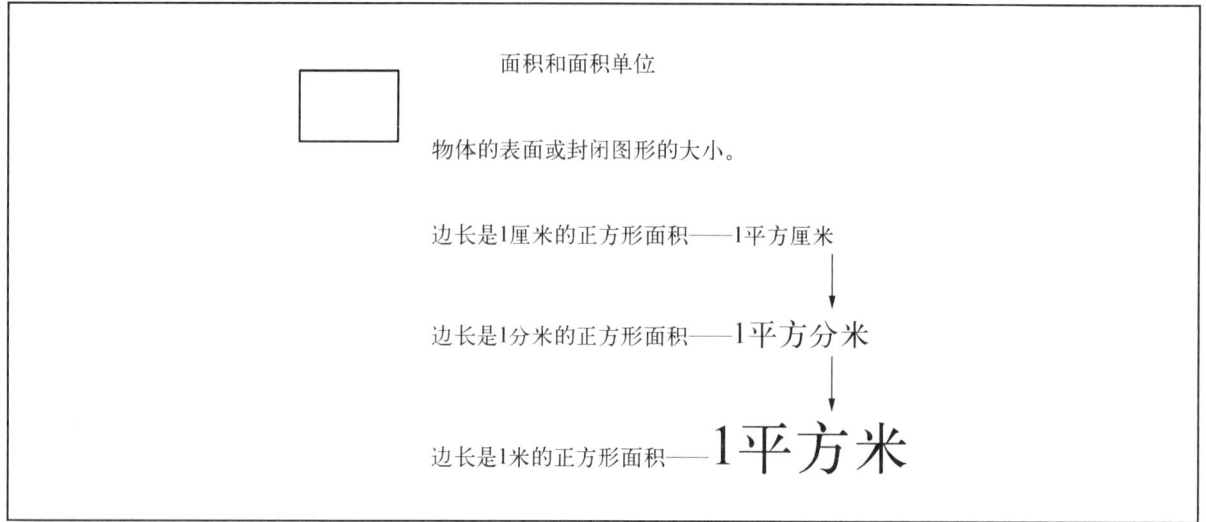

4. 结构式

结构式板书就是整个板书由词语、短句加上简要的连接符号,相互连接而成的。这些词语和短句是所学知识的精练概括。这种板书能突出准确地表明知识间的内在关系。

例如,教学名数的改写,可设计如下板书:

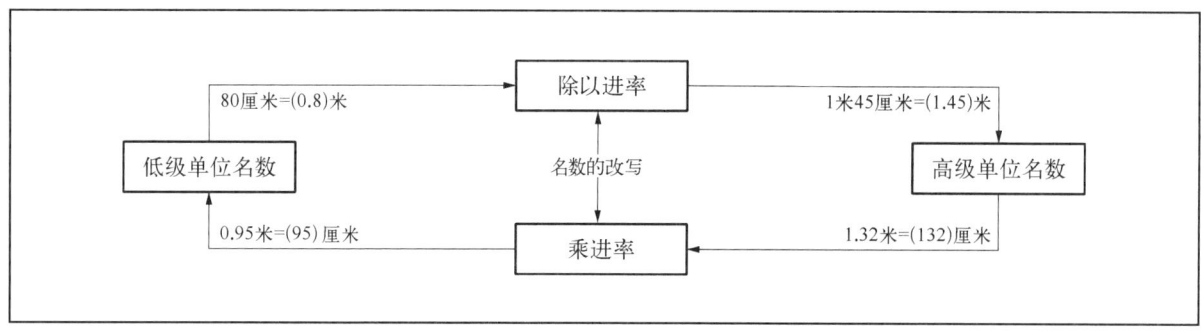

5. 对称式

对称式板书就是用精练的文字、线条、符号合理布局,形成匀称均衡的板书。它强化了板书的表现力,给学生以清晰、强烈、浑然一体的感受,让学生受到美的感染和熏陶,便于学生对比观察,深刻理解掌握新知,既突出重点,又启发学生思维。

例如,教学小数的性质,一位教师设计如下板书:

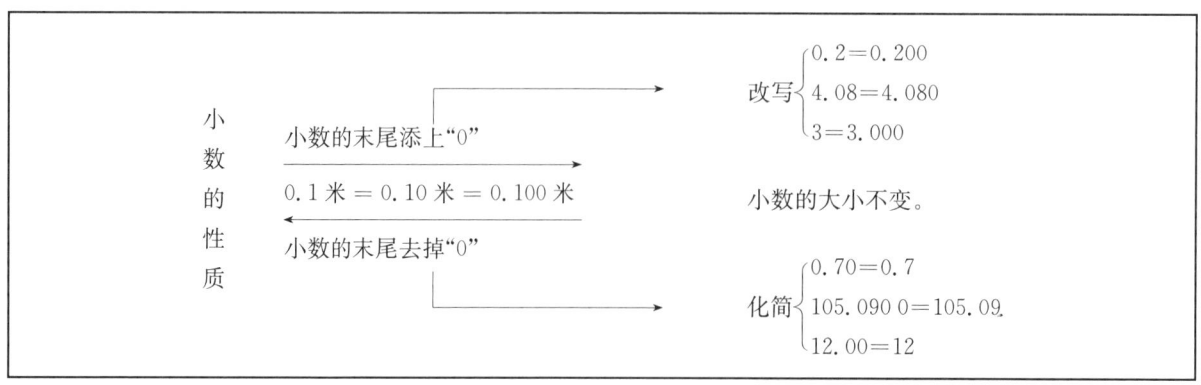

6. 关系式

关系式板书就是通过板书揭示知识之间的联系,表明某一知识的发生发展过程,使知识系统化。这种板书形象直观地展示知识建构过程,让学生一目了然,能有效地引起学生的注意,激发学生的学习兴趣,加深学生对知识的理解。

例如,复习"平面图形的面积",可以对学过的平面图形的面积计算公式进行分析归纳,从中发现它们之间的联系,形成如下体系,以加深对平面图形的面积计算公式的理解,能够灵活地运用知识解决问题。板书可以这样设计:

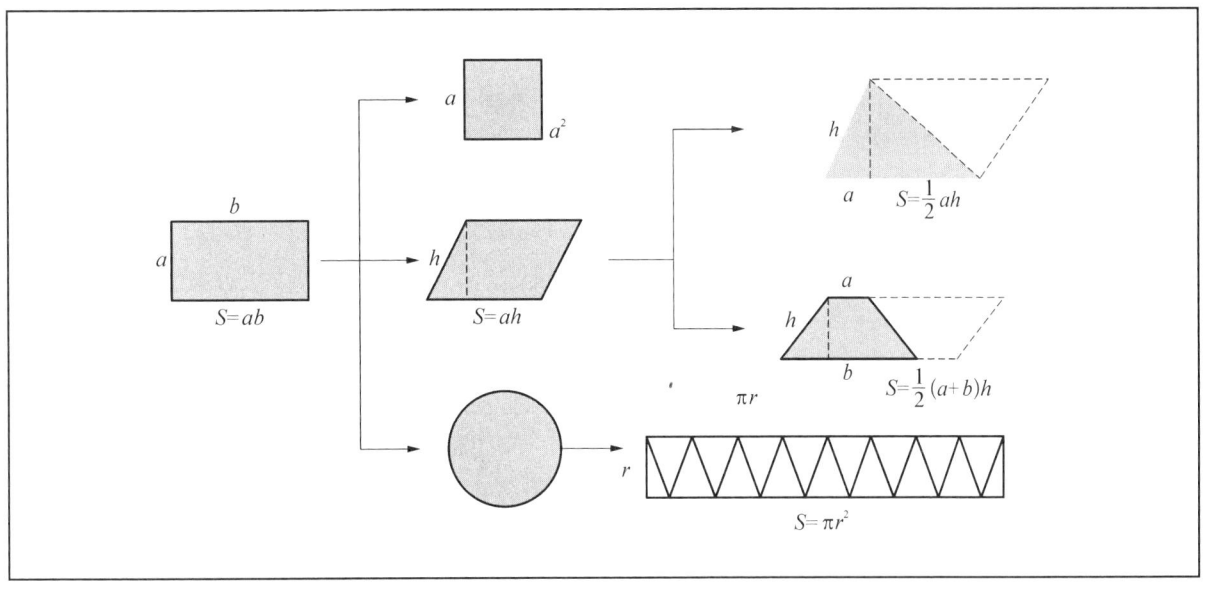

(五) 板书设计的基本要求

1. 板书要重点突出

板书应反映出教学内容的系统、重点和层次,有经验的教师认为,板书应有明确的目的,主次分明,重点突出。一般说来板书的内容要紧紧围绕教学目的,教学上的重点就是板书的重点,板书内容要为教学内容服务。经验告诉我们只有那些有条理、有系统、重点突出的材料才利于学生的记忆,板书内容必须条理清晰,层次分明,重点突出才能便于学生记忆。

2. 板书要"少而精"

板书的内容不宜太多,要提纲挈领,重点突出,字简意明。板书若施之过多,或太杂,就会使整个黑板出现"甲乙丙丁,一二三四"开杂货铺的现象,教师不胜其苦,学生不胜其烦,效果甚差。学生一节课若拼命记笔记,思维活动必然处在受抑制的被阻状态,既消耗了大量的体力,也分散了听课的注意力。心理学研究指出,学生全力以赴完成抄写动作时,必然引起大脑出现抑制状态,故而出现"听而不闻"的现象,影响了对知识的真正理解和掌握。这种板书方法,显然存在着使学生"上课抄笔记,课后背笔记"对知识囫囵吞枣,不求甚解的弊病,压抑了学生智力的活跃与发展。

3. 板书要有启发性

板书有利于发展学生智力,应该独具特色,引人深思。要使板书富有启发性,一般采取"对比法"、"渲染法"和"板书图形与讲解互相配合法"。所谓"对比法"就是把正反词语或容易混淆的概念板书在一起,以便于学生对照、比较、区别、分化。这种板书由于正反鲜明、对比强烈,能使学生获得对知识记忆准确而巩固的效果。所谓"渲染法",就是放大字体或用彩色粉笔装饰,以创设意境,催人深省,强化效果。这种板书,就像电影里的特写镜头一样,顿时扑入眼帘,特点突出,色彩鲜明,感染力强。所谓"图画与讲解配合法",是按教材要求和讲授顺序逐步完成的。教师的图画不仅要逼真,不仅要有艺术性,而且要求边画边讲,在"动"中进行。这比用现成的挂图或先完成画图而后再讲,对学生更有启发性,往往可收到"画起来顺手,看起来自然,听起来明白,记起来深刻"的良好效果。

4. 板书要有的放矢,有实有虚

板书属于对教材补充的内容,要通过教师较为完整系统的板书,使学生便于抄写,以便于分析、综合、推理、判断的内容,要板书出问题的关键步骤,以便于学生理解。另外,还要做到有实有虚,虚实结合。有些内容既需要一字不漏地板书出来,有些内容则不必板书,而是通过省略号或丢空的办法,使其隐现在板书之中,让学生凭借教师的讲述去领会或顺着前后文中理解推录下来。这样,既节省了时间,又有利于培养学生的笔记能力。

5. 板书要精心设计、合理布局

板书不能上得堂来,兴之所至,这里一个公式,那里一个标题,写了擦,擦了写,随心所欲。板书的一般"模式"是把黑板分为主体部分和辅助部分。主体部分作为讲授教材内容的系统板书之用;辅助部分可灵活机动,常用作为书写需要提示的字、词、概念和与本节课有关的旧知识之用。若计划周密,一般情况下,课堂上不擦也够用,做到一堂课一黑板,黑板写满了,课也结束了。下课后,别人一看黑板,就能知道这节课所授知识体系的内在逻辑结构和教学过程,一目了然。复习时,学生对照笔记,就能回忆并再现这节课的基本内容。为了提高板书质量,教师在备课时,就要选定好板书内容,规划好板书格式,并在讲稿和教案上画出板书示意图。

6. 板书要正确工整,讲求美学原则

所谓正确工整,就是写字要规范,不写错别字,笔顺要正确,书写要清楚、美观、整齐,汉字是方块字,讲究间架结构,气势神韵,教师板书时要照顾到每个字的重心、平衡、统一、对称、协调和呼应诸因素。不要把字写得东倒西歪、横七竖八,也不要"龙飞凤舞",难以辨认。应注意书写习惯和版面美观,写一行字不能越写越偏上,或越写越偏下,或写成马鞍形。要注意摆平位置,才能适应学生的视觉,给学生视觉上以美感和快感。当然,板书设计的科学性和艺术性如果不以明确的目的性作为基础和前提,如果不能辅助教师圆满地完成教学任务,达到教学目的,那便只是花花架子而已,没有存在的价值和意义。板书设计是依文而异,丰富多彩,绝无雷同。在一般的讲读教学中,内容纷杂,有讲有练,时分时合,形式多变,要组织得有机连贯,就需要教师在认真钻研教材、合理安排教程的基础上,精心制定比较周密的板书计划。

7. 板书要适时书写,把握节奏

板书是一项课堂教学技能,从某种意义上来说也是一项课堂教学艺术。它应配合教学进程有序地发展。选择合适的时机,把握好板书的节奏,可以更好地发挥板书的即时效应,提高课堂教学中的艺术感召力。何时出示板书应考虑周全,板书提前或滞后均会破坏正常的教学节奏,干扰教师和学生的思维过程,容易造成学生注意力分散。板书既不能在上课前都抄在黑板上,也不能在讲完后再写在黑板上,而是在讲授过程中按步骤、分阶段地逐步呈现在黑板上。板书呈现的时机应根据数学教学的需要而定,可先讲后写,也可先写后讲,或边讲边写。

课堂教学的板书设计要呈现知识的渐进过程。随着课堂教学环节的推进,有机地进行相关内容的板书,学生的思维得到了深入和扩展。比如说板书课题,它呈现的时机有几种不同的方式:

(1)开门见山式:这是一种大多数教师使用的板书课题的时机,上课后即板书课题,然后结合课题进行本节课的教学,这种板书课题的形式容易使课堂教学直接进入主题,便于教学任务的完成。

(2)导入新课后:在导入新课后进行课题的板书,能吸引学生的注意力,提示学生本节学习任务的开始。由于板书课题是在师生导入新课后进行的,学生不知不觉就进入了新知识的学习中,自然、和谐,有利于新知的探讨与讲解。

例如,北师大版一年级下册P28~P29教学内容:导入新课:秋天到了,地里的萝卜长得又大又多,又是一个丰收年!兔子兄弟可高兴了!于是兔哥哥小黑和兔弟弟小白就举行一次拔萝卜比赛,我们一起去看看吧!(出示主题图或课件,教师板书课"拔萝卜"。)

(3)新知小结时:有些课例通过新课导入,新知研讨(讲授新课)后,在进行应用拓展练习(巩固练习)前的新知小结时进行板书课题,这时学生已初步理解、掌握了本节课所学知识,通过各种形式的师生小结,强化重点、难点。这时板书课题的时机恰当、和谐、自然,促进了知识的有效吸收。有水到渠成之感,好似点石成金之笔,融知识性、艺术性与科学性为一体。

（4）课堂小结时：课堂教学就要结束时，一般情况下教师要进行本节课的教学小结，有些课例在此时进行板书课题，可以起到总结全课，画龙点睛的效果。

（5）分段进行式：有些课例的课题板书，可以分步完成，更能体现出知识的递进性、完整性、趣味性、科学与艺术性。

（六）板书技能的构成要素

板书设计既是科学，又是艺术，它是两者的结合。小学数学课的板书既要讲究科学性，体现教学内容的严密和确定性；又要讲究艺术性，体现教学形式的形象性。板书一旦体现了逻辑性和形象性的统一，就有可能促进学生左右脑同时发展。

板书的设计和运用主要有以下几个构成要素：

1. 板书内容

小学数学课堂教学的板书内容要与讲授的内容大体一致，要详略得当、主次分明、突出重点和关键、分散难点。这样才能使板书真正起到便于学生理解教学内容，促进学生思维和记忆的作用。板书不宜过繁或过简，因为过于详细，则使重点不够突出，不利于学生集中注意力，同时也会因教师的繁杂书写板书而影响主要内容的讲解和其他教学手段、技能的运用；过于简略，则不能起到提纲挈领、揭示新知识主要内容的作用，对学生理解、掌握数学思维方法也不利。应力求以尽可能简约精当的文字、符号、线条和图表反映尽可能丰富的教学内容，在尽可能大的程度上增强课堂教学的吸引力、启发性和感染作用，以提高课堂教学的效率。

2. 结构布局

结构是指板书的内容安排，包括标题的设计，板书类型的选择，板书内容出现的先后次序以及各部分之间的呼应和联系，文字的详略大小和去留，符号的运用等。

布局是指各部分板书在黑板上的空间排列，以及与教学挂图，投影屏幕的合理配置。

有的教师喜欢把黑板分成四部分（见下图），其中区Ⅰ用来写课题，区Ⅱ、Ⅲ用来写主要例题、结语等重要内容，区Ⅳ用来作副板书，安排演算和其他可以随时擦掉的内容。

Ⅰ	Ⅱ	Ⅲ	Ⅳ

3. 书写画图

（1）粉笔字书写的执笔方法和用笔要求

写粉笔字时，用拇指、食指和中指捏笔，其位置贴近笔头，且三指虚握，呈斜卧式（与板面成 $45°\sim50°$ 夹角）。粉笔字属于硬笔字类，书写用笔要点如下：利用指力、腕力书写。书写时保持写速稳定、适当用力，写速快慢、用力大小决定点、画的大小和粗细。书写过程中，适时转动粉笔，使笔头保持圆弧状，以求得线条均匀。用笔讲究提、按、行，但要求书写内力始终保持一致，笔笔到位。

（2）写字姿势

粉笔字主要用于板书，姿势多用立式。因为要当众书写，因此要求写字姿势既要正确，又要端庄大方。具体要求是：

① 头平：头部保持平正，眼睛距板面 40 厘米左右，头部不要左歪右斜；

② 身正：身体要保持正直，不要左右偏斜，在书写过程中，身体要随着文字的书写不断平移，不要将身体挡住学生的视线；

③ 臂曲：右手手臂应弯曲向上，使臂、肘、腕、指的力量均衡地到达笔端，左手或持书，或轻按黑板，或微曲下垂；

④ 足稳：两脚要分开站稳,若两脚平行,可同肩宽,若两脚前后分开,步幅大小要看能否站稳而定。

（3）文字、符号的书写

板书主要是由文字、符号和图形组成。文字的书写要规范,笔画清楚,笔顺正确,字体工整,无错别字,正确使用标点符号。数学符号的书写更要规范,既要格式正确,又要章法匀整。

（4）黑板图的基本画法

数学图形也是数学板书的组成部分。一类图形本身就是数学知识的组成部分,如几何图形;另一类是数学教学中的示意图、草图。教学过程中要使学生看清楚教师的作图过程,要正确使用作图工具,图形大小要适中。

① 直线的画法：画长直线,要用长粉笔,左手按住直尺,右手大拇指与食指捏住粉笔使其余手指托住粉笔,粉笔头按触黑板。

② 角的画法：先要在黑板上确定角的顶点,再使直尺过这个顶点,以这个顶点为端点画出射线。数学教师往往使用三角板上的特殊角来画 30°、45°和 90°的角。

③ 画两点间的连线：先使直尺靠近两个已知点,再将粉笔头放在始点,而眼睛注视终点,这样可把粉笔"引导"到终点。

④ 圆的画法：数学课一般用圆规画圆,教师先在黑板上用粉笔标出圆心,用圆规的两脚量出半径的长,用左手把圆规的铁尖放到圆心上,右手拿住圆规的上端,注意左手捏牢铁尖,左臂保持不动,用右手从左臂的上部开始转动圆规。

（七）板书设计的生成

1. 在研读教材中,梳理板书思路

要想设计出既符合实情又发挥实效的板书,首先必须认真研读教材。只有理解了教材的编排意图,把握了教材的重心,才能够形成清晰的教学思路,板书设计也就有了明确的方向,这是构建板书最基本的前提条件。

2. 在酝酿预案中,构建板书雏形

设计出有效的课堂教学预案是上好一节课的关键所在。为此,我们在上课之前要认真备课,精心设计教学预案,并在不断的修改完善中,构建板书雏形。初步设计出相应的板书内容,引导学生对相关知识的认识向正确的方向发展。

3. 在组织教学中,实施板书设想

一个好的板书设计,光有预设那是远远不够的,要想把预设好的板书设计转化为现实的内容,就需要借助精心组织的课堂教学来实现。为此,我们在课堂教学的实施过程中,要有明确的构建板书的意识。

4. 在处理细节中,完善板书结构

新课程的课堂教学不仅仅需要精心的预设,还需要教师根据课堂教学动态过程,有效地调整教学的进程、教学内容、教学方式。同时,板书设计的内容也应根据课堂教学过程中生成的有效内容进行适当的调整。在具体的教学过程中,学生可能会有出乎意料的思考与讨论,能够延伸相应的教学内容。对教师来说,将会有意外的收获。经过学生的补充,会比原来在教学设计中的预设饱满了许多。因此,不难看出,新课程下的板书设计,不仅要精心预设板书内容,更要积极关注课堂教学过程中的动态变化,因势利导地予以调整,让板书真正成为引领学生学习,提升学生思维,促进其成长的"指南针"。

二、板书技能案例解析

一位低年级数学教师在讲解"包含除法"的概念时,用以下三个问题,引入新课：

有 4 个练习本分给同学,每人分到 2 本。可以分给几个同学?

有 6 支铅笔分给同学,每人分到 3 支。可以分给几个同学?

有 10 把尺子,每 5 把捆成一捆,可以捆成几捆?

......

教师边讲解、边演示、边板书,板书如下图:

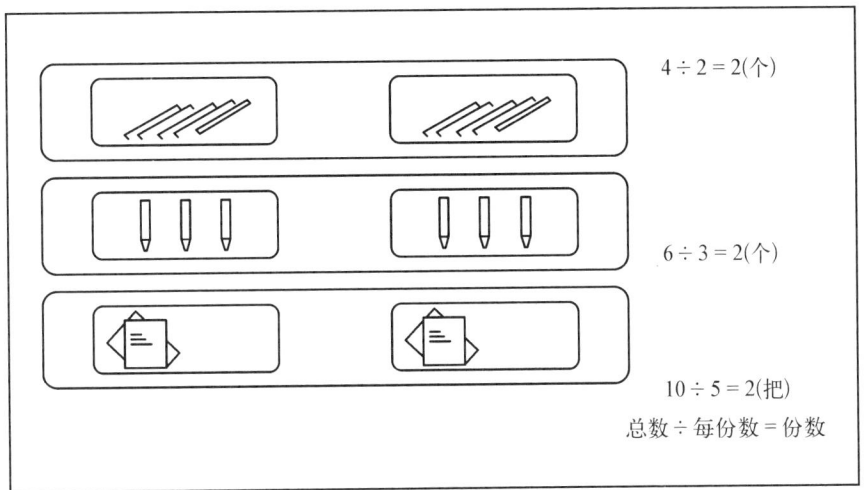

$$4 \div 2 = 2(个)$$

$$6 \div 3 = 2(个)$$

$$10 \div 5 = 2(把)$$

总数 ÷ 每份数 = 份数

解析

数学概念是学生进行数学思维的细胞,进行准确判断的依据,实现恰当推理的基础。在小学数学教学中应给以足够的重视,必须使学生切实学好。在小学数学的概念教学时,我们可以根据所要讲授的具体内容,用逐步书写或绘画所需讲解的图形把学生的注意力吸引到所要讲解的知识重点上来,从而使学生由浅入深、由易及难、由表及里、由简入繁地学好数学概念。这样设计板书,图式对照,井井有条,最后由算式又概括出数量关系式,从具体到抽象,从简到繁地讲解数学概念,使学生从观察中获得正确表象,从表象得到深刻的数学概念。

案例 13

在讲解"三角形面积"的计算公式时,把两个全等的三角形拼成一个平行四边形,从平行四边形面积公式(旧知识)推导出三角形面积公式(新知识),边提问、边讲解边板书以下内容,如下图:

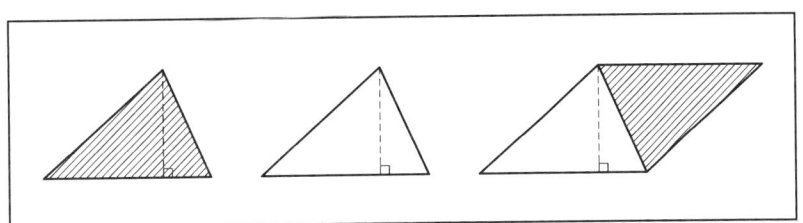

三角形的底相当于平行四边形的底;

三角形的高相当于平行四边形的高;

三角形的面积相当于与三角形同底等高平行四边形面积的一半。

∵ 平行四边形面积＝底×高

∴ 三角形面积＝底×高÷2

 **解析**

　　同济大学陆敬严教授深刻指出:"教师的工作,一靠说,二靠写。"说,就是讲解,写就是板书。一堂数学课上得成功与否,讲解是一个重要方面;但板书也是至关重要的。因为正确、具体、形象的板书可以帮助学生从大量的感性材料中推导出数学公式、法则、定律来,帮助学生正确理解和牢固掌握数学知识。这样,通过正确的讲解与清晰的板书,就能从平行四边形面积公式推导出三角形面积公式。

案例 14

　　要求学生解答"老师帮助同学买来 3 本数学书和 5 个练习本共用 3.86 元,已知每本数学书比每个练习本贵 0.22 元。求每个练习本和每本数学书各多少元?"教师动手进行如下图:

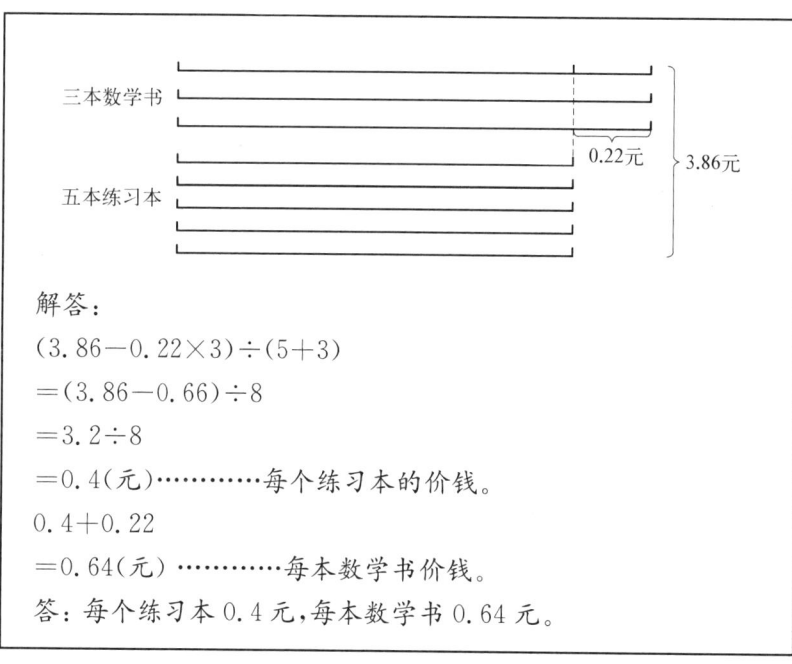

解答:

$(3.86-0.22\times3)\div(5+3)$

$=(3.86-0.66)\div8$

$=3.2\div8$

$=0.4$(元)…………每个练习本的价钱。

$0.4+0.22$

$=0.64$(元)…………每本数学书价钱。

答:每个练习本 0.4 元,每本数学书 0.64 元。

解析

　　板书是述诸视觉的,在小学数学课堂教学中不仅可以板书,还可以板画,起到画龙点睛的作用,运用板画可以帮助学生揭露复合应用题中隐蔽的数量关系,达到顺利解题的目的。从以上板画,学生可以具体、清晰、准确地观察到:如果从 3 本数学书和 5 个练习本的总钱数中减去 3 个 0.22 元,所剩的钱数就是$(5+3)$个练习本的钱数,进而可以求出一个练习本的价钱。这样运用板画揭露隐蔽的数量关系,运用"转化"的思想找到解题思路。

案例 15

　　在讲"圆的面积"前可以在黑板上进行以下板书:公元前 1 000 年前印度著名数学家戈涅西认为圆的面积等于一个矩形面积,公元 1800 年日本著名数学家安岛圆直认为,在圆中作无数小长方形,然后把这些小长方形面积相加就是圆面积。请你比较一下怎样求圆面积比较准确?你想一想,用什么方法能比较准确地求出圆面积呢?

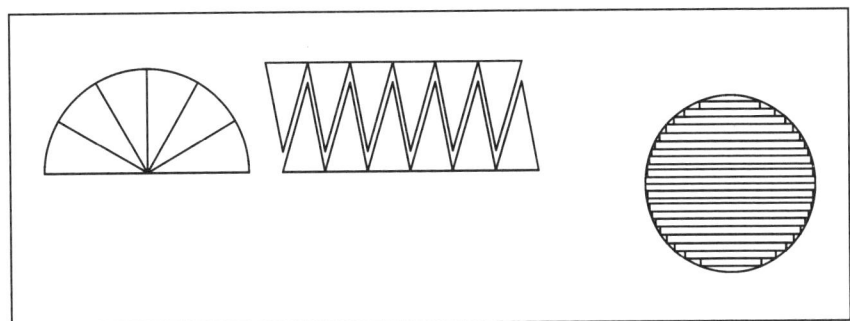

 解 析

　　板书可以激发学生的学习兴趣。瑞士著名儿童心理学家皮亚杰曾深刻指出：“儿童是有主动性的人,他的活动受兴趣和需要支配……,一切有成效的活动须以某种兴趣作为先决条件。”学生通过观察上述板书,激发起研究圆面积求法的学习兴趣。

 **案例 16**

　　学生学完圆周长与圆面积后,对二者很容易混淆。教师可以把圆周长与圆面积从意义、图形、公式三个方面进行对比。首先,我们引导学生对圆周长与圆面积从图形上加以对比:圆周长是一条封闭的曲线,圆面积则是圆面的大小。其次,引导学生对圆周长与圆面积计算公式进行对比(见下图):圆周长=半径×2×π(单位为长度单位);圆面积=半径×半径×π(单位是面积单位)。最后把图形、意义、公式三方面对比的结果,填入表中。

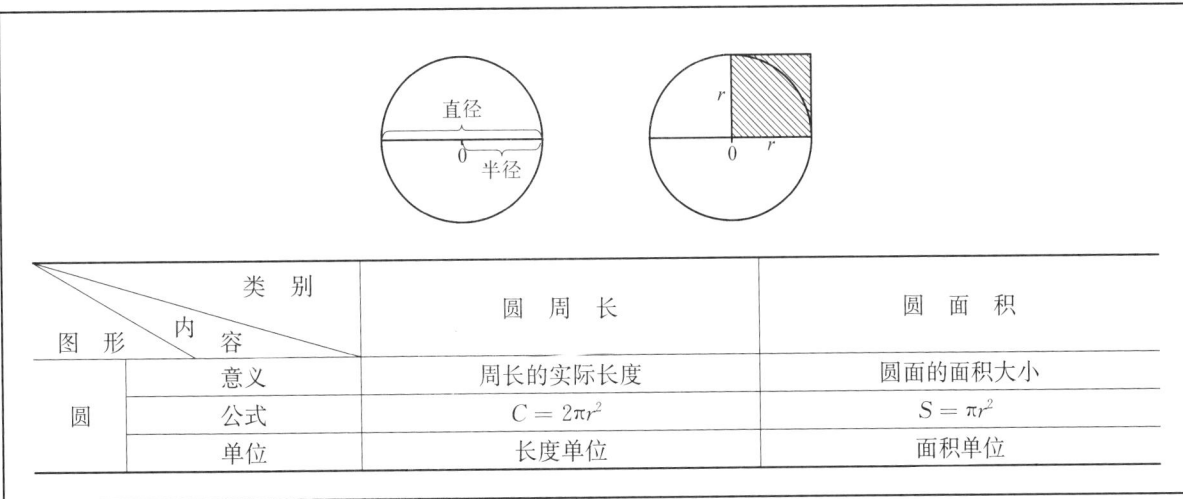

图形 类别内容	圆 周 长	圆 面 积
圆 意义	周长的实际长度	圆面的面积大小
圆 公式	$C = 2\pi r^2$	$S = \pi r^2$
圆 单位	长度单位	面积单位

 **解 析**

　　板书可以帮助学生对易混的数学知识进行比较,澄清混淆数学概念。俄国著名教育家乌申斯基曾指出：“比较是一切理解、一切思维的基础。”我们可以通过鲜明的板书,引导学生对易混淆的概念进行对照比较提高学生鉴别能力。这样,通过板书可以提高学生的鉴别能力。

在讲完小学数学教学中的长方形、正方形、平行四边形、梯形、圆形和扇形等七种平面图形的概念和计算公式后,引导学生对以上图形的有关知识进行系统化,整理成为下述知识网络,进行以下板书,达到深刻理解,强化记忆的目的。

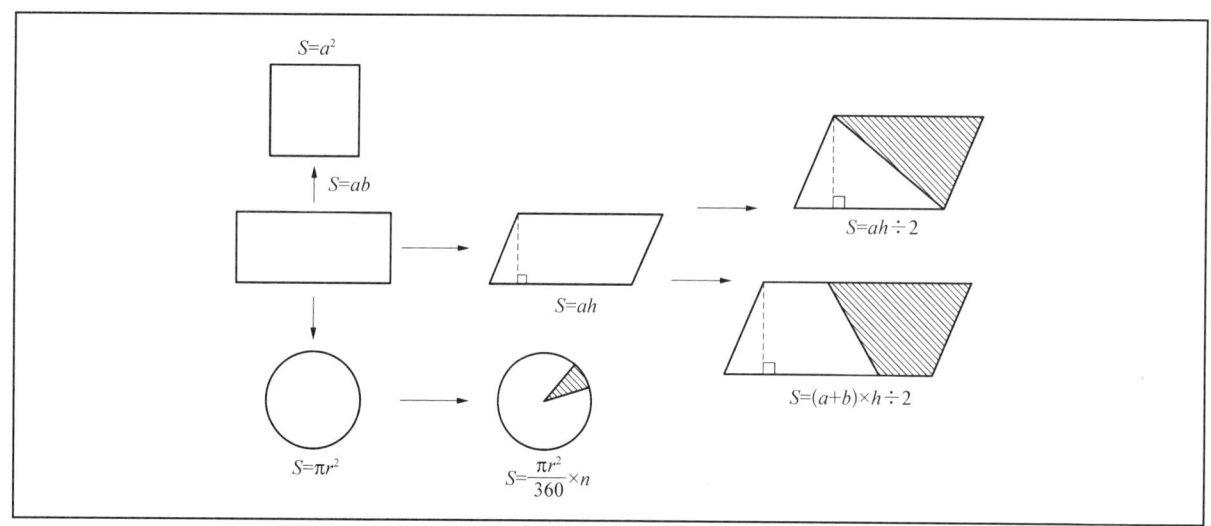

解析

板书是可以帮助学生归纳整理数学知识,形成学生的知识网络,强化学生的记忆。苏联著名教育家克鲁普斯卡娅指出:"数学是许多概念组成的锁链。"完整清晰的板书是数学教师讲解数学知识的提纲,是学生复习数学知识的依据。这样经过整理的数学知识恢复原有知识的系统,形成知识网络,可以达到强化记忆,便于检索的目的。

三、研究性练习

1. 规范书写0~9这十个数字的练习。

2. 使用三角板、直尺、圆规等数学教学工具绘制直线、角、三角形、正方形、长方形、圆等几种图形,掌握正确使用教具的方法,并小组研讨在运用教具时的注意事项和解决办法。

3. 选用2~3种板书形式设计"平均分"第一课时的教学内容,谈一谈设计同一教学内容采用不同的板书形式有哪些不同的感受? 每一种板书形式的优点和弱点,并逐步完善板书。

4. 选一段板书技能的录像,说出在板书过程中,教师是如何体现板书技能要素的。

5. 以自己设计的板书为例,说明其中的一种功能,请其他同学指出优点和不足,并进行修改。

6. 结合现行小学数学教材,选择一节课内容独立设计板书一幅。

7. 按指定内容、类型设计一则板书,并展现使用过程,写成教案。

任课年级	教 学 内 容	板书类型
四年级	小数点位置移动引起小数大小的变化	提纲式
五年级	正方体、长方体的认识	图文式
六年级	比、除法和分数的比较	表格式

第四章

课堂教学技能(二)

第一节 指导学生探究学习技能

◎ 一、指导学生探究学习技能概说

(一) 什么是探究性学习

"探究性学习"是相对于传统的接受性学习而提出的一种新的学习方式,它是指在教学过程中以问题为载体,创设一种类似科学探究的情境和途径,让学生通过自己收集、分析和处理信息来实际感受和体验知识的产生过程,进而了解社会,学会学习,培养分析问题、解决问题的能力和创造能力。探究性学习既是一种学习方式,又是一种学习观。作为学习观,探究性学习是建立在现代学习理论基础上的科学学习观,它反对被动地接受、继承、记忆知识,主张学生主动地理解、应用、探索、创新知识,认为学生的学习过程就是创造性解决问题的过程。作为一种学习方式,探究性学习是指在探究性学习情境中,学习者以问题解决为主要的内容,以发展探究能力和创造能力为主要目的的一种新型的学习方式。由此可见:在"探究性学习"中,学生的学习是一种主动思考、发现和解决问题的过程,即是学生以探究的方式自主获取知识和运用知识解决问题的过程,而不是再现教师的思维和复制知识的过程。所以,"探究性学习"的基本含义是指:学生必须积极主动、自始至终地参与认识的全过程,而学生的认识活动(包括感知的、操作的、思维的等活动)应当是一种探索性的、具有发现或发明性质的活动,这种认识活动,就探究的结果和过程而言,它更注重的是过程。因此,我们认为,"探究性学习"在小学数学教学中的实施,主要是指:学生在教师指导下,用类似于科研人员探究的方式去主动获取知识、应用知识、解决问题,并形成一定的思想及方法的学习过程。对小学生而言,不一定非要什么探究课题,不一定非要走出课堂,那只是形式而已,只要我们把上述的认识(或说教学理念)付诸于具体的日常教学之中,在某种意义上说,它也就体现了"探究性学习"的根本宗旨。

(二) 探究性学习的特征

因为探究的用法非常广泛,所以研究者们提出了一个定义,将以探究为本的教学和学习与一般意义上的探究区分开来,也与科学家从事的探究区分开来。根据对探究和探究性学习过程的分析,探究性教学和学习在五个方面与科学探究有联系又有区别,这五个方面的特征构成了探究性学习的五个基本

特征：

1. 提出问题：学习者投入到对科学型问题的探索中

科学型问题以物体、有机体和自然界的事件为中心，与学校科学教育内容标准中描述的那些科学概念联系在一起，这些问题能引导学习者进行实证调查研究，通过收集和利用数据来形成对科学现象的解释。科学型问题与科学问题在深度和广度上有所不同，提出问题的过程中接受的指导程度也不同。在课堂里，提出对学生有意义的有针对性的问题能够丰富学生的探究活动，但是它们不能是深不可测的，而必须能够通过学生的观察和从可靠的渠道获得的科学知识来解决。学生必须掌握解答问题的基本知识和步骤，这些知识与步骤必须是便于检索和利用的，必须适合学生的发展水平。一开始提出的问题可以来自学习者、教师、教材、网络和其他一些资源，或结合起来产生。教师在引导识别这些问题上起着关键的作用，熟练的教师能够帮助学生，使他们研究的问题更为集中深入。例如学生们常常问"为什么"的问题，其中有些问题太大，教师可以把其中许多问题转变为"怎么样"的问题，这种改变使探究的问题更为集中、更深入、更加接近科学，从而把学生导向科学探究，使学生能够体验到又有趣又丰富的调查研究结果。

对于低龄学生来说，符合这一要求的问题例如，生于谷类，面粉中的甲虫之幼虫对光有什么样的反应？对于高年级学生来说，例如：基因对眼睛的颜色有什么影响？不符合这一标准的问题例如，对低年级学生来说，为什么人们要做他们做的那种行为？这一问题太大了，难以作科学的界定。对高年级学生来说，不符合这一要求的问题例如，100年后全球的气候将会怎样？这一问题是科学的，但是也是非常复杂的。要回答这个问题要求几乎考虑到各种各样观点和所有的实证材料，然后才能做出预测。学生们所能做的只是思考其中个别的因素，例如，云层的增加如何影响气候的变化？或者他们可以思考其中的因果关系，例如，使温度升高（或降低）5度会对植物产生什么影响？对气流、气候产生什么影响？

2. 收集数据：学习者重视实证在解释与评价科学型问题中的作用

实证是科学与其他知识的区别。科学家用感觉器官或借助工具、仪器，通过自然情境下的观察和测量以及在实验室中进行的实验和测量来收集实证资料。在某些情况下，科学家能够控制条件以获得实证资料和结果；在另一些情况下，他们不能控制条件或控制会歪曲现象，他们则通过对自然发生的情况进行大范围的观察来收集数据或通过长时间的观察来收集数据。科学家基于实证资料推断不同因素可能的影响。实证资料的正确性则通过检验性的测量、重复观察，或收集与同一现象有关的不同种类的数据来验证，并且要经受来自各方面的质疑和进一步的调查研究。

上面一段解释了什么是科学中的实证。在探究性学习中，学生也要根据实证资料作出对科学现象的解释。一是观察，观察植物、动物和石头，描述他们的特征；二是测量，测量温度、距离和时间，认真地做记录；三是实验室中的实验、观察和测量，包括在控制条件下的化学反应、物理变化、生物反射等，将实验过程中的变化和发展情况记录在报告和表格中；四是从教师、教学材料、网络或其他途径获得实证资料，来使他们的探究进行下去。与科学探究不同的是，探究性学习中收集实证资料的过程能够更多地获得和利用他人的帮助。

3. 形成解释：学习者根据实证形成对科学问题的解释

学习者在实证的基础上，根据逻辑关系和推理，找到事件的因果关系和其他解释。他们的解释和观点必须与实验或观察得来的实证材料相一致。学习者必须尊重事实尊重规律，以开放的态度面对批评，运用与科学相联系的各种不同的认知过程，例如，归类、分析、推论、预测，以及像批判性推理和逻辑等一般方法。

所谓解释，指的是在学习新知识的过程中，将自然或实验室观察的结果与已有的知识联系起来，形成超越已有知识和当前观察结果的新的理解。例如，学生可以将观察结果与其他渠道获得的知识结合起来对相应变化提出自己的解释；运用已有的基本知识经验以及调查的结果来分析食物与健康的关系，等等。探究性学习与科学探究都能够产生新知识，所不同的是，由于学生已有的知识有限，探究性学习所产生的新知识可能只是针对学生本人而言。

4. 评价结果：学习者根据其他解释对自己的解释进行评价

评价，以及对解释的排除或修正，是科学与其他形式的探究及其解释相区别的一个特征。人们可以问这样的问题：实证材料能够证明所提出的解释吗？解释是否足以回答问题？在将实证材料与解释联系起来的推理中有没有明显的偏见和缺点？根据实证材料能不能得出其他解释？

学生们能通过参与对话比较各自的研究结果，或把他们的结果与教师或教材提出的结果相比较来评价各种可能的解释。与科学探究不同的是，学生只要将他们的结果和适应他们的发展水平的科学知识相结合，就达到了探究性学习的目的。

5. 检验结果：学习者交流和验证他们提出的解释

科学家通过重复他人的实验来验证其结果。这就要求对问题、步骤、证据、提出的解释和对其他解释的评价进行明确清晰的描述。它使研究能够经受更多的质疑，也为其他科学家用这些解释来研究新问题提供机会。

让学生们交流他们的研究结果可以为其他人提供问问题、检验实证材料、找出错误的推理、出实证资料所不能证明的表述以及根据同一观察资料提出其他不同解释的机会。交流结果能够引入新问题，或者加强在实证资料与已有的科学知识以及学生提出的解释之间已有的联系。结果是学生们能够解决交流中遇到的矛盾，进一步确定以实证为基础的论证方法。

探究性学习应充分体现这五个基本特征。当然所有这些特征都可以有所变化。例如，每一次探究都使学生投入到科学型问题中去，但是在有些情况下，探究的问题首先是由学生提出的，而有些情况下，学生并没有直接提出问题，而是在教师提供的问题中选择一个问题进行研究，或者在别人提出的问题上稍加修改，使之更为深入。研究表明，探究性学习中学生的自主程度是很重要的，应该尽量使学生投入到自己发现问题或深化探究问题的活动中去。但是探究性学习也不是绝对的，只要是围绕科学型问题的、使学生投入到思考中去的、适应特定的学习目标要求的，那么即使在这五个特征上有所变化，也可以认为是探究性学习。

二、指导学生探究学习技能案例解析

角 的 认 识

1. 创设情境、导入新课

师：这个周末，小明和小红可忙了，他们在忙什么呢？让我们一起去看看吧！（课件出示主题图）

师：他们在干什么？（做手工）手中和桌面上有哪些物体？

师：这些物体上有没有我们认识过的图形？（生说，师课件展现。）

师：这些物体上不但有我们认识过的图形，还藏着我们的新朋友——角呢，想知道角的样子吗？现在我们就一起来认识它。（板书课题：认识角。）

 **解 析**

教师创设了学生熟悉的、做手工的生活情境，让学生从画面的物体中抽象出平面图形，再从平面图形中引出新知——"角"，这样的导入，不仅符合几何平面图形的一般规律，而且遵循儿童的认知规律；既激发了学生的学习兴趣，又沟通了数学与实际的联系。

2. 引导探究、学习新知

（1）引导观察、初步感知。

师：让我们一起来看看这些物体的角藏在哪里？（课件出示剪刀、三角形纸片、闹钟）（说明：为防止学生对角形成片面的认识，这里有意将三角形纸片上的角设计成开口朝下，闹钟上的角开口朝左。）

师(出示实物剪刀)：打开剪刀,剪刀的开口就形成了一个角。(师指出,并用课件闪烁角。)这就是剪刀上的角。

师(拿出一张三角形纸片,指着其中的直角)：三角形纸片的这里也是一个角。(课件闪烁。)

师：剪刀、三角形纸片上都能找到角,那么钟面上哪儿能找到角呢?(拿出实物钟,转动指针。)钟面上时针和分针也能形成一个角。(课件闪烁角。)。

解析

　　教师以生活中常见的物体为例,引导学生观察,让学生经历从现实生活中发现角并初步感知角的特征的过程,体会数学与生活的密切联系。

　　(2) 适时抽象、建立表象。

师：这些都是藏在物体上的角,那么数学上的角是什么样的呢?

师(用课件隐去物体,剩下三个角)：如果我们给这些角脱去外衣,再标上角的标记,就变成了数学上的角,这三个图形都是角。

师：请同学们观察这三个角,看看有什么不同的地方? 又有什么相同的地方?

生1：有的开口朝左,有的朝右,有的朝下。

生2：有的大有的小。

生3：都有两条直直的线。

生4：都有尖尖的地方。

师：数学家们给角的各部分都起了好听的名字,像刚才同学们说的尖尖的部分叫角的顶点,两条直直的线叫做边。

师板书：

通常我们还在两条边之间用一条小弧线作为角的标记。(板画。)

师：你能说出上面每个角各部分的名称吗?(师指出,生说。)

师生共同小结：一个角有几个顶点? 几条边?(师板书：角。)

解析

　　在学生初步感知角的基础上,教师提出"这些都是藏在物体上的角,那么数学上的角是什么样的呢?"这一具有挑战性的问题激发了学生的探究欲望,同时辅以现代化教学手段,很自然地把学生在生活中认识的具体的角,过渡到抽象的数学上的角,为学生形成角的表象打下扎实的基础。

圆面积的计算

师：以前我们学习了平行四边形、三角形和梯形的面积计算公式,请同学们回想一下,这些图形的面积计算公式是怎样推导出来的?

生1：三种平面图形都是转化为学过的图形,来推导出它们的面积计算公式。

师：那么同学们想一想,圆可能转化为哪些平面图形来计算呢?

生2：长方形、平行四边形、三角形、梯形。

师:怎样把圆转化为这些平面图形?请同学们看手中的学具,把圆怎样剪?剪成什么样的图形?

师:请同学们动手剪拼一下,看到底能拼成什么图形。

学生动手操作。

师:谁能向大家汇报一下,你把圆拼成了什么图形?

生3:把圆分成16等份,拼成了近似平行四边形,如果分的份数越多,每一份就会越细,拼成的图形就会越接近于长方形。

师:看拼成的长方形与圆有什么联系?你能根据长方形的面积计算公式推导出圆的面积计算公式吗?小组讨论一下。

生4:能,因为拼成的长方形的面积与圆的面积相等,长方形的长相当于圆周长的一半,宽相当于半径。

因为长方形的面积＝长×宽

所以圆的面积＝周长的一半×半径

$S = 2\pi r \times r$

$S = \pi r^2$

看到有的同学把圆拼成了三角形,梯形。

师:你能根据三角形、梯形的面积计算公式推导圆的面积计算公式吗?

生5:我也是把圆分成16等份,拼成了近似三角形,如果分的份数越多,每一份就会越细,拼成的图形就会越接近于三角形;三角形的底相当于圆周长,高相当于圆半径的4倍。

因为三角形的面积＝底×高÷2

所以圆的面积＝周长×半径的4倍÷2

$S = 2\pi r \times 4r \div 2$

$S = \pi r^2$

生6:我同样是把圆分成16等份,拼成了近似梯形,如果分的份数越多,每一份就会越细,拼成的图形就会越接近于梯形。梯形的上底与下底的和相当于圆周长的一半,高相当于半径的2倍。

因为梯形的面积＝(上底＋下底)×高÷2

所以圆的面积＝周长的一半×半径的2倍÷2

$S = 2\pi r \times 2r \div 2$

$S = \pi r^2$

 **解 析**

　　学生自主操作、动手实践,经历探索知识的过程,对知识的理解才能深化,记忆才会牢固,推理才能严密。本节在进入新课后,教师调动了学生多种感官参与,动手操作、动口讲述、动脑思考,逐步加深认识。这样做能使学生学得生动活泼,对所学知识能理解得更深刻,记忆得更牢固,有利于发展学生的思维,培养学生的创新精神和实践能力。

 案例 3

商不变的性质

1. 提问

师:看到这个课题,你想提些什么问题呢?

生1:学了商不变的性质有什么用?

生2:什么是商不变的性质?

生 3：为什么商不变？

生 4：在什么情况下商不变？

生 5：既然是商不变，那一定在除法里，除法里还有被除数和除数，那么被除数和除数怎么变？

生 6：和以前学的知识有什么联系？

生 7：难学不难学？

根据学生提问，教师板书如下：

(1) 什么是商不变的性质？

(2) 在什么条件下商不变？

被除数和除数怎样变，商不变？

(3) 学习商不变的性质有什么用途？

2. 组织探究活动

(1) 大胆猜想

师：大家提的问题都很好，今天我们就来研究这些问题。我们先来看第二个问题，谁能大胆地猜想一下，到底在什么条件下商不变？也就是说被除数和除数怎样变，商才不变呢？

生 1：我猜想被除数和除数同时加上相同的数，它们的商不变，加上不同的数，商肯定会变。（板书：同时加上。）

生 2：我猜想被除数和除数同时减去相同的数，它们的商不变。（师板书：同时减去。）

生 3：我猜想被除数和除数同时乘以相同的数，它们的商不变。（板书：同时乘以。）

生 4：我猜想被除数和除数同时除以相同的数，它们的商不变。（板书：同时除以。）

师：大家说得很好，都有自己的想法，下面我们就以 $16 \div 8 = 2$ 为例（板书），大家小组合作，分别举例来验证这种种猜想，看看究竟在什么条件下，商是不变的。

(2) 验证猜想

师：哪个小组先交流被除数和除数同时乘以相同的数这种情况？

生 1：$(16 \times 2) \div (8 \times 2) = 2$

生 2：$(16 \times 3) \div (8 \times 3) = 2$

生 3：$(16 \times 10) \div (8 \times 10) = 2$

生 4：$(16 \times 5) \div (8 \times 5) = 2$

……

师：大家观察以上这些算式，验证的结果怎样？

生：商不变。

师：商不变，什么在变？

生：被除数和除数在变。

师：被除数和除数怎样变化，商不变？

生 1：被除数和除数同时乘以一个数，它们的商不变。

生 2：被除数和除数同时乘以一个相同的数，它们的商不变。

师：好，对于被除数和除数同时乘以相同的数，我们得出的结论是商不变。被除数和除数同时除以相同的数，商又是怎样的？谁来交流你们小组讨论的情况？

生：$(16 \div 2) \div (8 \div 2) = 2$

$(16 \div 4) \div (8 \div 4) = 2$

$(16 \div 8) \div (8 \div 8) = 2$

$(16 \div 1) \div (8 \div 1) = 2$

师：别的小组验证的情况怎样？

师：观察这些算式，验证的结果商怎样？

生：商不变。

师：商不变,什么在变,怎样变化的?

生1：被除数和除数同时除以一个相同的数,它们的商不变。

师：现在谁能把商不变的这两种情况连起来说一说?

生：被除数和除数同时乘以或者同时除以相同的数,它们的商不变。

师：刚才已经验证了两种猜想,而且都得到了肯定,我们继续验证加和减。

经学生分析讨论得出：被除数和除数同时加上和减去同一个数,商会变的。

师：在什么情况下,商不变?

生：被除数和除数同时乘以或者同时除以相同的数的时候,商才不变。

师：说得真好,现在大家对于商不变的条件还有没有问题?

生：老师,我觉得这个相同的数,零应该除外。

师：为什么?

生：零不能作除数。

师：对,那乘以零可以吗?

生：不可以,乘了零,除数得零,还是要作除数的。

师：太好了,你们发现了关键问题,老师要向你们学习。

师：现在咱们来完整地把问题说一遍。

生：被除数和除数同时乘以或者除以相同的数(零除外),它们的商不变。

师：讲得太棒了,这就是我们今天共同探究出的商不变的性质。

 **解 析**

　　在教学中,教师指导学生经历了一次发现的过程。在整个探究活动中,教师是组织者,从提出问题到指导探索,教师都起着非常重要的作用。但教师又扮演的是"顾问"的角色,将学生置于主导地位,引导学生在比较自由的气氛中进行知识的"再创造"。在学生多角度的思考过程中,培养以发散思维为中心的创造性思维能力以及科学的态度。

百分数应用四——利息

(一) 实践性

教学片段1

师：昨天同学们到银行去做了一个小调查,请你们汇报调查的情况。

生1：我知道了中国建设银行、中国人民银行、中国农业银行以及农村合作信用社等等都是我们日常生活中进行储蓄的场所。

生2：我知道储蓄不仅可以帮助国家进行经济建设,而且能增加家庭个人的收入。

师：说得真好,这是储蓄的优点,储蓄能支持国家的建设。

生3：我知道储蓄分活期和定期两种。在定期存款的方式中,又可以分为零存整取和整存整取两大类。

师：你说的是储蓄的种类。

生4：我调查到定期一年的利率是 2.52%,定期二年的利率是 3.06%,定期三年的利率是 3.69%,定期五年的利率是 4.14%……

生5：我调查到存款要交利息税,另外教育储蓄不用交税。

生6：把钱存入银行,取出是银行要多付给老师一些钱。

师：这些多出来的一部分钱有一个专有名词叫什么？

生7：我知道是利息。

师：利息就是取款时银行所多支付的钱。

生7：我还知道利息的计算方法，利息＝本金×期限×利率。

生8：我还知道支付方式，有现金支付、汇票支付。

生：我知道在储蓄之前必须要先填写存款单，而且每个银行的存款单都不一样！

生：我知道存款时必须要写清楚种类，你存的是人民币还是其他种类。

……

解析

　　所谓探究性学习的实践性就是强调探究性学习应以活动为主、让学生亲身经历探究过程、体验感受探究过程、在实践中创新。探究性学习不同于学科知识传授，不能只是坐而论道，要实践，要活动，正如上面的教学片段一样。教师只是简单交代学生去银行做一个小调查，然后写成一份调查报告。调查什么，怎样去调查等都由学生们决定，只要与科学有关系，能做好就行了。过去我们往往把实践狭隘地理解为与体力活动或与动手技能相关的操作活动，如实验强调的就是动手操作技能。现在随着自动化程度的不断提高，动手操作的技能在科学实验中的重要性相对下降，更重要的是能发现问题，能够制定一套方案去解决问题。实践并不等于操作，而是包括从提出问题到求得结论、做出评价的整个过程，除了操作之外，思考、计划、找资料、收集数据、分析整理、写报告都是实践。

（二）开放性
教学片段2

师：听到你们的汇报，老师增长了许多知识。这节课你们想进一步研究哪些方面的知识？

生1：取钱的方法。

生2：关于利息税的问题。

生3：有关利息怎样计算？

生4：怎样进行抵押贷款？

生5：票汇是怎样进行的？

……

　　师：综合大家的意见，看来同学们对利息与利息税有比较浓厚的学习兴趣，好，我们今天就来研究有关利息与利息税方面的问题。（板书：利息；利息税。）

……

解析

　　上面的教学片段中，老师并没有要求学生通过活动一定要达到什么目标，也没有要求学生一定要做哪方面的研究。实际上，学生提出的问题有10多个，涉及的范围也很广，只是后来落选了。其中有的和所学的知识直接挂钩，如"怎样计算利息"，有的像"怎样进行抵押贷款"这问题一样，很难说与本节课所学的数学知识有什么直接的关系，但也不能说没有关系。老师完全没有进行干涉，充分体现了探究性学习在教学目标和内容两方面的开放性。

探究性学习的目标在于：第一，发展学生的能力，包括发现问题的能力、制订计划的能力和解决问题的能力；第二，培养学生主动积极、科学严密、不折不挠的态度；第三，培养学生的问题意识和创新精神；第四，获得关于社会的、自然的、生活的综合知识，而不仅仅是学科知识。这些目标是一个整体，通过长期的潜移默化而逐步形成。

探究性学习的目标应该是很灵活的，可以因地因人而异。探究性学习在内容上是开放的，不应把学习内容限制在某些方面，海阔天空，只要是学生想到而且力所能及的，都可以成为探究的内容。通过探究性学习，希望学生获得一种关于社会的、自然的、生活的综合知识，而不仅仅是学科知识。这是因为今天学生所面对的许多问题，都是综合性问题。解决这些综合性问题，所需要的知识远远超出某一学科的范围。在探究过程中，不论是关于生活、社会、还是自然的知识，只要需要就应该用上。因此，就需要的知识而言，探究性学习是开放性的。

（三）自主性

教学片段 3

师：对于这两个问题，是老师一一告诉你们，还是你们小组内先探讨？

生：我们自己来研究。（学生小组交流、教师参与小组的讨论。）

师：把你们探讨的结果全班交流。

生1：利息是把钱存入银行后，取出时多出的部分就是利息。比如：2004 年存入银行 200 元，到 2005 年就会得到 200 元多一些，多出的钱就是利息。

生2：利息越多，利息税就越多。

生3：我知道利息是怎样计算的：利息＝本金×年限×利率。

生4：老师，如果存钱 300 元，银行就会多收 10 元，如果存钱 301 元，银行就会不收任何的费用。

……

 **解析**

从上面的教学片段中可以看到，探究性学习的另一重要特点是自主性。在整个学习活动中，学生自选研究的问题、自主设计研究方案，自主进行探索，老师没有干预。在实施的过程中，老师更没有插手，只参与学生的探索过程。自主性是实现探究性学习的目标所必需的，只有这样才能实现探究性学习的目的。不论是探究的能力，主动积极、科学严密、不折不挠的态度，还是问题意识和创新精神，都是只有通过亲自实践才能逐步形成，就算是知识，也必须通过学生的主动建构生成，靠传授式的教学难以获得。

让学生自主地进行探究，是否就意味着教师是多余的，或者说教师没有什么作用呢？当然不是。在探究性学习中让学生自己去提出问题，教师就可能遇到各种各样的问题。教师不可能什么都懂，比如有学生提出"如果存钱 300 元，银行就会多收 10 元，如果存钱 301 元，银行就会不收任何的费用。"这个问题我们教师都不清楚。所以老师应该与学生一起探究、一起学。但是，教师毕竟是成年人，他们走的弯路比学生多，碰的钉子也比学生多，可以向学生提供经验和帮助。因此在探究性学习中，教师是组织者。教师应该开阔学生的视野，启发学生的思维；要善于发现学生思维中的闪光点；要向学生提供经验，帮助学生进行价值判断；要帮助学生整理思路和计划；要检查学生计划的可行性；要提醒学生注意探究中可能出现的问题和困难；要向学生提供必要的资源和帮助；要注意引导学生对探究的过程进行总结反思等等。提倡学生自主学习就意味着教师应当把自己摆在与学生平等的地位。

目前有一种值得注意的倾向是过分强调教师在学生探究性活动中的"指导"地位和"指导"作用,认为学生不知道要研究什么问题,用什么方法去研究,怎么实施研究,在研究中碰到问题该怎么办等等,需要教师给予"指导",实际上就是告诉学生们做什么、怎么做。这种观点显然违背了"以学生为本"的理念,过分地要求教师作为指导者去指导探究性学习的各方面。那么,在探究性学习中,教师到底应充当什么样的角色?处于什么样的地位?我们认为,从探究性学习的理念出发,不应过分强调教师的"指导"作用,应强调教师是探究性学习的组织者和协助者,向学生提供的是帮助和支持。

三、课堂探究学习注意事项

探究的时间多少,成效如何,主要取决于探究的内容。什么样的问题、什么样的内容有探究价值,能引起学生兴趣,这对学生思维的展开和深入是至关重要的。选择什么内容进行探究才有价值,才能使学生思维活跃呢?

(一) 探究应放在教材的重、难点处

教材的重、难点是教材的核心问题,学生往往在此产生胆怯和畏难情绪,只有在此探究,才能使学生积极参与,进入角色,学有成效。例如在教学除数是两位数的除法"$278 \div 38 = ?$"时,设计如下探究题,分步揭示:

1. 把 38 看作多少来试商?(学生探究),学生试一试,发现

$$
\begin{array}{r}
6 \\
38{\overline{\smash{\big)}\,278}} \\
\underline{228} \\
50
\end{array}
$$

2. 商 6 小了怎么办?(学生探究)这两个探究题学生还是比较容易接受的,探究的目的是保证学生对算术理解透彻。为了使学生思维展开和深入,我又设计探究题③:为什么把 38 看成 40 来试商,商 6 会小呢?这一探究难度大,值得思考。其时,师生都悄悄地默想了约一、两分钟,这是一种静思,然后教室又重现出热烈探究的情景。接着,小组代表发言:把 38 看作 40 来试商,除数变大,商反而会变小,因为 $40 \times 6 = 240$,240 虽接近 278,但一个因数 40 比原来 38 大,积不变,另一个因数就会小。探讨到这种程度,探究的价值才能体现出来,这样不仅培养了学生思维的深刻性,而且各小组争先恐后表达各自的看法,使整个课堂气氛非常活跃。

(二) 探究应在得出规律时

在得出规律时,学生能自觉地运用分析、综合、比较、抽象、概括等思维方法,在此时如果能适时、适当地安排探究,就可以促使学生主动探索奥秘,发现规律,深入思考问题,从而激活学生的思维。如:我在教学小数点位置移动引起数的大小变化规律时,把 0.004 米的小数点向右移动一位、两位、三位……小数的大小有什么变化?我设计了 3 道探究题:① 0.004 米、0.04 米、0.4 米、4 米怎样才好比较?(将小数改写成整毫米数)② 你发现什么规律?③ 小数点向左移动,小数的大小又有何变化规律呢?整节课,都是通过学生探究,自己构建知识框架,从而发现规律,得出结论,课堂气氛轻松热烈,效果很好。

(三) 探究应在解决问题的方法上

在解决问题采用什么样的方法上,教师应组织安排学生探究,让学生积极主动地动手(测量)、动脑(思考)、动口(报告测量结果),使学生在动中求思、思中求辩、辩中求知。如:教学圆的周长公式时,设

计探究题：① 你怎样求出圆的周长呢？② 每个学生动手测量圆的直径和周长；③ 观察讨论周长和直径之间的关系。通过探究、交流、实验、再探究，不但使学生掌握了测量曲线长度的方法，而且使学生很容易地得出圆的周长公式：$C = \pi d$。安排这样的探究，引导学生主动地获取知识，使学生自主学习的精神得到了培养，学生的思维始终处于活跃状态，学生在老师的引导下，先经历了获取知识的全过程，再进而自主得出结论，学得轻松、愉快，其乐无穷。

四、研究性练习

1. 在"角的度量"中，为什么量角器制造成半圆形的？探究投掷实心球的最佳角度。
2. 就"百以内数的认识"，制作百以内数游戏棋谱。
3. 就"三至五位数的认识"，从报刊杂志上寻找收集三至五位数，并读、写这些数。
4. 就"多位数的认识"，搜集当今世界上通用的记数法有哪些，各有什么特点？
5. 就"估算"，为下个月家庭的衣、食、住、行做个预算。
6. 就"元、角、分的认识"，开展"小小售货亭"的游戏。
7. 就"平均数问题"，调查学生家庭用水情况。统计在"读书周"活动中交易书的情况。
8. 就"数的整除"，探究能被 7、9、11、15 等整除的数的特征。

第二节 指导学生合作学习技能

一、合作学习概说

"合作学习"就是指学生在小组或团队中为了完成共同的目标与任务，有明确的责任分工的互助性学习。它的基本做法是：依其任务类型或学生学业水平、能力倾向、个性特征、性别等方面的差异将学生组成若干个异质学习小组(每组 4～6 人)，创设一种只有小组成功小组成员才能达到个人目标的情境，即小组成员不仅要努力争取个人目标的实现，更要帮助小组同伴实现目标。

(一) 小组合作学习的基本特征

"小组合作学习"具有四个基本特征：以异质小组为基本形式，以小组明确的目标达成为标准，以小组成员相互依赖的合作性活动为主体，以小组总体成绩作为评价和奖励的依据。其中，"以小组成员相互依赖的合作性活动为主体"是"小组合作学习"区别于传统班级教学最本质的特征。

增强小组合作学习的实效性，"小组"的作用能否充分发挥，"合作"的手段能否充分运用，这是体现小组合作学习是否真正有效的两个关键性问题。那么，如何有效增强"小组合作学习"的实效性？在正确理解和把握"小组合作学习"基本理论内涵和特征的前提下，针对以上影响因素应采取以下有效策略。

(二) 合理组合、明确分工、适时调整

首先，要科学组建合作学习小组。这是合作学习活动顺利开展的前提。小组成员的组合并不是表面形式的拼凑，应是在尊重学生自愿原则的基础上，教师根据学生的知识基础、学习能力、兴趣、爱好、性别、知识水平差异以及小学生特有的年龄和心理特征等方面进行综合考察，然后搭配成学习小组，通常以 4～6 个人为宜，可以在安排座位时进行适当调整，确保对全班同学的优化组合，以便学习时发挥各自的特长和优势。组与组之间尽量保持相对平衡的水平，这样才能保证每个小组在大致相同的水平上展开小组合作学习，既确保"公平竞争"，又有利于教师辅导。其次，小组内要确定分工，落实责任，这是进行"小组合作学习"的关键要素。分工明确，责任到人才能使小组成员全员参与，并明白各自应该承担的

角色,掌握各自所分配的任务,使合作学习有序又有效地进行。值得注意的是,"小组合作学习"目标是小组成员共同确立的学习目标,是小组成员共同努力的方向,这就要求小组成员不仅要努力争取个人目标的实现,更要分工协作,帮助小组其他成员共同达到预期的合作学习目标。所以,小组建成后,还必须要求每个小组中的成员相互友爱,坦诚相见,民主平等,培养小组的团体力量和精神。最后,作为教师的我们,还要经常观察小组合作中的学生动态,适时进行组内外成员的调整。

(三) 培养小组成员掌握合作学习的方法

首要是优化课堂教学的时间结构,其操作程序为:提示学习目标;学生个体独立思考,完成基础性作业;小组讨论;组际交流,大组思维撞击和集体性评价。在合作学习情境中,培养学生掌握合作学习及集体思维的方法、技能、态度非常重要,这直接影响合作学习的质量和效果,在这方面的主要做法是:

1. 引导学生学会抓住重点、难点问题开展讨论,进行尝试学习,培养探索精神

例如"圆的面积"一课是学生在已经学习了长方形、正方形、三角形等平面几何图形的基础上进行的新知学习,其重点是通过渗透转化思想,使学生能利用旧知,自主推导出圆的面积公式。于是,设计了这样的环节,组织学生进行小组合作学习。首先由学生回忆、思考三角形、梯形的面积公式是如何推导的,类推出圆的面积公式是否也可以将圆转化成已经学过的图形来推导出呢? 通过设疑,学生的学习动机得到激发。在明确学习任务后,各小组经过初步考虑,对问题进行逐个分解,首先提出了三个需解决的子问题。面临的第一个难题是如何转化? 解决化曲为直的问题。第二个难题是转化成哪个平面图形? 第三个需解决的问题是圆和转化成的平面图形有什么关系? 明确了解决问题的先后次序,各小组就着手展开了第二次讨论。课堂气氛相当活跃,学生动手动脑,参与面广。通过剪剪拼拼,有的拼出了近似于长方形的图形,有的拼出了近似于三角形的图形……有的发现平均分的份数越多,就越接近于长方形或三角形。这样小组交流的学习使学生较好地达到了教学目标。

2. 引导学生在合作学习中学会反馈学习效果和进行作业的矫正

例如:可以在课堂上让学生参与批改当堂作业:以 4~6 人小组为单位,以自批自改、互批互改、讨论批改的形式进行,在批改的过程中让学生知道自己结果的对错,并通过讨论找出致错的原因,在小组中合作改正。这样,一方面有利于学生对自己的知识结构进行查缺补漏,把所欠的知识补上,另一方面让学生讲错在哪里,为什么这样错,有利于培养学生的判断能力,形成良好学习习惯和学习方法,激发起学生的学习兴趣。

3. 引导学生学会在合作学习中完成探索性的集体作业

例如:学过百分数乘除应用题后,让学生在合作学习小组中,与同伴共同努力,解决下面的问题:六年级乙班有 48 名同学,在读书读报活动中,班委决定每人购买一本单价为 5 元的书,书店对购买 50 本及以上者给予九折优惠。利用以上信息,请设计购书方案。各个合作小组的学生在分析过程中,对获取信息采取不同的处理方法,得到了不同的解决方案,有的学生准备个人单独购买,全班共付 $5×48=240$（元）;有的主张班级统一购买,并且购买 50 本,全班共付 $5×90\%×50=225$（元）,钱付得少,并可多得到 2 本;有的主张与其他班一起购买,全班只需付 $5×90\%×48=216$（元）。经过比较,学生发现后两种购书方案比第一种方案好。通过有效的合作学习,使学生真正成为学习的主人,创新精神和实践能力得到有效培养。

(四) 培养小组成员团队意识和合作技能

培养小组成员团队意识和合作技能是"小组合作学习"活动顺利开展的重点。合作学习不是一种个人的学习行为,而是一种集体行为,为了达到共同的学习目标,需要每个成员具有足够的团队意识和合作技能。即:小组成员之间必须相互了解、彼此信任,经常进行有效的沟通;成员们不仅要对自己的学习负责,而且要为所在小组中其他同学的学习负责,要互相帮助和支持,形成强烈的集体责任感,并妥善解决可能出现的各种矛盾,建立起一种融洽、友爱的亲密伙伴关系。培养小组成员的团队意识和合作技能主要包括:互相信任、团结互助的意识和技能;主动表达自己见解的意识和技能;学会小组讨论的意

识和技能;尊重别人发言的意识和技能;以友好方式对待争议的意识和技能。

(五) 重视教师作用

重视学生间的合作学习,并不是忽视教师的主导作用。实际上,教师始终是小组合作学习的积极热情的设计者和引导者,而且,小学生的自我组织和控制能力很差,注意力很难集中,更难保持,这样教师的重要性就显得尤为突出。在小组开展合作与交流的时候,教师的角色又变为一个促进者和合作者。同时,教师还应针对学生合作中出现的各种问题进行及时有效的指导,帮助学生提高合作技巧,顺利完成学习任务。

(六) 把握好合作时机

开展合作学习的时机要讲究,合作学习只是教学中的一种方法,它不是教学方法的全部。教师要根据教学内容、教学要求、教学环节的衔接,根据小学生学习的情况来设置小组合作学习这一环节。教师要考虑这一环节中要解决的问题、要达到的目的,务必通过小组合作学习的方法才能最佳达成,才能设置小组合作学习,千万不要使小组合作学习流于形式。

(七) 营造氛围,激发兴趣,充分调动积极性

调查表明,有近30%的学生对于稍难的问题不愿作深入的思考,他们往往缺乏思维的触发点,或者对自己的思维能力缺乏信心,在这样的情况下,用学生之间的讨论来调动学生学习的兴趣就尤其显得必要。教师应该给学生的"合作性学习"留出充分的空间,使他们都能在合作群体中担任起应尽的职责,逐渐体会到群体合作的氛围中学习的乐趣与收获。另外,不能仅注重发挥优秀学生的榜样作用,还要注重对后进学生的帮助,尤其重视运用集体的力量,发掘每个学生个性中潜在的积极力量,给予充分表现的机会。例如在复习旧课的练习中,多让后进的学生发言,在课本内较容易找到答案的问题,也尽可能让他们先在组内汇报自己的看法。在全班集体教学时,也为他们多创设这样表现的机会,以增强他们学习的信心。

(八) 与自主探索有机结合

小组合作学习虽然是一种重要的、有效的学习方式,但并不是万能的,它还应与其他学习方式有机结合,特别是与自主探索有机结合,才能发挥出更好的合作效应。因此,在教学中,教师既要给学生独立思考、自主探索的时间和空间,又要为学生创造小组合作交流的机会,让学生在自主探索的过程中形成自己对知识的理解,在与人合作交流中逐渐完善自己的想法,充分发挥小组合作学习的实效性。在教学"小数的意义"时,以"活动"代替教师的讲解,给学生创设了一个自主探索的求知环境,使学生全员参与到活动中来,大胆发表自己的见解。整个学习过程,主要是借助学生独立思考和小组合作学习来完成的。发挥小组合作学习的优势,注意生与生、师与生之间的互动交流,从中锻炼学生归纳和整理信息的能力。比如:学生经过讨论交流,自己归纳出了如何把分母是 10、100、1 000……的分数转化为小数,还有的同学观察出可以根据这些分数的分母有几个 0 来判断它能转化成几位小数,这就是学生全身心投入到学习中的硕果,也让教师颇感意外。

(九) 建立合理的评价机制

合理的评价机制是提高小组合作学习效果的重要途径。合理的评价机制能够使学生认识到合作学习的价值和意义,并更加关注合作学习的过程。要注意以下几方面:

1. "不求人人成功,但求人人进步"评价理念,将这一目标作为教学评价的最终目标和尺度。

2. 尊重个体差异的多元、全面的评价方式。评价的重点是学习过程,而不是学习结果。

3. 选择恰当、具体的评价方法。在合作学习实践中,可以采取互评互议。相互补充,充分发表意见,教师再适当点拨,这样做有利于合作、评价形成良性循环。

二、合作学习案例解析

当学生初步理解了面积的意义后,教师为了让学生体验面积单位的作用,组织学生进行合作学习。

师:我们每个小组都有许多平面图形,请你们选择其中的两个比一比它们的面积,哪个大些?

(当学生听到老师的要求后,马上合作,有的同桌一组,有的前后4人一组。)

片刻后课堂里出现了下面一些现象:

(1) 小组中有的同学在单干,有的同学在随意摆弄平面图形。

(2) 每个小组中几乎都有个别学生趴在桌子上不知在做什么。(此时教师一直在教师里巡视没有任何反应。)

听课教师对其中两个小组的合作交流情况进行了记录:

小组一

生1:你看把这两个长方形叠起来就知道哪个大哪个小了。(边操作边讲。)

生2:叠起来之后还是比不出大小的(做了个比的样子),我只要量一下就行了。

生1:量有什么稀奇,这样的话大家都会讲。

生2:你会? 你怎么没有想到呢?

生1:老师没有说是可以量的……

生2:老师也没说可以叠起来……

(于是两个学生由合作走向了分歧,交流也开始脱离主题。)

小组二

这个小组是由前后4个学生组成,其中1个学生在玩,另外3个学生在独自比较,既没有作交流也没有生事争吵。

 解 析

现在的数学课题提倡自主学习但不是自由学习,合作学习更应是围绕同一主题,共同努力去完成学习任务。而小组一由合作讨论演变成了小组争吵,完全背离了合作学习的初衷,听之任之,这种放羊式的合作学习的结果只能是浪费时间。

圆的认识的教学片段

学生初步认识了圆,学会了用圆规画圆的方法。

师(出示一幅双层的圆形餐桌实物图):你们能用硬纸板做一个餐桌模型吗?

生(齐):能。

师:好,那么请你们与同桌合作做一个模型。

学生合作做餐桌模型。

……

 解 析

合作学习作为一种学习形式应该是在学生学习的内心需要时应用,而不应是在教师的指令下合作。只有当学生萌生了需要帮助的内部动机时,进行的合作学习才能发挥最大的效能。案例1中在学生想记又记不清时,老师又偏说:"如果就这么快,你们有什么好办法记清楚呢?"这激发了学生内心的合作动机,因为靠一个人的力量很难完成,这就需要别人的帮助,需要与他人的合作。在此动机的支配下,之后的合作学习效果可想而知。案例2中合作制作双层圆桌模型完全是在教师的命令下进行的,学生兴趣不大,因为这对六年级的学生来说普遍没有挑战性。这样的合作学生完成的只是老师布置的任务,对知识的理解、技能的形成、思维的提升等作用并不大。因此,教师在组织学生合作学习时要紧抓合作契机,让学习的要求与学生内心的需要汇聚在同一个节点上。

 案例1

吨 的 认 识

教学片段一:

当学生知道了1吨等于1 000千克后,教师指出了以下合作要求:

(1) 问一问,同桌同学的体重有多少千克?

(2) 互相背一背同桌同学。

(3) 算一算,多少个同学的体重合起来大约是1吨?

当学生弄清了合作要求以后,立即进行合作,兴趣很浓,同时也十分投入。

教学片段二:

上课一开始,老师就说:今天我们认识的质量单位吨是一个比千克大得多的单位,请同桌小朋友互相说说1吨有多重。

于是,同桌同学立即进入了讨论。听课教师记录了附近的一对同学讨论,如下:

生1:1吨有1辆汽车那么重。

生2:不会吧! 我们家里的电视机我妈妈都搬不动,可能就有1吨重了。

生1:不可能,1台电视机最多半吨重。

生2:我们家里的电视机很大的,比我这个人都高,你没见过,我想肯定有1吨重。

……

 解 析

"吨"的概念在低年级学生的生活中很难找到,这就需要通过各种活动,让学生充分感受,才能建立正确"吨"的概念。教学片段一、教学片段二都安排了合作学习这一环节,但前者提出了明确的合作要求,从感知到计算把"吨"与身边同学的体重联系起来,在合作中学生始终围绕"问—背—算"这样一个程序进行,对"吨"的概念的形成起到了很好的作用。后者教师提出的合作目标与任务不十分明确又不具体。虽然学生也是想象的,很难与学生沟通,结果还是各抒己见,没有解决问题,并没有促进"吨"的概念的形成。

小学数学比较分数大小

师：比较分数的大小时,常会遇到哪几种情形? 大家能分别举一个例子吗?

生1：同分母的分数相比较。如$\frac{3}{8}$和$\frac{5}{8}$。

生2：同分子的分数相比较。如$\frac{7}{9}$和$\frac{7}{8}$。

生3：分母和分子都不相同的分数相比较。如$\frac{7}{8}$和$\frac{5}{6}$。

师：请大家分别说出这三种类型的分数大小比较的方法。

生4：同分母分数相比较,分子较大的分数大。如$\frac{3}{8}<\frac{5}{8}$。

生5：分子相同的分数,分母较小的分数大。如$\frac{7}{9}<\frac{7}{8}$。

生6：分母和分子都不相同的分数,要先通分,变成同分母的分数,再比较大小。

师：那么,我们是怎样得到这些方法的呢?

生7：分母相同的分数,分数单位相同,分子大的分数包含分数单位的个数多,所以分子大的分数大。

生8：分子相同的分数,分母小的分数表示平均分的份数少,那么其中一份表示的分数就大。

生9：举个简单的例子吧。有同样多的一袋糖,平均分给5个人吃和平均分给6个人吃,当然是分给5个人时每人得到的糖多。

生10：我觉得分母和分子都不相同的分数,不一定要先通分再比较,有时也可以先约分,再比较。

生11：我觉得分母和分子都不相同的分数,不一定要先通分或约分再比较。如和,因为比单位"1"少,而比单位"1"少。

生12：分母和分子不相同的数,还可以先化成同分子的分数再比较。

师：刚才三位同学提出了比较分母和分子都不相同的分数的独特方法,你们觉得这些方法,哪种最简便?

生13：能约分的,先约分再比较,显得简便。

生14：有些分数不能先约分再比较。我认为先化成同分子的分数再比较,显得简便。如和,化成和,比通分成和,数目显得小,因此来得简便。

生15：既然先化成同分子的显得简便,那么为什么课本上都讲先通分,再比较呢?

解析

　　建构主义认为,知识的获得不是由传递完成的,知识只能在综合的学习情境中被交流。从上面的教学过程中可以看到,学生在自身的数学学习实践中都已积累了一定的数学活动经验,在合作与交流中充分发挥了"学习共同体"的作用。

　　在合作与交流中,学生把自己对分数大小比较时积累的感性经验表述出来,使同伴们具体、清晰地区分比较分数大小的不同类型和多种方法,尤其是有几位学生还提出了与书本上介绍的不相同,却也十分科学、有效的方法。如课本中对分子和分母都不相同的分数大小比较,一般采用通分的方法,而学生们经过讨论与交流,根据自己的学习经验分别提出了先约分再比较,先把分子化相同再比较以及联系分数意义逆向思考来比较等等富有创造性的方法。

在合作与交流中,学生们通过分组讨论与大组汇报,把比较分数大小的方法进行了有序的梳理,通过分类、举例、转化、联系、深究等活动,将课本中结构严谨的规则转化成与学生头脑中的知识结构相适应的,便于学生长久储存和随时提取的知识。这样的教学,学生对分数大小比较的各种类型、方法及其来源,不是堆砌而成的"知识山",而是形成井然有序的"知识链"。

在合作与交流中,学生思维活跃,思路开阔,互相提问,互相启发,互相商讨,互相激励,共同完成了学习任务。学生是学习的主人,而教师则是数学学习的组织者、引导者与合作者。

 案例 9

面积与面积单位的两种教法

当学生初步理解了面积的意义后,教师为了让学生体验面积单位作用,组织学生进行合作学习。

师(出示 A、B 两个面积大小差不多的不规则平面图形):你知道这两个平面图形谁的面积大一些?

(学生开始举手。)

生1:A 图形面积大。

生2:B 图形面积大。

……

师:那么到底哪个图形的面积大呢? 你用什么方法可以证明呢?(待学生沉思了一会儿接着说。)同桌先互相说说自己的想法。

(学生开始讨论。)

 解 析

教师作为学习活动的组织者,有一个很重要的任务就是为学生提供合作交流的时间和空间。教师先让学生用自己的方法证明两个平面图形的大小,又给学生留下了独立思考的时间,这为学生提供了同桌交流的空间,为学生的合作交流提供了丰富的内容。

其中一个三人小组的讨论是这样的:

生1:可以叠起来比一比,谁的面积大就知道了。

生2:比不出来的。

生3:是的,叠起来之后,多出来的还是比不出来。

(静了一会儿。)

生2(从学习材料中取出一个小正方形):可以用这个小正方形去量。

生3:这个办法不错。

生1(从学习材料中取出一张方格纸):还可以把这两个图形放在方格纸上,谁盖着的方格多谁的面积就大。

……

师(教师巡视到这个小组时,从另一个学生的学习材料中取出一张与前一个学生格子大小不同的方格纸,把 A、B 两个平面图形分别放到这两张方格纸上):盖着的方格多,面积就一定大吗? 请你们继续讨论。

……

解 析

　　合作学习时教师是一个积极的参与者和引导者,要引导学生进行深层次的思考,实现学生资源的超价值利用。这里教师的提醒:"盖着的方格多,面积就一定大吗?"又一次为学生创设了小组合作的空间,为学生进行进一步更严密的思考指明了方向。

三、研究性练习

　　1."圆的周长",小组合作,组长分配任务,提出活动的目标及要求并在活动中给予组员指导,有两个组员负责测量1角、5角、1元硬币的周长和直径,一个组员负责记录并汇报成果。

　　2."9加几"

　　(1)学生合作交流9+5=?

　　(2)比较算法多样化,得出"凑十法"。

　　(3)教师布置学生以四人小组为单位,通过摆小棒计算9+6=,9+7=,9+4=,9+3=。

　　3."两位数减一位数的退位减法",学生根据情境列出16-7这样一个算式之后,同学们以小组为单位,讨论应该怎样计算16-7。

　　4.这样的合作有效果吗?

　　(1)一位教师在教学"两位数减一位数的退位减法"一课时,在学生根据情境列出16-7这样一个算式之后,马上让同学们以小组为单位,讨论应该怎样计算16-7。

　　(2)某校四年级六班有56名同学,老师在教学实践活动课"秋游计划"一课时,在让学生合作制订购买秋游所需物品及所需钱数之后,又设计了一个活动——乘车与买门票。"一辆大客车可坐50人,每辆300元;一辆中型客车可坐30人,每辆200元。个人票每人10元,团体票每人8元(10人为一组)。"让学生根据教师提供的这些数据,讨论交流应该怎样租车、怎样购买门票比较合理(在第二次合作学习时,有的学生在继续计算买哪些吃的更好,有的在互相玩计算器)。

　　(3)一位教师在教学二年级数学课"克和千克"一课时,让小组合作秤自己感兴趣的东西。在小组汇报时,有一个学生说:"我秤的是竖笛,它的重量是8克。"老师问道:"是8克吗?"坐在旁边的学生提醒了一下:"它的重量是85克。"这名学生终于说出了合理的答案。

第五章

课堂教学技能(三)

第一节　课堂教学的调控技能概说

一、调控技能的概念

课堂教学调控技能是指教师对教学进行状态一种灵敏而强烈的感觉、感受和感知能力,并做出迅速、准确的反应。课堂实施调控技能的强弱是教师专业水平高低的集中反映,是教师教学风采的展示。教学过程中,教师为了落实教学目标,应该善于调节气氛,掌握节奏,控制局面。通过调控,使教学流程节奏起伏有致,内容节奏轻重有变,思维节奏张弛有度,使教学充满情趣。在进入新课程的今天,随着课堂教学的新变革,我们对课堂教学的特点也有了新的、全面的认识。课堂教学具有师生互动、生生互动、合作生成的特点。每一堂课都是师生激情与智慧综合生成的,是不可重复的。课堂教学呈现的生成性、开放性和由其产生的不确定性要求教师具有实施调控的技能。

教师对课堂教学的调控是多种因素共同作用的结果。相关的因素有强制性的因素、亲和性的因素、操作性的因素。

强制性的因素包括使学生产生规范感的规章制度、使学生产生尊重感的教师地位、使学生产生敬畏感的奖惩手段、使学生产生压力感的考试考查。这部分因素靠的是老师职务影响力,这是社会赋予教师的权力。强制性因素产生一种威慑力,对纪律与学习自觉性差的学生尤为重要。但强制性因素要有一个"度",强制过度就产生一种反弹,就会把学生逼上梁山——"破罐子破摔"。实施强制性因素还应掌握一个"面",如惩罚手段用于大多数学生,就法不责众,教师与班集体会产生一种对立的关系。

亲和性的因素包括使学生产生向往感的老师威信、使学生产生敬爱感的教师人格、使学生产生敬佩感的教师才能、使学生产生亲近感的教师情感。这部分因素是教师本身具有的,属于个人影响力。靠教师的"磁性引力"使学生自觉自愿地按教师指引的方向去努力,心甘情愿地服从,富有极大的教育意义。当然,亲和性因素要在一定的强制性因素配合下才能发挥更大的教育效益。

操作性的因素包括对学生课堂活动作出判断的实践经验、实施教育控制的教育机制、作用于课堂教学质量的技术性能。操作性的因素与教学实践相关,但又不一定与一个教师从教时间的长短成正比。课堂实践中的"有心人"操作水平提高快,他们能够灵活巧妙地改变教法、处理教材、解决偶发事件也比较自如。

二、调控的类型

教师课堂调控的类型包括课堂纪律的管理、课堂节奏的调节、课堂教学的变化、课堂反馈与强化、对偶发事件的反应,等等。

(一)课堂纪律的管理

课堂是学习的场所,既要使学生学有所得,又要能生动活泼,这是我们所期望的。由此,良好的课堂纪律成为我们完成教学任务的根本保证。因此,要求教师在进行课堂纪律管理的时候既要不断地启发诱导,又要不断地纠正某些学生的不良行为,以保证课堂教学的顺利进行。

课堂纪律管理可分为以下几种类型。

1. 集中学生的注意力

集中学生上课的注意力是减少学生不良行为的"治本"方案,是课堂纪律管理的最好方法。在教学过程中,如何根据小学生的特点进行课堂管理呢?

(1)启发学生注意的自觉性。根据小学生有意注意正在发展,无意注意仍在起作用的特点,教师上课时对学生的学习要尽可能地提出明确的要求,使学生明确学习目的,启发他们注意的自觉性。特别要引起老师重视的是,讲课一开始,就应该唤起学生的注意,教师在讲课时,先要讲清学习这节课的目的及重要性,使学生对本节课要学习什么内容、为什么要学习这部分内容有比较明确的认识,启发学生把注意力集中在学习的主要内容上。教师在教学中要结合学生的思想实际,加强学习目的性教育,树立正确的学习态度。同时在学习每一部分教材内容时,也要向学生讲清学好这一部分知识对以后继续学习和对实际生活的作用。另外,在教学过程中也可以采用"激疑"等方法吸引学生的注意。

(2)克服学生注意力易于分散的弱点。注意力分散是直接影响学生听课效率的重要原因之一。上课时,如何使学生在注意力易于分散的情况下保持相对的稳定是值得每一位数学教师很好研究的一个问题。为了使小学生的注意力保持相对的稳定,教师在教学过程中应根据学生不同的年龄阶段、不同的教材特点,运用灵活的讲课方法吸引学生的注意力。低年级阶段,应运用直观教具、生动形象的图形、实物演示等,让学生通过看、做、想获得知识;在中高年级,除了继续使用一些教具、图形外,还要注意一节课中教学方法的变换,如交替运用讲解、谈话、自学、阅读、练习等方法稳定学生的注意力。

(3)运用学生有意注意与无意注意互相转化的规律,保持学生良好的注意。教师在课堂教学中既要运用教具,如实物、图表、模型引起学生的无意注意,又要恰当地运用提问、讲解等手段牵引学生有意注意,使学生这两种注意在课堂里有机地、自然而然地交替进行,以便提高学习效益。

2. 一般课堂问题处理

在课堂上可能会出现学生迟到,交头接耳,看课外书,做其他作业,东张西望,吃零食,睡觉,不专心听课等一般课堂问题行为。当课堂上出现上述情况且不足以影响课堂教学时,教师宜运用暗示法进行处理。具体处理方式有:

(1)动作暗示。如,要求学生坐好,老师可以不说话,先挺起胸,目视全班学生,当学生全部坐好后,老师再讲课。

(2)眼神暗示。如,发现某个学生没听课,这时老师可用眼睛盯着他,直至他坐好听课为止。

(3)语言暗示。如,发现有个别学生没有听讲,教师可用语言暗示:"某某同学最注意听课,几乎全部学生都在用心听课,只有一个同学没有听。"或者说:"我所讲的是否每个人都听到了呢?"

(4)位移暗示。老师边讲课,边走向不专心听讲的学生停在他的身旁或用手指指他的书,以此暗示或提示他。

3. 对个别问题行为学生的处理

老师应当创造一种互相信任、自然、亲切的气氛,在没有抵触情绪的情况下对班级里出现的个别问题行为学生进行教育,而不是一味地批评。可采用以下方法。

（1）教育与表扬相结合。这种方法是当个别学生的不良行为在课堂上出现的时候，只要不影响大局，不对周围的学生造成大的干扰，老师可不理睬他。在有些课堂上老师也可安排一些活动如观察教具，摆学具等，或讲述一个生动的实例，用幽默的语言活跃一下课堂气氛，以吸引众多学生的注意。当问题行为学生也开始注意，并估计他能回答有关问题时，可叫他站起来回答问题（请注意：不是惩罚性的），然后讲出他开始时没有注意听课，现在因注意听而答对了，给予表扬。这样使这位学生既能认识自己行为的错误，又能改正错误。

（2）鼓励与行为替换相结合。教师应经常为有不良行为的学生提供合乎要求的行为。如，在教学中，组织学生对某个问题进行讨论时，有的学生说些与讨论无关的话，或做别的事，影响讨论的正常进行。遇到这种情况老师可以事先指定，请他代表讨论组发言。如果发言较好，即可让全班同学为他鼓掌以示鼓励，从而使个别学生在不良行为和替换行为间做出选择，从替换行为中得到心理满足。

（3）教育与批评相结合。对个别学生的批评不是目的，而是一种教育手段。目的是让他铭记在心，以后不再犯。如果在批评之前帮助他明辨是非，明白对他的批评是合理的，就可能产生更好的效果。

（二）课堂教学节奏的调节

课堂教学节奏的调节有三个要点。

1. 根据学生的可接受性进行调节

如，难度不大的内容，可通过加大密度来调节。课堂密度的加大，随之而来的问题就是要不断变换教学方法以吸引学生注意力。

2. 使教学节奏的高低、强弱呈有规律的变化

以上六种按照"弱→强→弱"或"强→弱→强"多次循环，使教学跌宕有致，起伏自然。还可以有"弱→渐强→强"或"强→渐弱→弱"的变化。这些都是穿插进行的。

3. 依据课堂教学中的节奏特点加以调节

在课堂40分钟时间内，学生的脑力不可能保持在一种状态，有振奋、愉悦，也有疲倦、松懈。教师的课堂调控技能要求教师掌握这种在课堂上交替出现的有规律的强弱、长短现象。

研究表明，课堂学习中，学生在前15分钟和第25分钟至第35分钟的10分钟是脑力的最佳状态期。这时也是教师传授知识、技能的最佳时间。课堂内容的重点问题应放在这段时间内加以解决。第15分钟至第25分钟这段时间是学生课堂疲劳的波谷期，是学生情绪上相对平衡的时期，处理一般性问题练习或学生自学为好。如课堂教学内容需要，也可以在学生"疲劳波谷区"形成一个教学的"小高潮"，使学生既可以在精神上获得放松，又可促进对教学内容的顺利吸收。

（三）课堂教学的变化

课堂教学的变化是教学过程中信息传递、师生相互作用和各种教学媒体、资料转换的手段和方式，其目的在于有效地调控教学，创造良好的学习氛围，激起学生的学习兴趣，把无意注意过渡到有意注意，使教学充满生气。其主要形式有教态的变化、教学方法的变化和教学媒体的变化。

1. 教态的变化

教态的变化是教师利用表情、动作等身体语言辅助口头语言传递教学信息和表达情感的行为方式。教态的变化一般有以下几种类型。

（1）声调变化。这是指教师讲话的语调、音量、速度等的变化。一般教学情况下，教师讲话语调的强弱、音量的大小、速度的快慢是中等强度的。但在某些教学环节，对于需要强调和突出的内容（如教学中的重点内容和重点词语）可以加大声音的力度和强度；有时需要重音音节延长，放慢速度，给学生一思考时间，吸引学生的有意注意；有时为了渲染课堂气氛，也可使语速越来越快，以调动学生积极参与教学。

（2）动作的变化。这是指导教师讲课时身势、头部动作及手势等的变化。这些变化对于和学生交流感情，帮助学生理解问题等有明显的作用。

课堂教学中教师一般是在教室前面正中间的位置站立,这个位置在教室里视野最大,尤其在开始上课前教师通常要站在这个位置,迅速地环视全体学生,组织教学,准备上课。但是,一节课中教师总站在教室的一个位置会使课堂里显得单调而沉闷。如配合教学过程教师有适当的身势变化(如侧身、走动等),会使教学静中有动,吸引学生注意。

走动分两种。一种是在讲台前走动。因为教师站在讲台正中间时虽然面向全体学生,但教室前两排左右两侧的学生仍易被忽视。所以教师适当地走动可以照顾不同位置的学生,使每个学生都能看到黑板上的板书,都能得到教师的照顾,都能和教师交流。另一种走动是在讲解时或在学生讨论、练习、实验时,教师从讲台上走到学生中间进行巡视和辅导。教师走到学生中间,缩短了教师与学生之间的空间距离,使学生感到心理上与教师接近。因此,教师走到学生中间可以密切师生之间的关系,利于师生之间的感情交流。同时,在走动中老师还可以有针对性地对学生进行个别辅导,发现问题,解答疑难,检查督促学生完成学习任务。这种走动宜缓慢,并且注意不在教室后端讲话。

教师的头部动作对于表达思想、态度起着重要作用。例如,当学生回答问题时,教师为了表示在认真听学生的回答而略微向前探身;为了表示对学生回答给予肯定常用点头;为了表示非常满意,常深深地连续点头;为了表示不满意学生的回答用摇头等。这种用头部动作表示感情的方式很委婉,比用语言直接表述更易于为学生所接受,更富有表现力。这样做既表示了教师的态度又可以中断学生的回答,使学生感到良好的民主气氛,很愿意自觉地参与教学活动。

教师手势的变化可起到表示情感,摹物形状,指示具体对象等作用。如用左手、右手表示相对的位置,通过两手的移动演示"相遇行程问题";用两手和手臂间所围成的范围表示物体的大小等。

(3)表情变化。一个人的内心情感可以通过眉、鼻、嘴、眼等自然、真实地表现出来。在师生之间情感的交流中,教师的表情对激发学生的情感有重要作用。一项心理学实验表明,教师以积极愉快的情绪教学,学生当堂的学习效果与一般情绪状态相比最多可提高 16.8 分。而以消极低沉的情绪教学,比一般情绪当堂效果最多可降低 30.7 分。因此,教师情绪对上好每一堂课都非常重要。教师在课堂上应该使用适当的表情变化。例如,学生答问题答错了,教师可以略微皱皱眉或轻轻撇一下嘴等,暗示学生回答不对,应改正;当学生回答很令人满意时,教师慢慢地抬头并面带微笑,表示很好;如果学生所谈的见解和想法很出人意料,教师可瞪大眼睛把眉毛抬到不能再抬的程度,表示:你的回答使老师太惊奇了。教师要特别重视"微笑教学"。教师在课堂上真诚的微笑是其对生活、对教育、对学生挚爱的表现。学生不仅会从教师的微笑中感到关心、爱护、理解和友谊,而且会从爱教师到欣然接受教师对他们的要求和教育,进而转化为学习动力,达到"亲其师、信其道"的效果。

(4)眼神变化。在师生情感交流中,眼神的交往很重要,只有注视对方的眼睛,彼此的沟通才会建立起来。要与学生建立良好的默契,应有 60% 到 70% 的时间注视对方,这会使学生喜欢听你讲话,使教师了解学生对教学是否感兴趣,是否学懂了,这样才能保证教学的正常进行。在注视学生时,正视表示庄重严肃;俯视表示关心和问询;环视表示开始和征答;点视表示出现情况,个别交流。教师应该根据教学内容的变化适时变换视角,与全体学生交流。眼神运用得好,会给学生留下深刻的、甚至终生难忘的印象。

(5)停顿。停顿在特定的条件和环境下传递着一定的信息,适当的停顿是引起学生注意的一种有效方式。停顿时间一般是三秒钟左右。这样的停顿足以引起学生的注意,时间过长会使人难以忍受。一般用于教师提出一个问题后或对一个概念分析综合后,或在讲解中适当地插入。尤其是对一些难理解的概念或较复杂的应用题的分析教学,特别应该会使恰当的停顿为学生思考或集中注意留出时间。有的教师往往害怕使用停顿,怕出现沉默,于是就用喋喋不休的反复陈述代替停顿,而这种讲解恰恰容易使学生因精神疲劳而"分神",并不利于学生弄清问题。相反,恰当地使用停顿会使学生感到教学的节奏感而不枯燥。

2.教学方法的变化

教学方法的变化是指教师在课堂教学中通过变换教学方法来调动学生学习积极性,完成教学任务的行为方式。这种变化使得不同教学方法在同一课堂教学中有机组合协调,有利于教育与教学的统一。

教法与学法的统一有利于调动"教"与"学"双方的积极性，从而实现课堂教学的整体优化。

3. 教学媒体的变化

教学媒体的变化指的是在教学过程中教师与学生之间传递以教学为目的的信息所使用的媒介物，是众多教学材料的总称。教学媒体的变化是指教师在教学中适当变换信息传递媒介物，促使学生多种感官参与学习的行为方式。通过媒体的变化，充分利用多种感官，实现信息传递的多元化，可以加强学生对知识的感知度，提高学生对知识的吸收率，并有利于知识的记忆、理解和应用，促进由知识向能力的转化。

（四）课堂反馈与强化

课堂反馈是指在课堂教学中教师（学生）向学生（教师）输出的信息作用于学生（教师）后产生的结果再输送回教师（学生），并对信息的再输出产生影响的过程。课堂强化是指课堂教学中教师采取的一系列促进和增强学生反应及保持学习力量的手段和方式。

1. 及时准确地获取反馈信息

获取反馈信息的主要途径有：课堂观察、课堂提问、课堂考查、实践操作等等。

（1）课堂观察。这是教师在课堂教学中输出教学信息后从学生的表情、神态等方面获取反馈信息的方式。

课堂观察的对象是学生，所以课堂观察可分为群体观察和个体观察。群体观察是指教师从全体或部分学生的表情、神态和行为中获取信息的方式。个体观察是指教师从个别学生的表情、神态和行为中获取信息的方式。在实际教学中，一般是这两种观察方式的综合，即从个体观察到群体观察，或从群体观察到个体观察，或者两种方式交换反复进行。这样可以较为全面、准确地检验教师输出的信息，及时准确地作出相应教学调控。

（2）课堂提问。这是教师在课堂教学中向学生提出问题，从学生回答问题中获得对提出的问题的反应的方式。关于提问，"提问技能"一章中已作了详细阐述，此处不再说明。

（3）课堂考查。这是教师运用有关教学手段向学生发出指令性信息，考查学生学习情况的方式。

课堂考查要注意反馈面要广。教师获取找对象信息的面越广，对学生学习效果的了解就越全面、越准确。课堂考查还要注意选择的方式方法，既要灵活多样，也要符合学生实际。课堂考查的主要形式有：学生板演（注意选择平时学习好、中、差的学生）、学生独立作业（老师及时抽查平时学习好、中、差的学生）、学生之间互相考查（如同桌一方命题、一方作答）等等。

（4）实践操作。这是指教师从学生的实践和动手操作过程中获取信息的方式。

在教学过程中运用实践操作，调动学生的耳、眼、口、手多种感官参与学习活动，这样学生对教师输出的信息反应深刻，大脑保持兴奋状态，感知比较敏捷，想象比较丰富，思维比较活跃，有利于学生形成完整正确的概念，并且记忆牢固。同时，学生反馈给教师的信息也形象、具体、清晰、易于获取。

2. 适时有效地输出评价信息

在教学中，教师获得学生学习的反馈信息后，应将这种信息与标准信息比较，并经过分析加工，然后再向学生输出关于学习结果的评价信息，以便学生调节学习活动。

教师输出评价信息重点应注意两个方面。

（1）恰当肯定。学生的学习行为和结果是有差异的，面对这种差异教师进行评价时，首先应该是恰当地肯定。只有恰当而准确的肯定才能使学生看到自己的成绩和进步，提高学习的热情，增强学习自信心。对中、差生答题正确要多给予褒扬，促进他们学习，尤其是对平时学习成绩差的学生，应及时发现他们的点点成功和进步，给予肯定。

（2）及时纠错。学生在学习过程中出现一定的错误是正常的。教师在发现学生的错误之后，应及时纠错。纠错的首要之点是分析产生错误的原因。学生在学习上产生错误的原因不外乎两个方面，即认知性的和非认知性的。认知性的错因关键在于没理解、没掌握。非认知性的错因主要是未养成良好的学习习惯。找到错因后，即要指导学生改正错误。对于非认知性的错误要教育学生认真学习，养成良

好的学习习惯,必要时可进行习惯的养成训练。对于认知性的错误,教师要加以辅导,要采取追源头的办法先查清他什么地方没有理解,然后从他最初未弄懂的地方开始,逐一启发、辅导,直至他全部弄懂为止。

3. 科学合理地实施强化

课堂强化的主要方式有:语言强化、符号强化、动作强化、活动强化。

(1)语言强化。这是指教师运用语言(如通过表扬、鼓励、批评等方式)来强化教学的行为。

(2)符号强化。也叫标志强化,它是指教师运用一些醒目的符号、色彩对比等各种标志来强化教学活动。

(3)动作强化。这是指教师指导学生用自己的行为相互影响,通过学生的自我参与、自我活动达到强化学生学习的行为方式。例如,让一位学生当"小老师"进行演示操作,其他同学当"小评判"的活动,课堂"小竞赛"活动等等。

(五)对偶发事件的反应

这里是指教师对于那些明显影响课堂教学的突发事件作出的反应。这种情况下,可供估计形势和考虑策略的时间是短暂的,而事件大都在教学过程中发生,因而又是不可回避的。这时候需要教师尽快作出反应,对教学进行有效的调控。

课堂教学中的偶发事件来自三个方面,一是环境(如教室外突发的异常喧闹声,小动物突然窜入教室等),二是学生(如突发的个别学生的问题行为),三是教师(如教具的突然掉落)。

确定对偶发事件可能采取的反应时,教师需要考虑下列问题:所发事件扰乱教学活动的程度如何?能持续多久?是否可能派生学生的其他不良行为?将采用的反应方式是否可被全体同学(或大部分同学)所接受?

不同的教师对偶发事件的反应方式可能不同。下面列举几种方式,供参考。

1. 偷梁换柱

有时,教师正在认真地讲课,教室外突然发出异常的喧闹声,这会使好奇心较强的小学生立即将注意转向室外,"侧耳细听"。这时,有经验的教师常采用"偷梁换柱"的办法,暗中巧妙地将学生所注意的外来事物转换成与学习内容有关的事物,使学生转入正常课堂教学活动。

2. 借题发挥

有时,有经验的教师在处理偶发事件过程中巧妙地把所发事件的情境作为课堂教学材料进行教学,从而收到良好的效果。我们把这种反应方式称为"借题发挥"。

3. 冷静发散

在课堂教学中,有时也会出现个别学生闹恶作剧的情况。有经验的教师面对这样的意外事件,见怪不怪,处之泰然,将全班学生视线的焦点从闹恶作剧的学生那儿发散开,避免使这一学生再成为注意的"热点"。这种反应方式我们称之为"冷静发散"。

4. 集思广益

教师在备课时,往往对学生的理解能力、答问情况、解题能力和思维水平有个估计。一般地,学生的表现也会"正如所料",和教师估计的差不多。特别是有经验的老教师或常年教同一班级的教师更是如此。但是,有时会遇到特殊情况,学生在答问或解题时,产生一种新颖的想法,而这又是教师没想到的。遇到这种情况时,有的教师能立即作出反应,正确判断其正误并给予恰当的评价,但有的教师做不到这一点。这时,教师不能临阵慌乱,应该冷静沉着,可以发动全班学生讨论,教师也可赢得思考的时间,师生都能相互启发,从而解决问题,使全班学生都受到教益。我们称这种方式为"集思广益"。

5. 避实就虚

课堂教学中,有时也会出现因教师未加注意而出现的意外事件,如教具的掉落、集中注意讲课时踏空讲台导致身体失去平衡等。当出现这类事件时,有经验的教师常采用"避实就虚"的反应方式,即回避意外事件的要害,而巧妙地设置意外事件中不曾有的内容,使教学转入正常状态。

6. 将错就错

课堂上教师有时也会出现失误。在处理这类事件时，有的教师有时采取"将错就错"的反应方式，即当发现自己的失误后，不是立即更正，而是顺错而下，最后再来分析错因以告诫学生。

三、调控技能的功能

通过前面两个问题的学习，我们很容易概括出调控技能的如下主要功能。

（一）熏陶感染功能

俗话说："近朱者赤，近墨者黑。"良好的课堂调控技术可以在课堂造成一种强烈而感人的气氛，创造一种开拓进取、勤奋向上的课堂环境，使学生在这种课堂气氛和课堂环境中，依靠教师调控技术上的感染力的长期继承和发展，持续地发挥着潜移默化的交互效应和指导作用，产生强有力的教育效果，使学生接受良好的熏陶感染作用。

（二）开启智力的功能

良好的课堂调控技术具有较强的艺术性，如利用课堂调控技术，有针对性地对学生进行引导、点拨、赞许、鼓励，其意殷殷，其言谆谆，既能搭设心桥，发掘学生创造潜力、自主探究学问、汲取知识的动因，又能形成融洽的教学氛围。课堂上融洽和谐的师生感情，可以使学生由敬佩、尊重教师转化为热爱、尊重教师所教课程，从而促进学生智力的开发。

（三）约束同化功能

良好的课堂调控蕴藏着和谐的教育诱导氛围，既调节课堂全体成员的心理环境、课堂行为和精神状态，又约束那些不符合课堂规范的动机和行为，并使之与统一的、规范化的课堂教育要求合轨。

四、调控技能的要求

在教学中，我们要运用调控技能，以实现课堂教学的整体优化。在运用调控技能时，要注意如下几点。

（一）要充分发挥教学目标的导向作用

偏离教学目标的调控是无效的。教师不仅要依据教学目标控制整个教学活动的进程，而且可根据教学目标的需要调整教学活动方式，改进教学结构，使整个教学过程紧紧围绕教学目标展开，从而有效地克服教学实践中的无效劳动，保证师生用最少的时间和精力去获得最大可能的教学效果。因此，教师要认真钻研教学大纲和教材，了解所教学生的实际，准确把握教学目标，始终以教学目标调控教学过程。

（二）调控方式要灵活多样

在教学中教师要根据学生的年龄特点、学科特点、知识类型采取不同的教学调控形式。这不仅能调动学生学习的积极性，使他们满怀热情地参与教学，而且有利于学生良好的学习习惯、思维方法的养成。因此，要求教师有严谨的治学态度、精湛的教学艺术、高度的责任感和模范的示范作用。

（三）调控过程要讲究科学性

任何形式的教学调控都要适度，过与不及都不能取得好的效果，甚至会适得其反。例如，处理个别学生闹恶作剧的突发事件，如果教师不是善意处理，而是大加指责，就可能出现"顶牛"现象，势必影响整个课堂教学；如果老师置之不理，学生就有可能认为教师"怕"他，他可能会更加肆无忌惮，造成不良后

果。因此,课堂调控必须从学生年龄特征出发,尊重教学内容的科学性。

(四)调控要注意时效性

一节课仅 40 分钟,向 40 分钟要质量要效益,这是教学调控的主要目的。

实施教学调控,一是要适时。如前面我们说过的及时反馈,及时处理教学过程中的突发事件,适时强化。二是要尽量使教学时间不遗失。教学时间的遗失影响到一节课的质量和效力。课堂教学中遗失教学时间的现象时有所见,如有的教师随意占用较多的时间对学生进行非必要的组织和说教。我们认为,课堂教学除非在万不得已的情况下,绝对不能中断教学。中断教学不仅是一种教学时间的浪费,而且会使学习内容受到损失。

第二节　课堂教学的调控技能案例解析

▶ 一、教材调控技能的运用

认识 11~20 各数的"数鸡蛋认数、写数"

师 1:1. 组织学生观察全部十幅图。

2. 提问:(1)从这些图中你发现了什么特点?(左边十个、右边几个。)

(2)你是怎么数鸡蛋的?(2 个、5 个、竖排、横行。)

(3)两盒放在一起一共多少个鸡蛋?(11、12、13、……20。)

3. 看课本读读、写写 11~20 各数。

师 2:1. 认读写——11

(1)教师演示:A. 向一张 10 格演示粘板上贴"星图"——回顾认识 1~10。B. 出示另一张 10 格演示粘板(与原粘板并列放)。C. 在演示粘板中放入一个星形贴图片。

(2)设疑:A. 两张粘板上的"星"一共有多少个? B. 这个数怎么读?怎么写? ——学生尝试、教师规范指导。

2. 认读写——12~20

(1)设疑:A. 老师在右边粘板上继续放"星",两张粘板上的"星"一共有多少个?(教师演示)B. 这些数怎么写?怎么读?

(2)学生随教师的演示边写边读。

板书 10~20 各数。

(3)认读——顺读、倒读。

 **解析**

教师 1 在教学过程中关注的仍是结果知识,没有真正领会教材编者的意图……通过"摆摆、数数、推推、认认、写写"认识 11~20 各数。对教材分析、理解不到位,势必影响课堂教学的效果,而教师 2 的教学过程体现在教师指导下的学生认知活动,让学生充分经历认数的过程。

统计与概率中等可能性

教材中通过抛硬币让学生感受等可能性。用两个小朋友的对话形式呈现一句话：出现正面和反面的可能性是相同的，都是1/2。有了这样的"引导"，老师们也组织学生操作了，请一个学生抛10次，记下正反面情况。为了更好地体现出1/2，老师要求四人小组的学生把抛的次数加起来，比较正反面次数。如果还不够明显，那再把全班学生的所抛次数加起来，比较正反面次数。总之，大有不到1/2誓不罢休的劲头。有一位老师上课后说："我一直在努力的控制着1/2，但我还是失败了。"

 **解析**

事实上，可能性为1/2，只是一个概率理论问题，在有限的实践操作中不能完全证明。教材的目的也只是让学生感受1/2的频率，而老师要注意的让学生明确即使不到1/2，同样也是概率中的事件。显然，这是由于教师专业知识的缺失，不能很好地领会教材的意图。

二、教法调控技能的运用

5 的 认 识

师：(在投影仪上显示)今天是某某某同学的生日，有几位同学前来向他祝贺生日。你们看，来了几位客人？(5位)客人来了要先请他们坐。你们看，端了几把椅子？(5把)接着，要招待客人。看，倒了几杯茶？(5杯)每人面前放1个盘子，共放了几只盘子？(5只)每个盘子里放1块蛋糕，共有几块蛋糕？(5块)

师：你们看到了人、椅子、杯子、盘子，虽然有的是人，有的是家具，有的是食品，各不相同，但它们有一个相同的地方，这相同点是什么？

生：它们都是5个。

在投影仪上显示：一个人手捧一袋(5个)苹果。接着看到这个人消失了，装苹果的纸袋也消失了。然后5个苹果也消失了，只留下5个圆(如图1)。在投影仪上逐一显示下列各图(如图2)。

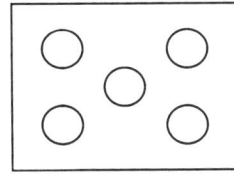

图1

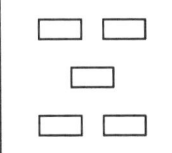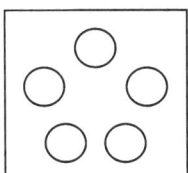

图2

这些图有各种颜色，有的涂上红色，有的涂上蓝色，有的涂上绿色……

引导学生对上面几种图形进行比较、讨论。

 **解析**

这段教学中,教师运用了情境教学法、谈话法、演示法等多种教学方法,有效地调控了课堂教学氛围,提高了课堂教学效果。

 案例 4

分 与 平 均 分

小学二年级学生初次学除法,对"除法的意义、除法运算法则"很难理解,如果用创设故事情境教学模式,让学生在动手分东西的实际环境中建立"平均分"的概念,就不难理解"除法的意义",更易掌握"除法的运算法则"。例如,老师在课堂上,先以讲故事创设情境,引起学生对"分"与"平均分"的区别。故事的大意是:唐僧师徒去西天取经的路上,有一天,悟空摘到 9 个桃子,唐僧想把 9 个桃子分给 3 个徒弟吃,可是他不知道该怎样分才能使徒弟们不吵不闹,都认为师傅分得很公平。同学们,你们能帮助唐僧这个忙吗?

一石激起千层浪,同学们都想帮唐僧这个忙,于是在帮唐僧分桃子的故事情境中,在小组合作学习中,分法就不断涌现:

生 1:先一个一个分给他们吃。

生 2:不如一次先给他们两个。

生 3:我先给他们各分一个,最后再给他们各分两个。

生 4:唐僧真笨,不如一次给他们每人分 3 个。

师:同学们,你们真会帮助唐僧,唐僧一定会很感谢你们的。以上四位同学有的是一个一个地分,有的是先分 2 个再分 1 个,还有的是先分 1 个再分 2 个,最后一个同学干脆一次就给他们分了 3 个。你们分得都对,那你们能不能算出每个徒弟都分到了几个桃子?

生:(齐声回答)3 个。

师:对,每个徒弟都分到了 3 个桃子,它们分到的桃子都是一样多。我们要是能告诉唐僧一个计算方法,从此以后,唐僧再遇到这样的问题就会自己去处理了,也再不会犯难了。这就是我们今天要学的新内容"除法"。如果把这种"平均分"的方法用算式表示那就是"$9 \div 3 = 3$",唐僧的 9 个桃子是"被除数","÷"是除号,3 个徒弟是除数,等号后面的数是"商"……

 **解析**

教师在课堂上,先以故事创设情境,把学生带入情境,引起学生的学习兴趣,以"帮助师傅分桃子"为理由,让学生去试着一个一个地分,或先 2 后 1 地分,让学生试分的过程成为运用情境教学的过程。这个试分的过程,更是体现着师生互动,生生互动,共同参与教学活动的教学模式。通过实际操作演练,渗透学生对"分"与"平均分"的初步认识,预示着将要从具体情境中抽象出除法算式,建立数学模型——除法的意义和算理。每个徒弟都分到了 3 个桃子,说明每人分得的同样多,以此渗透"平均分"的概念和方法。

三、语言调控技能的运用

数学练习课(反例)

教师首先出示了一副情景图:图1画了38只青蛙在湖中的荷叶上观望,图2画的荷叶上还有5只青蛙。问:跳下去了多少只青蛙?

教师先让学生观察并描述图意。

生1:荷叶上有38只青蛙,然后一个石块投入水中,小青蛙们害怕了,纷纷跳入水中。最后只剩下5只青蛙妈妈。

师:语言流畅,想象力丰富,大家要向他学习。

生2:38只青蛙正在荷叶上晒太阳。一个顽皮的男孩路过,向水中打了几个水漂,胆小的青蛙钻到荷叶下面去了,只剩下5只勇敢的。

师:你的想象力真好!(打算让同学们看问题列算式。)

生3(未经教师允许):我认为,是轰隆隆的雷声响了,要下雨了,所以它们都急着要回家。

于是,孩子们一个接一个不停地说:青蛙们正在进行游戏比赛,正在学本领,正在寻找孩子等等。整间教室变成了一个想象的国度。不知不觉中,下课的铃声响起来了。

 **解 析**

　　数学练习课变成了看图想象说话课,影响了教学目标的实现,这与教师的语言误导有直接的关系。强化与调控具有激励和导向功能,如果调控不当,会向学生传递错误的信息,将活动导向歧途,甚至出现教师无法控制的窘境。

三 角 形 的 认 识

教师先通过举例让学生试着概括出三角形的定义,当学生回答:"用三条线组成的图形叫三角形"时,教师可提高声音追问:"由三条线组成的图形都是三角形吗? 再仔细想一想。"教师提高声音反问是暗示学生回答的不严密,还需仔细推敲。经过一段时间思考后,当学生回答:"由三条线段围成的图形叫做三角形"时,教师可用略低的声音说:"你答得太好了",以表达教师对学生回答的赞赏;也可用充满激情的稍高的声音问:"他答得好不好?"学生会自然说好,且会情不自禁地鼓掌,使答对的学生心理得到极大的满足,其余学生也明白怎样回答是最好的。

例题"杨大娘家养了12只白兔,8只黑兔,白兔比黑兔多几只?"教学片断

师:12只白兔可以分成哪两部分?

生1:12只白兔可以分成跟黑兔同样多的部分和白兔比黑兔多的部分。

师:回答得真好,继续说吧。

 **解 析**

这里教师运用语言强化,前半句"回答得真好"是对学生的表扬,后半句"继续说吧"是激励和鼓舞学生去解决问题。

师:接着想,从12只里去掉哪一部分是白兔比黑兔多的只数?

生2:从12只里去掉跟黑兔同样多的部分,就是白兔比黑兔多的只数。

师:这位同学说得好,谁还能说一说,老师相信你们会说得更好。

 **解 析**

这里教师用语言调控技能,对生2不仅表扬和鼓励,而且给他发出了新的指令信息,注意听其他同学说得是不是比他说得更好。对于其他同学给了一次竞争的机会,鼓励他们也大胆发言,而且要求他们说得更好。

四、反馈与强化调控技能的运用

 案例 8

"分数的意义"教学板书

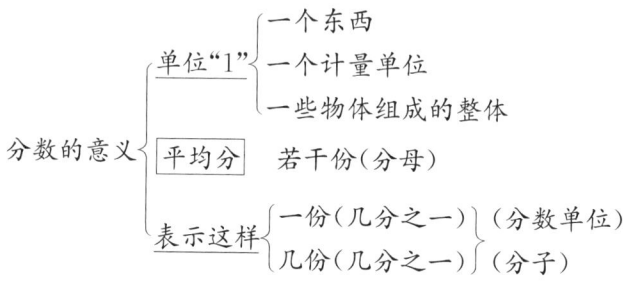

 **解 析**

教师在这里运用了符号强化技能。这则板书中加了标志符号:"▭""_____""(   )"。用"▭"强调重点"平均分"这一容易被忽视的关键词语,加深了学生对分数意义的理解。学生通过观察"▭"和"_____"上的词语,可以概括"把单位'1'平均分成若干份,表示这样的一份或几份的数叫做分数。"通过观察用"(   )"标志的词语结合板书中的其他词语,可以归纳出分数的分母表示把单位"1"平均分成多少份的数,分子表示多少份数,其中的一份是分数单位。

学生在课堂上举手时能表现出他们的心理活动，如：

含笑举手，眼神炯炯者——"不成问题！"（胸有成竹）

频频举手，目光祈求者——"快叫我答！"（急不可耐）

笑得娴静，不求发言者——"这题早会！"（隔岸观火）

手举又止，三心二意者——"答？没把握。"（举棋不定）

握手翻眼，随便举手者——"最好别点我。"（仓促上阵）

双唇微动，低头思考者——"演习一遍，求个把握。"（有备无患）

解 析

　　老师若想及时得到反馈，应提问"胸有成竹"或"急不可耐"的同学；如想寻找学生理解中的困惑，应让"举棋不定"或"仓促上阵"者回答；若提问的是"有备无患"的同学，则可以鼓励该同学的勇气。这样，能使教学行为有的放矢。

　　在教学中，教师注意观察学生的学习情绪及气氛是一个不可忽视的反馈渠道。若学生求知心切，乐于思考，这样的教学气氛有利于学习过程的展开；而学生情绪低落、神色漠然，教师就应该反思，是否深了？是否讲多了？从而不断调整教学程序，改变调控方式，达到提高教学效果的目的。

五、课堂上偶发事件调控技能的运用

借 题 发 挥

　　一位教师教"一位数乘两位数"这一课。教师正在组织学生复习表内乘法，突然，一只猫窜到窗户上蹲着，学生的注意力马上转移到这只猫身上去了。面对这一突发事件，教师没有立即去赶猫，也没有对学生加以指责，而是灵机一动，说"啊，多可爱的猫呀！同学们知道猫爱捉什么吗？"学生回答："猫爱捉老鼠。""对。如果1只这样的猫每天捉2只老鼠，3只这样的猫一天能捉多少只老鼠？""3只这样的猫1天能捉6只老鼠。""为什么？""2乘3得6。""5只这样的猫1天能捉多少只老鼠？为什么？""因为2乘以5得10，所以5只这样的猫1天能捉10只老鼠。""13只这样的猫1天能捉多少只老鼠？"学生试着回答，但又不知怎么算。教师说："大家不知道算，是不是？那就让这只猫去捉老鼠，我们来学习怎样算这样的题。"教师走到窗前轻轻地把猫赶到窗外，即转到讲台上写出算式：13×2。说："这样的乘法怎么算呢？这节课我们就一起来学习。"

解 析

　　如果这位老师面对这突发事件，立即去赶猫或是要求学生听课，是无论如何也难以把学生的注意力很快集中到学习上来的，甚至会影响到整堂课的学习气氛。这位老师巧妙地把这一突发事件的情境作为事实材料，编成数学问题，既照顾了学生的好奇心，又起到了复习旧知识的作用，一举两得。

冷 静 发 散

一位教师教"加减法的一些速算方法"这一课时,讲了小高斯肯动脑筋,用巧妙的方法很快地计算出1到100这些数的和的故事。故事刚讲完,突然,一个学生发出"喵喵喵"的学猫叫声,引得其他同学哄堂大笑。这时,教师表现为不惊奇,不追究,而是提出问题:"大家是不是觉得这个故事很有趣? 那么我们应该用怎样的方式来表达呢?"(学生鼓掌)"对,用鼓掌的方法比刚才那个同学的表达方式要好得多。那么,我们应不应该向小高斯学习呀?"……"下面我们来学习快速计算加减法的方法。"

 **解 析**

教师面对个别人的恶作剧采取了冷静地处理方式,巧妙地将学生的注意焦点从闹恶作剧的学生"发散"开来,转入了正常的教学活动。

六、课堂教学落实三维目标的调控技能

三维目标是指:"知识与技能"、"过程和方法"、"情感、态度、价值观"。新课标提出了上述三维一体的教学目标,体现了数学教学不能仅仅只是为了提高学生的基础知识和基本技能,而且要使学生在学习数学知识的过程中,获得基本的数学思想方法和应用技能;体会数学与人类社会生活的密切联系,体验数学的价值,加强对数学的了解,对学习数学产生浓厚的兴趣,从而树立学好数学的信心。

几 分 之 一

教师从学生秋游买的食品中:4个红苹果、2瓶矿泉水、1个西瓜导入新课。把1个西瓜平均分成2份,1份就是它的一半,这一半不能用以前学过的数表示,必须用一个新的数来表示,这就是1/2。

 **解 析**

4个红苹果、2瓶矿泉水都是同类事物组成的一个整体,这里把单个和多个事物同时作为学生的观察对象,显然在多重背景条件下来认识相类似的事物的共性比单一条件更符合认识规律,而且找准了"最近发展区",引发了认知冲突。因为知识的逻辑起点是整数,学生的现实起点是懂得了一半,当逻辑起点、现实起点与学习目标不同步时,认识才真正开始。

数学广角——搭配中的学问

教师先创设了"营养早餐"搭配的导入情境之后,接着用两件上衣和三件下装来探究共有几种不同穿法,教师引导同学们经历了如下由形象到抽象的过程:(1)学生用学具尝试搭配;(2)学生上台展示不同的穿法;(3)电脑展示不同的穿法;(4)用不同的形式表达不同的穿法,如:画图法、文字法、数字

法、计算法;(5) 小结搭配方法(看一件上衣与下装有几种搭配方法,再乘以几件上衣,或看一件下装与上衣有几种搭配方法,再乘以几件下装,不管哪种方法,都要做到按一定的次序搭配,这样就不会重复,又不会遗漏)。

 解析

教师通过多个教学层次,由表及里地通过操作演示、模型建构、小结方法,较好地实现了知识目标,又为能力目标的达成奠定了基础。

猜 一 猜

教师在第一阶段教学"不是 A,就是 B"的逻辑训练时,采用了一种层次性、结构性很强的教学策略:(1) 小主人聪聪在去动物园的路上,猜路的去向,猜路边花的颜色,猜门票;(2) 用手中的学具,学习用"不是……哪是"说一句话;(3) 用生活中的实例提一个"不是……哪是"的问题。(其中一个同学说了一个很有趣的问题:两轮车碰上一个钉子,不是前轮碰的,那是哪个轮子碰的?)

 **解析**

这里明显可分三个层次,通过猜路的去向等,感受这种逻辑判断;凭借手中学具学着判断;用生活中的例子"开放"地判断。由此可见,能力的发展只能在掌握知识的过程中获得,离开知识,能力就成了空中楼阁。发展能力必须结合知识体系有目的、有计划,有序列,有层次地由低级向高级逐步提高。

第三节 研究性练习

1. 分析案例"认识长方形、正方形、圆"
目标:学会分析案例中的课堂调控技能。
方式:阅读材料并回答后面的问题。

上课铃声响起,老师轻轻地走了进来。只见老师的衣服上贴着各种五颜六色的粘纸,有长方形的,正方形的,还有圆形的,构成了一道亮丽的风景。

"你们想不想和老师衣服上的这些图形交朋友啊?"

"想!"学生齐声回答。

"那你们知道它们叫什么名字吗?"老师试探。

"这是长方形,那是正方形,旁边的是……"没等这名学生说完,一些学生忍不住脱口而出:"还有圆形。"

"它们长什么样子呀?"

"长方形是长长的,正方形是方方的,圆是圆圆的。"学生在下面提示着正在回答的同学。

"说得真棒!"老师顺手从衣服上剥下一个"长方形"奖品贴在这位学生的额头,"今天你又有长

进了。"

"那它们住在什么地方呢?"老师又问。

学生面面相觑,不理解老师的意思。

"不要急,下面我们来做一个游戏,做完游戏你们就知道长方形、正方形和圆是从什么地方来的。"

老师指导学生拿出各种各样的长方体、正方体、圆柱体木块玩起了搭积木游戏。搭积木学生在幼儿园时经常玩,不过今天在玩之前老师提了一个要求:先要用手摸一下这些形体的每个面,然后再拼搭。

游戏很快就完成了,学生在相互欣赏各小组作品的同时思考着玩之前老师提出的要求,各小组自发讨论着,老师走下来倾听着,指点着,鼓励着。很快,就有学生发现了"新大陆":"老师,老师,正方形住在这儿呢。"她用手在正方体积木上比划着。"老师,对吗?"老师边点头边奖给她一个"正方形"。这下子,长方形、圆都被其他学生找到了。

"小朋友,你们想不想给这些新朋友拍一张照片呀?"老师又提出来一个新的建议。

"没照相机,怎么拍呀!"学生又有了困惑。

"你们有钢笔和白纸嘛。"老师提示学生。

学生拿着积木,铅笔和白纸,投入地探索着,尝试着。

终于,有学生找到了办法:把形体压在白纸上用铅笔沿边描下来。这正是书上提供的方法。

当然,老师衣服上又少了一个奖品。接着,老师组织学生用这种方法在白纸上描画出长方形、正方形和圆,然后剪下来。

老师又启发学生想到了用印泥、橡皮泥等方法印出长方形、正方形和圆。

后继活动内容是学生用橡皮筋在钉子围、用水彩笔在方格纸上画"自己想象中的长方形、正方形和圆",学生尽情地围着,画着。

在总结全课时,老师根据学生回答板书了课题"长方形、正方形、圆",刚要转过头来,一名男孩突然喊出"交朋友"。哗,学生满堂哄笑,这名男孩不好意思地伸了伸舌头,坐了下去。

老师怔了一怔,尔后用粉笔重重地把课题添加成了"和长方形、正方形、圆交朋友",并带头鼓起掌来,学生也跟着鼓起掌来,这名男孩得意起来,对大家做了个鬼脸。

思考:

(1) 以上案例中应用了哪些课堂调控技能?

(2) 你认为应用得好的是哪些? 不足之处是哪些?

(3) 疑问和没有解决的问题有哪些?

2. 试运用教学方法和教学媒体的变化,设计"工程问题"第一课时的教学过程。

3. 有一位教师在一次课中出了这样一题:

看图列式计算:

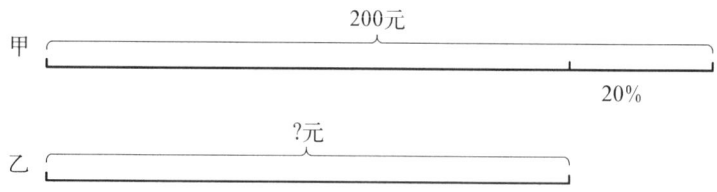

学生的解法有两种:

① 200÷(1+20%)

② 200×(1-20%)

列①式的学生认为,图中 20% 是指甲比乙多 20%;列②式的学生认为,图中 20% 是指乙比甲少20%。对此,这位教师也似乎不知所措,请你提出相应的调控措施。

4. 自选一教材内容,写出教案后进行教学实践,并对调控技能的运用情况作出评价。

第六章

教学评价技能

教学评价是整个教学工作的一个重要组成部分,教学评价技能所涉及的内容也很广泛,它不仅体现在对教师与学生的评价中,还体现在对具体的课堂教学过程、教学设计、教学手段、教学方法、教学内容等的评价。《小学数学课程标准》在基本理念中明确指出:"评价的主要目的是为了全面了解学生的数学学习历程,激励学生的学习和改进教师的教学;应建立评价目标多元、评价方法多样的评价体系。"下面我们先介绍教学评价技能的理论,在此基础上再讨论小学数学教学评价技能的相关内容。

第一节　教学评价技能概说

一、教学评价的概念

教学评价是指根据学科的教学目标和教学规范标准,通过课堂教学的形式,对教师的教和学生的学进行系统检测,评定教学效果与教学目标的实现程度,运用科学可行的方法作出相应的价值判断,以求改进的过程。

具体来说,教师教学的评价是对教师的素质、业务、职业道德等在课堂教学活动中的表现与作用以及在学生数学发展中其教学主导作用的成果。学生学习的评价主要包括以下几方面:

1. 学力评价:是指在数学学习中,对学生的数学知识、数学能力、数学技能等多方面达到的最高水平及其可持续发展水平与发挥、达到教学效果的评价。

2. 个性评价:又称人格评价。它包括学习数学的态度、兴趣、行为、情绪等。

3. 思维评价:我们对数学教学的评价,集中体现在对思维的全面性、思维的深刻性、思维的批判性、思维的灵活性、思维的敏捷性和思维的创造性的评价研究上。

二、教学评价的功能

(一) 导向功能

所谓导向功能,是指课堂教学上的指导意向作用,数学课堂教学的内容及其结果将随着评价的标准

而发生变化。如果评价以考试中的得分情况作为标准,必然会把数学教学导向教师循规蹈矩的教,学生死记硬背的学,结果造成学生的"高分低能",这与素质教育所要培养的人才是背道而驰的。当前21世纪,在现代教育观念下,我们必须建立科学的、能够推进数学教育朝向正方向发展的教学评价标准,不单纯地用学习成绩评价学生,充分发挥评价的导向功能,将数学教学导向到发展数学思维过程,让学生知其然,还要知其所以然;引导学生充分发挥主体作用,创造性解决数学以及其他学科遇到的有关数学思想、方法、概念等问题;为学生提供尽可能多的机会,使其通过数学学习,发展各方面的能力,提高综合素质,成为适应社会的新型人才。

(二)调控功能

所谓调控功能,是指调节与控制课堂教学的功能。通过评价不仅可以对教学目标和教学效果进行调节和控制,对学生的认知冲突、情感和动作技能的状况进行调控,还可以使教师认清自己的数学教学能力,看到成绩和不足,以便调整自己的努力方向,提高教学水平。调控功能是数学教学评价的价值的重要体现,直接决定着评价效果。因此,在课堂教学中占有重要的位置。

(三)激发功能

评价所实施的调控其目的在于激发教师教书育人的积极性和学生学习的热情。首先,需要指出教师教学的不足,要充分肯定教师教学的成功之处,还要指出改进教法的途径和方式,激发教师的责任感和事业心,从而有利于教师教学水平的不断提高;其次,学生热爱数学,积极主动探索新知是学好数学、实现数学教学目标的重要前提。数学课堂教学评价对学生的激发功能表现在以下两个方面:

1. 通过反馈信息的调节与控制,激发学生的内在动机,使学生明确学习目标,课堂上情绪饱满,求知欲望强烈,学习态度积极,课堂气氛融洽,师生关系和谐,从而获得最佳的教学效果。

2. 数学思维品质的培养是数学教学区别于其他学科教学的一个重要特点。课堂教学中设置能检测和激发学生学习数学的思维品质的目标,通过形成性评价要求学生主观能动地调节自己的思维方式,用思维的各种品质去建构数学问题,自己获得"问题的解决"。在这一过程中,不仅开拓了学生的思维,而且提高了数学能力,有利于数学素质的养成。

激发功能往往能使情感领域、思维领域的目标发挥其作用和优势。因此,课堂教学中应给以足够的重视。

(四)诊断功能

在现代教学观下,"诊断"这个医学术语被引入到课堂教学评价体系中后,其内涵发生了变化:诊断的作用不仅满足于对教学效果作出结论,还要对教学过程整体或对评价对象作出诊断,如对每一个学生在课堂教学过程中认知领域、情感领域、思维领域、动作技能领域作出诊断并通过诊断及时了解存在的问题和弊端,对症下药,进行补救与改善,使之达到数学教学目的的要求。因此,数学教学评价的诊断功能应视为课堂教学过程的组成,并与调控功能、激发功能相结合,有效地改善数学教学活动,调动师生教与学的积极性和主动性,提高数学教学的效率和质量,推动数学教育的发展。

(五)反思功能

所谓反思功能是指在教学评价中通过被评价者的主动参与而促进被评价者自我反思,从而更深刻地发现问题和更有效地改进活动,并在此过程中发展自己的自我反思能力。教学评价的反思功能在传统考试和教育测验中都没有得到重视,直到20世纪70年代以后,随着人们对评价的效用问题的日益强烈的关注,它才在教学评价研究和实践中受到重视。因此,现代教学评价强调被评价者的参与,认为参与评价通常会对学生产生不同程度的压力,有助于调动其内在动机,使其成为自学的内省与反思者,认真总结前期行为,并思考下一步计划;而随着反思性评价的日常化,个体可能会逐步建立良好的反思与总结习惯,而这对其一生的发展都是大有益处的。

（六）记录功能

这也是被传统教学评价所忽视而为当代教学评价所强调的评价功能。现代教学评价倡导评价方法和手段的多元化，尤其重视评价方法（如成长记录袋等），而且强调评价的日常化，所以，通过评价可以清晰、全面地记录下个体成长中的点点滴滴，为科学诊断和调整教学活动提供充分的具体的依据。

三、教学评价的原则

（一）方向性原则

各种内容的教学评价，其实质都是要对一定的教学目标的实现程度作出相应的价值判断。教学目标是教学评价的依据，而目标本身要体现为一定的方向。因此，教学评价必须具有一定的方向性。数学教学评价要以小学数学课程标准中的"教学目标"为依据，把评价学生通过数学教学其知识、智力、能力发展的情况和整体素质水平的高低作为制定标准的方向。

（二）科学性原则

数学教学评价要遵循数学教学的规律，符合教育学、心理学的基本原则和现代教学观念，要体现数学学科的特点，从客观实际出发，全面考虑制约数学教学与教学评价的各个要素。评价的方法与手段应是科学的；评价指标的设计要有利于学生知识的获得、能力的增长和思想品质的提高；评价的方法要根据评价目标和内容采用多种途径和方法。数学教学具有复杂性，课堂上学生通过学习数学所反映出来的数学思维品质、坚忍不拔的意志，对数学的情感态度等都是很难量度的。另外，学生间存在着个体差异，不能用绝对统一的标准去衡量。因此，在评价过程中，往往需要把定量评价与定性评价相结合，绝对评价与相对评价相结合，才能获得客观、科学的评价。

（三）全面性原则

数学教学是一个复杂的教育过程，有许多因素直接或间接地影响着教学效果，如教师专业素质的高低、教师的教学思想和教学态度、数学教学方法的运用，学生数学基础和课堂上的参与状态，学生的学习方法是否科学，学生的数学能力的强弱等。实施教学评价时，要从教学过程的各个环节深入分析以上诸因素对数学教学的影响，从而确定出全面、具体、客观的标准，保证评价的结论有较高的信度和效度，且具有可比性。

（四）可行性原则

数学教学评价指标既要符合新课程标准中教育目标的理论要求，又要切合实际，要广泛适用于数学教师、学生及数学教学中的各种实际情况；评价指标要明确具体；评价方法要易于操作。

四、教学评价的类型和标准

（一）评价的类型

按照不同的分类标准，教学评价可分成不同的类型。按评价的主体不同，教学评价可以分为自评与他评；按评价的对象不同，教学评价可以分为教师评价与学生评价；按评价功能不同，教学评价可以分为诊断性评价、形成性评价和总结性评价；按评价基准不同，教学评价可以分为绝对评价、相对评价和自身评价；按评价内容不同，教学评价可以分为过程评价和结果评价；按评价表达不同，教学评价可以分为定性评价和定量评价。

1. 自评与他评

自评也称自我评价，是指评价对象根据评价的原则与标准，对自己的教学行为和教学结果主动做出相对客观的、可信的、有效的判断。自评是一个连续不断的自我反思、自我教育、自我提高、自我激励的

过程。这种评价体现了民主的评价理念,但对评价者的自觉性、自主性要求颇高。

他评是指由教学管理者、教师、学生、家长共同参与的交互评价过程。他评可以使教育者从不同的渠道获得更为广泛、全面的意见。

自评、他评各有其长,因此,在具体的教学评价中,采取自评与他评相结合的方法,可以提高评价结果的客观性、可信性和有效性。

2. 教师评价和学生评价

教师作为教学活动的主导者,一直是教学评价的主体。然而,学生作为学习活动的主体,不仅能对自身的发展状况做出评价,而且能对影响自身发展的外部条件做出评价。这就要求教师给予学生参与评价的权利和机会,使之成为教学评价的主体之一,并且能够以一定的形式履行其职责。

3. 诊断性评价、形成性评价和终结性评价

(1)诊断性评价

进行诊断性评价是为了摸清教学的基础,使教学适合学习者的需要。教师在教学前对学生所进行的诊断性评价是使教学更有针对性,而不是给学生贴标签,根据诊断结果设计出一种可以排除学习障碍的教学方案。另外,通过诊断可以辨认出哪些学生已经掌握了过去所学的基本内容,哪些还没掌握,已达到了什么程度,设计出适合不同学生学习的教学计划。

在一门课程或一个新单元开始的时候,传统的做法是使所有的学生都从一个假设的“零点”一齐起步。也就是假定没有哪一个学生已经掌握了计划好的任何一项目标,但所有的学生都具有开始学习该课程或该单元的认知、情感和运动技能方面的先决条件。这种对教学背景相同性的假定是不可靠的。而诊断评价的一个重要功能,是辨别哪些是高出或低于零点的学生,这样就可以把他们分置在对他们最有益的教学程序中去。

在教学过程中所做的诊断评价,其主要作用是确定学生对教学目标掌握的程度,找出造成学习困难的原因。学习困难的出现,可能与教学目标制定的不适当,教学方法或教材的难度有关;如果这些都不是困难出现的原因,那么,教师就需要考虑学习上的困难是否可能涉及身体、情感、文化或环境影响等方面的原因。然后,教师针对具体情况加以指导,使教学得以顺利进行。

(2)形成性评价

形成性评价即过程评价,其主要目的是测定对某一具体学习任务掌握的程度,并指出还没掌握的那部分任务。也许,从反方面来描述会说得更加清楚一些,形成性评价的主要目的不是给学习者评定成绩或做证明,而是帮助学习者也帮助教师把注意力集中在达到掌握程度所必须具备的特定知识上,并从中发现潜在的实现目标的条件。

形成性评价概念的提出者斯克列文指出,一旦一门课程最终制订完毕,与之有关的各方均会拒绝或接受新课程所导致的重大变更。他的观点是形成性评价涉及在编制和试验一门新课程的期间,收集适当的证据作为今后该课程修改的基础。一般认为,形成性评价不仅对课程编制有用,而且对教学与学生的学习也是有用的。因此,形成性评价是在课程编制、教学和学习的过程中使用的系统性评价,以便对这三个过程中的任何一个过程加以改进。

在进行形成性评价时不评定等级,只找出不足的原因和所犯错误的类型,要尽量缩减那些判断性见解。只有对评价不带有必须要评出成绩和等级的倾向被评者才不至于害怕,而看做是一种帮助。为达到形成性评价的目的,往往要频繁地进行,每当一种新技能或新概念的教学初步完成时,就应进行形成性评价。在教学技能训练中所进行的评价就是形成性评价。形成性评价的显著特点就是只指出优点和不足,不评定成绩。

(3)终结性评价

一个学期、一门课程或一个学程结束的时候,都要进行评价,以便分等级鉴定、评价进步程度或对课程、学程以及教学计划的有效性进行研究,我们把这类评价称为终结性评价。在小学阶段,每隔四到六周就要进行以评定成绩为目的的教学评价。

终结性评价的目的,则是对整个教程或其中某个重要部分进行较为全面的评定,以评价学生对几种

新技能或新概念掌握的情况。然后把给学生评定的成绩报告给家长或学校的管理人员。

终结性评价的绝对必要的特点是注意测试题目的效度和信度。

在小学数学课堂教学常用的评价类型是诊断性评价和形成性评价,即在教学过程中对教和学的情况进行诊断和评价,以便随时获取反馈信息,调整教学方法和进度,使教学逐步完成教学目标所规定的各项教学任务。日常所进行的大多数评价的目的不是评定成绩和等级,而是提高课堂教学的质量和效率,使所有学生都能掌握学习内容。

4. 绝对评价、相对评价和自身评价

绝对评价是根据教学目标对教学设计的方案、教和学的成果所作的评价。

相对评价是对各个评价对象进行相互比较,确定各人的相对位置的评价。

自身评价是被评价者对自己的过去、现在或不同侧面作纵横比较,以确定自己的进步情况和各方面的能力的评价。

5. 过程评价和结果评价

过程评价是在教学过程中对达到教学目标的方法和手段的评价。

结果评价是对教学活动实施后的效果的评价。

6. 定性评价和定量评价

定性评价是对评价资料作"质"的分析,是运用分析和综合、比较和分类、归纳和演绎等逻辑方法,对所获得的信息作出定性描述和评价。

定量评价是对评价资料作"量"的分析,是运用统计分析、多元分析等数学方法,对所获得的数据和资料作出定量结论的评价。

(二) 评价标准的确定

对于教学质量的评价,既是对学生学习能力和学习成绩上的变化做出判断的过程,也是对教师的教学能力和效果做出判断的过程。因此,既要重视教学工作的终结性评价,更要重视形成性评价,以改进教学。在评价中标准的确定是一个根本问题,标准是目标的体现,从不同的方面反映目标,涉及构成教学系统的各个要素。评价标准的设计过程如下:

1. 分解要素

从系统的思想、整体的观念来看,课堂的质量结构是由多个要素所构成的,在制定评价的标准时,首先要对构成系统的要素进行层层分解,直到分解成可见可测的要素。这些可见可测的要素就是我们需要评价的指标。在因素分解时,为了保证评价指标的完整性,除了要注意那些表面上的可见因素外,也要注意那些看不见的潜在因素,并把这些潜在因素用可见方式来表述,以便于观察和评价。

2. 筛选要素

在分解出的众多因素中,有的能反映教学质量的本质,有的不能反映;有的相互矛盾;有的内涵一样,但表述形式不同;有的有因果关系,不能单独评价等。因此,要对分解出的指标各要素进行分析处理,把内涵相同的合并,把次要的、矛盾的、不能单独使用的删除。经过处理后,指标的条目精简、明确、集中,便于实施。提高指标的质量,以保证评价的有效性。

五、教学评价的实施

在新课程标准中对课堂教学评价的实施作了很具体的阐述:"评价的目的是全面考察学生的学习状况,激励学生的学习热情,促进学生的全面发展。评价也是教师反思和改进教学的有力手段。"

既要关注学生知识与技能的理解和掌握,更要关注他们的情感与态度的形成与发展;既要关注学生数学学习的结果,更要关注他们在学习过程中的变化和发展,这已成为新时期对学生数学学习的评价的新要求。评价的手段和形式应多样化,应以过程性评价为主。对评价结果的描述中,应采用鼓励性语言,发挥评价的激励作用。评价要因人而异,保护学生的自尊心和自信心。教师要善于利用评价所提供

的大量信息,适时调整和控制教学过程。

(一)注重对学生学习过程的评价

我国传统的课程评价受目标取向的评价影响很深,评价只关注结果,用结果作为课堂教学的导向,这种做法存在着很大的弊端,严重阻碍了课程改革的发展。课程标准针对该问题专门指出:"对学生数学学习的评价既要关注学生数学学习的结果,更要关注他们在学习过程中的变化和发展。"同时在每个学段的评价建议中都强调了要注重对学生数学学习过程的评价。但是,"注重对学生数学学习过程的评价"不能只停留在书面上、口头上,需要通过一个合适的载体将理念变为现实。学生成长记录袋评价法,正是在这种情况下应运而生的。

作为一种从实践中涌现出来的评价方法学生成长记录袋评价法已经在国外教育实践中使用十多年了,但是从教师们的使用情况来看,尚未能给它下一个确切的定义。一般认为,学生成长记录袋(或档案袋)是指用以显示有关学生学习成就或持续进步信息的一连串表现、作品、评价结果以及其他梯状和资料的汇集。而学生成长记录袋评价则是指通过对成长记录袋的制作过程和最终结果的分析而进行的对学生发展状况的评价。透过各种有关学生成长记录袋评价的理论和实践,我们可以发现它的几个共同的必要特点:

1. 学生成长记录袋内装的材料主体是学生作品,但同时也包括学生完成作品的过程描述或记录,学生本人或他人对作品的评价。

2. 学生成长记录袋中的材料是有意收集学生迈向课程目标的与成长和发展相关的材料,是与一定的教学目标相适应的。在这一点上,它与一般的档案袋有所区别。

3. 学生成长记录袋应提供给学生发表意见和对作品进行反省的机会。

4. 学生成长记录袋评价的主要目的是客观而形象地反映学生的进步、成就和问题,以增强学生的自信心,提高学生自我评价、自我反省的能力。

从其特点我们就能看出,学生成长记录袋记录了学生的成就、进步、努力、反省和最终发展水平,是一部浓缩了学生成长历程的纪录片。一个设计很好的学生成长记录袋,可以反映学生知识与技能的建构能力、思维能力和运用策略解决问题的能力。此外,学生成长记录袋的建设过程还可以反映学生的毅力、自我监控学习和自我反省的能力。因此,学生成长记录袋最大的优势就在于为教师提供了其他评价手段无法提供的很多有关学生学习过程与发展的重要信息,在师生共同参与建设成长记录袋的过程当中,使教育与评价有机地融为一体。

(二)重视对学生发现问题和解决问题能力的评价

学生的数学学习不能仅仅是掌握一些概念、原理,形成一定的技能,而必须经历观察、猜想、探索、验证、推理等过程,这样才能培养学生发现问题和解决问题的能力,这是社会变革对教育提出的要求。课程标准明确将"初步学会运用数学的思维方式去观察、分析现实社会,去解决日常生活中和其他学科学习中的问题,增强应用数学的意识"作为总体目标之一。为此,除了要改革学生的学习方式,在教学过程中培养学生这方面的能力外,课程评价也应当建立起配套的评价体系,以推动这方面的进程。

1. 观察法

课程标准指出:"对学生发现问题、解决问题的能力可以从以下方面进行考察:能否从现实生活中发现和提出问题;能否探索出解决问题的有效方法,并试图寻找其他方法;能否与他人合作;能否表达解决问题的过程,并尝试解释所得结果;是否具有回顾与分析解决问题过程的意识。"学生的学习过程,提供了他们在提出问题和解决问题方面大量的信息,为此,应设计观察表收集这方面的信息,教师可以根据学生在这些方面的表现给予定性评价。

2. 问题情境测验

除了对发现问题和解决问题的过程进行评价外,我们也可以通过测验对学生分析和解决问题的能力加以考察。现代认知心理学的研究表明,学生对知识的习得,与其所发生的情境有着密切的联系。可见,评价学生解决问题的能力,不能光以解决抽象数学问题的能力为参照,更主要的是要以学生解决真实生活中的真实问题或真实生活中的仿真问题为标准。因此,可以根据教学内容,结合社会实际和学生生活实际,创设出生动的问题情境,给解决的问题赋予意义,以便于提高评价学生分析问题和解决问题能力的信度与效度,同时也可起到引导学生关注生活的作用,实现课程标准所提出的总目标。

3. 表现性任务

学生在学校里表现出来的解题能力并不能与学生将来解决生活中问题的能力画上等号,因此应该打破时间和空间的限制,给学生提供一些真实的、挑战性的表现性任务让他们独立或以小组形式完成。表现性任务,意味着一个较为复杂、开放的问题情境,解决这样的任务需要提出假设、对数学情境作出解释、确定解题的方向和步骤,需要学生亲身经历调查、统计、决策等过程。表现性任务,不仅要求学生给出问题的解答结果,而且要求学生在完成任务中学会探索、合理使用各种方法、综合应用各种数学知识和技能。可见,完成表现性任务,既是培养学生,也是评价学生分析问题和解决问题的能力的一种很好的方式。

(三) 对学生基础知识和基本技能的理解和掌握评价要恰当

课程标准指出:"对基础知识和基本技能的评价,应以每一学段的知识和技能目标为基准。"也就是说,在学生学习了某一部分内容之后,并没有强求每一个学生都达到学段目标的要求,而是允许一部分学生经过一段时间的努力,随着知识与技能的积累逐步达到。我国过去一直把"纸笔测验"作为评价的唯一方式,在对学生基础知识与基本技能的评价上积累了较为丰富的经验,但同时也存在着诸多问题,有的甚至与新课程改革方向背道而驰,严重阻碍了课程改革的发展。因此,要恰当评价学生基础知识和基本技能的理解和掌握,就应当在深入分析"纸笔测验"的优势与缺陷的基础上,对之加以调整和修改,以与课程改革相适应,从而推动课程改革的进程。

1. 合理定位基础知识和基本技能

在大力推行素质教育之初,对"应试教育"的种种弊端进行了针砭,其中之一便是斥其眼中只有"基础知识与基本技能"。后来又提出教育应当将培养学生的创新精神和实践能力作为重点,重视学生自己建构知识的过程,对基础知识与基本技能的地位作了进一步的界定,再加上一些刊物对国外某教育部长不知"七八五十六"的数学常识不贬反褒的宣传,致使有些教师认为基础知识与基本技能已不再重要……这是一种错误的引申,是认识的一个误区。

中国和西方国家基础教育的差异、孰优孰劣,曾经是一个热门的讨论话题,其核心是教育价值的不同取向,基础知识和基本技能的定位问题是其中重要的一个方面。对此,用一个两种教育都经历了的旅美学者的话说:"中国和美国的基础教育合在一起,可能是世界上最好的基础教育。"现在中西基础教育的互相借鉴、互相融合,已经很好地回答了这个问题。由此可见,数学知识是培养学生数学素养、促进学生全面发展的一个载体,在学习的过程中,"知识既是目的,也是工具",任何科学的思维方法都不可能离开具体的知识而获得。因此,在对学生的数学素养进行评价时,一方面不能像过去那样以数学知识与数学技能的掌握情况为唯一标准,还应包括从数学的角度去观察分析世界的意识、思维的能力、运用数学的思想和方法去解决日常生活中的问题和其他学科中的问题的能力,及对数学的情感与态度等;另一方面也不能对基础知识与基本技能的掌握毫无要求,《基础教育课程改革纲要(试行)》中就明确指出要培养学生"具有终身学习的基础知识、基本技能和方法",数学课程标准中也说"对数学学习的评价要关注学生学习的结果,更要关注他们学习的过程",意将结果与过程辩证地统一起来,通过过程实现多元化目标。

2. 正确定位"纸笔测验"

由于现行考试制度存在严重问题,因此一说起纸笔测验,有人就敏感地想到纸笔测验的种种弊端,怕跟它扯上关系而背上"应试教育"之嫌。于是有些教研室就将质量监测权下放给学校,学校又将质量监测权下放给数学教师,由数学老师自己命题或选择试题、批改、分析统计,其间没有人进行监控。这种做法存在两个问题:第一,且不说质量监测的必要性问题,素质教育力求使学生得到"全面发展",但"全

面发展"本身就包含了掌握必要的基础知识与基本技能,在全世界的基础教育当中,这是东亚基础教育的优势,现正被西方基础教育研究与借鉴;第二,纸笔测验既有负面影响,也有积极意义,上述做法无疑忽略了考试的多重功能,是"将婴儿与洗澡水一起倒掉"的做法。因此,在深刻反思以往考试制度所存在的问题基础之上,在新课程理念指导下,正确发挥纸笔测验的功能,加大"考什么"、"怎样考"和"怎样处理考试结果"的研究,反而可以充分利用纸笔测验的导向作用,引导数学朝着新课程理念所指引的方向健康地发展。

3. 改革纸笔测验

(1) 从纸笔测验的"选拔"功能中走出来,发挥它诊断、改进和激励的作用

从控制论的观点看,教师在教学过程中需要通过考试得到学生学习状况的反馈,从中分析学生学习存在的问题和教师教学自身存在的问题,从而调整、修正、改进自己的教学,提高教学的效益。同时这种反馈,对学生也有反省和激励作用。由此可见,纸笔测验除选拔功能外,还具有诊断、改进、激励等多重功能。但过去的考试制度过分强调了它的甄别与选拔功能,往往只是把测验成绩公布出来,对学生个体在群体当中的相对位置作出判断,注重的是学生之间的横向比较,从而带来考试的诸多弊端。所以,改革和完善考试制度,就应当削弱纸笔测验的"选拔"功能,发挥纸笔测验的诊断、改进和激励作用,注重学生的发展进程,重点放在纵向评价,强调学生个体过去与现在的比较,着重于学生成绩和素质的增值,而不是简单地分等排队,使学生真正感受到自己的进步,体验到学习的乐趣。

(2) 纸笔测验内容的设计要体现新的质量和人才观

纸笔测验,只是评价的一个方面,但它客观上发挥着指挥棒的作用。因此,"考什么"就显得尤为重要,一定要以课程标准为依据,以课程改革理念为方向,使考题所导之向与之相符。

首先,对测验内容要有"深度理解"。

① 把握好测验内容的教育价值。大众数学提倡"人人学有价值的数学",教材编写遵循这个原则,我们在设置考试内容时也应该遵循于此。数学的教育价值,体现在"数学知识(包括数学事实与数学活动经验)与自然及人类社会的密切联系"上,体现在"用数学的思想与方法去解决日常生活中和其他学科学习中的问题"上,尤其是后者,在生活和学习中更具有普遍意义。因此设置内容时应该把握好这个方向,根据情况合理设计。而在以前的命题中,考核的几乎全是"数学事实",且有过之而无不及,鲜有对学生掌握数学思想与方法的考核。

② 把握好测验内容的正确性。被乘数和乘数的顺序问题,曾经困扰着教师和学生,浪费了师生很多的时间,目前这一问题已经得以解决。但在学习了除法的初步认识这一部分内容后,检查学生对除法意义掌握的情况时,便有一道每考必有的"经典题"常常搞得教师和学生焦头烂额。

其次,测验内容设计要注意体现生活性、情境性、开放性。

传统测验中那种从数学体系出发而人为编出来的数学问题,如水管注水问题、行程中的相遇问题等,缺乏与真实生活的相似性,学生通过这种测验所反映出来的结果,对他们未来在真实生活中的表现很少有预见价值。因此,测验内容设计要注意体现生活性、情境性、开放性,我们可利用传统数学问题为我们提供的数学模型,在新课程理念的指导下对其进行一定的改造,就能变成我们所需要的问题。

最后,用检测信度和效度衡量测验内容。

(四) 评价方式要多样化

课程标准提出:"评价的手段和形式应多样化,应以过程评价为主。"这是顺应时代发展的需要,并在深刻剖析"纸笔测验"作为评价唯一标准所导致的种种弊端基础上提出的。

1. "纸笔测验"的弊端

有这样一种观点,认为评价学生对基础知识和基本技能的掌握情况,"纸笔测验"是一种很公平、很有效的方式。诚然,"纸笔测验"在对学生基础知识和基本技能的检测上的确有很好的效度,但凭此将"纸笔测验"的成绩作为评判学生的唯一标准、作为选拔学生的唯一方式却不仅不公平,而且还将出现很多问题。

其一,学生之间存在很大的差异,有些学生在正规的测验中由于焦虑导致不能正常发挥他们的数学能力;有些学生的思维方式属于"深思型",思考问题的速度往往比"冲动型"慢,但对问题的解答可能更完善、更全面,而"纸笔测验"有限的时间限制了他们很好的发挥。从这个意义上讲,"纸笔测验"评价学生对基础知识和基本技能的掌握情况也并非完全公平。

第二,传统的智商(IQ)理论和皮亚杰的认知发展理论都认为,智力是以语言能力和数理-逻辑能力为核心的、以整合方式存在的一种能力。近十几年来,西方不少心理学家在批评上述两种理论的基础上提出了人不仅具有多种智力,而且人的多种智力都与具体的认知领域或知识范畴紧密相关而独立存在的观点。其中最具代表性、最有影响力的是美国哈佛大学教授、发展心理学家加德纳(Howard Gadner)提出的"多元智力理论"(multiple intelligences)。在他的多元智力框架中相对独立地存在着七种智力:言语-语言智力、音乐-节奏智力、逻辑-数理智力、视觉-空间智力、身体-动觉智力、自知-自省智力和交往-交流智力。多元智力理论在西方教育改革的理论和实践中产生了广泛的积极影响,并且已经成为当前教育改革的重要理论基础之一。对于我国的教育改革,多元智力理论同样具有重要的指导意义,尤其是在树立灵活多样的教育评价观上。

通过以上分析可以知道,"纸笔测验"致命的缺陷是它并不能完整地评价人的所有能力、智慧、学识和情意。而过去一直把"纸笔测验"的成绩用以甄别学生的优劣,作为选拔学生的唯一评价标准,显然,这"一卷定终身"的做法存在很大的不科学性。当教育还处在一个信息流通缓慢、知识普遍缺乏的较低阶段,用纸笔考试来选拔人才,有其科学价值和意义。在信息时代,教育发展到关注学生综合运用知识与技能,创造性地解决生活中的真实问题的能力,关注到学生的创新能力、实践能力、合作与交流能力等高度综合的心智技能,关注到情感、态度、价值观等非学业素质的测评,此时,即使是多种试卷组合的纸笔考试也难以符合素质教育评价需求。事实上,从古至今,没有一份试卷能考出所有学生各自的长处、能正确预测学生未来发展的可能性。

所以从素质教育的要求看,应当清醒地认识到传统的"纸笔测验"方法已经面临着素质教育评价要求和崭新的教育模式的严峻挑战。在辩证地看待"纸笔测验"诊断、改进和激励功能的基础上,还应当丰富评价的方式,以适应社会变革对教育提出的新要求。

2. 几种常见评价方式

教师在具体实施时应当结合年级并根据不同的需要,灵活变通地使用,以使对学生的评价更全面、真实、科学。

(1)课堂观察

对学生在数学学习过程中表现出的好奇心、能力、情感、态度进行观察、记录、对照评价目标进行评价的方法。除了要遵循观察要有明确的目的、制订观察计划和提纲等一般要求外,教师对学生学习表现的观察应注意下述要点:一是要在自然真实的状态下进行,尽量不让被观察者所察觉;二是要有重点,观察的内容与目的相一致;三是尽量克服主观因素的干扰,认真做好记录。

传统课程评价只注意"输入"和"输出"两点,只报"结果"不报"过程",是一种"暗箱式"的评价。现代课程评价理念倡导过程性评价和发展性评价,"课堂观察"评价法能很好地了解学生的学习情况,反映学生的学习过程,是对"纸笔测验"评价法的一种很好的补充。教师在实施时也可以根据需要,结合学生成长记录袋,关注学生突出的一两个方面。

(2)作业法

作业法是指为了评价学生的科学方法与能力,由教师设计一项作业任务,从学生完成该作业的质量,判断其科学方法与能力的水平的一种评价方法。学生收集资料的能力、观察与推理的能力、分析与综合的能力、比较与归纳的能力以及对常用数学方法的领悟、掌握状况和运用水平等都可以采用作业法进行评价。采用作业法的关键是要有好的作业设计,即作业不仅能反映出学生该方面的方法与能力,而且便于评价者观察记录,在一些关键点上能区分出评价对象的水平高低。因此,要事先设计好作业中的观察点与记录方式。在观察过程中只作记录,不作评价,等全部观察记录完成之后,再作汇总分析。

（3）二次评价

如上所述,考试的功能不仅仅在于"甄别和选拔",在新课程理念的指引下,还应当充分发挥其促进和激励作用。二次评价法就是实现这一理念的有效方式。对此,课程标准中已作了详细的阐述:"应当强调的是,学段目标是本学段结束时学生应达到的目标,应允许一部分学生经过一段时间的努力,随着数学知识与技能的积累逐步达到应达到的目标。"对此,教师可以选择推迟作出判断的方法。如果学生自己对某次测验的答卷觉得不满意,教师可以鼓励学生提出申请,并允许他们重新解答。当学生通过努力改正原答卷中的错误后,教师可以就学生的第二次答卷给予评价,给出鼓励性的评语。这种"推迟判断"淡化了评价的甄别功能,突出反映了学生的纵向发展。特别是对于学习有困难的学生而言,这种"推迟判断"能让他们看到自己的进步,感受到获得成功的喜悦,从而激发新的学习动力。

（4）评定量表法

评定量表法是教师根据学生在某一活动中的表现,直接对其结果做出评定的一种评价方法。主要用于过程与方法及情感、态度和价值观发展状态的评定。这种评定可以是描述性的,也可以使用程度、等级或数值,分别称为定性量表、程度量表、等级量表和等值量表。

除了以上几种外,结合学生的年龄特点,还可以采用学生成长记录袋、操作、课后访谈、实践活动等方式进行评价。但无论哪一种评价方式,都有自己的优势与局限,评价时应结合评价内容与学生学习的特点进行合理组合。同时,将通过多种渠道、各种评价方式收集回来的信息加以综合,以形成对学生整体性的评价,在全面和科学的基础上实现课程评价的多重功能。

第二节　教学评价技能案例解析

以往对学生数学学习的评价主要集中在学生是否能记住一个概念的定义;能否举出一个正确的例子;能否在相近概念中找出符合条件的概念等方面。对数学技能掌握的评价则主要是考查学生对知识运用的熟练程度,如数值计算的速度如何？是否掌握多种运算技巧等。这些传统的评价内容只能导致学生去死记硬背大量的概念、公式、法则等,再机械地套用,极不利于培养学生的创新意识和数学素质的全面发展。而在现代教学观下,尤其是新一轮课程的改革中,明确提出了对学生数学学习的评价既要关注学生知识与技能的理解和掌握,还要关注学生问题解决能力的评价,更要关注他们情感态度的形成和发展,要以促进学生的全面发展为根本;强调学生个体差异的评价,倡导评价方法的多元化……这些新理念必须被广大教师和学生所接受,并创造性地付诸于教学实践,才能保证数学知识学习的有效实施。下面就给大家解析几个案例。这些案例中的做法不一定就是最佳的做法,但却是在探索小学数学教师课堂教学中评价技能方面做出的有益尝试。希望这些案例能引发大家更多的思考和创造。

一、发现问题解决问题能力的评价

学生的数学学习不能仅仅是掌握一些概念、原理,形成一定的技能,而必须经历观察、猜想、探索、验证、推理等过程,这样才能培养学生发现问题和解决问题的能力,这是社会变革对教育提出的要求。课程标准明确将"初步学会运用数学的思维方式去观察、分析现实社会,去解决日常生活中和其他学科学习中的问题,增强应用数学的意识"作为总体目标之一。为此,除了要改革学生的学习方式,在教学过程中培养学生这方面的能力外,课程评价也应当建立起配套的评价体系,以推动这方面的进程。

传统做法

让学生做一道应用题:小明在商店里用6角9分钱买了一件小玩具,他给营业员1元钱,应该找回多少钱?(也可以将上述问题的情境以真钞代替,然后问每个学生,营业员找的钱是否正确。)

较为真实做法:将学生配对分组,并用真钞和分角色扮演上述情境。

表现性任务:带领学生到商店(或"开设"一家玩具店),让每个学生用真钞买(或卖)一件玩具,体会真实购物的整个交易过程。

游乐园一张门票2元钱,三(1)班有同学48人,一共需要花多少钱?

考虑到数学问题要生活化和情境化,修改为:

6月1日,三(1)班48位同学准备和班主任王老师到游乐园去欢庆自己的节日。游乐园一张门票2元钱,他们一共需要花多少钱?

考虑到数学问题应有真实性和挑战性,修改为:

6月1日,三(1)班48位同学准备和班主任王老师到游乐园去欢庆自己的节日。买票时他们看到游乐园对团体购票有优惠,原来每人每张票2元钱,现在购一张15元的团体票就可以让10人进去。他们最少需要花多少钱?

考虑到数学问题应具有开放性和层次性,尽量让有差异的学生都能够不同层次地参与完成,最后确定为:

6月1日,三(1)班48位同学准备和班主任王老师到游乐园去欢庆自己的节日。买票时他们看到游乐园对团体购票有优惠,原来每人每张票2元钱,现在购一张15元的团体票就可以让10人进去。如果请你去买票,你准备怎么买?说说你买票的方法,并请计算出你一共需要花多少钱。

解析

上面对问题的调整是必要的。"他们最少需要花多少钱?"指向于寻求最佳的方案,对部分学生而言是勉为其难;而调整为"如果请你去买票,你准备怎么买?说说你买票的方法,并请计算出你一共需要花多少钱",就使学生都能够参与进去,再加上方案的多样性,在交流方案时学生的创造性也可以同时得到展示。

团体票 (张数)	散票 (张数)	购 票 方 法	所 需 用 钱
4	8		$15 \times 4 + 2 \times 8 = 76$(元)
5	0	买5张团体票,放弃再进2人的权利	$15 \times 5 = 75$(元)
5	0	买5张团体票,再邀请2名游人免费进去	$15 \times 5 = 75$(元)
5	0	买5张团体票,将再进2人的权利以每人1元5角转让给两名游人	$15 \times 5 - 3 = 72$(元)
5	0	买5张团体票,将再进2人的权利以每人2元转让给两名游人	$15 \times 5 - 4 = 71$(元)

经过这样加工而成的开放性问题,就非常贴近学生的生活,很自然地就将学生置于一个真实或非常仿真的问题情境中。学生成为"故事的主角",就能有效地调动学生的学习积极性,促进其思维的发展,学生分析问题和解决问题的能力也能从中得到很好的反馈。

学习"比和比例"知识后,给学生设计的开放性任务

调查一下,交警叔叔是根据什么设计十字路口红绿灯东西走向和南北走向的等待时间的。请在你们家附近选择一个还没有安红绿灯的十字路口,通过调查统计帮交警叔叔设计一个不同方向等待时间的方案,并作好用语言和图解释你的方案的准备。

 **解 析**

学生要完成这个任务,需要明确不同方向等待的时间是由各自方向的车流量,需要利用按比例分配的知识,同时还要考虑行人、自行车等实际问题。这个任务的完成过程,不仅能比较真实地反映学生分析问题和解决问题的能力,而且对于学生将来而言,也具有非常大的实际意义。

课程标准指出:"对学生发现问题、解决问题的能力可以从以下方面进行考察:能否从现实生活中发现和提出问题;能否探索出解决问题的有效方法,并试图寻找其他方法;能否与他人合作;能否表达解决问题的过程,并尝试解释所得结果;是否具有回顾与分析解决问题过程的意识。"学生的学习过程,提供了他们在提出问题和解决问题方面大量的信息,为此,应设计观察表收集这方面的信息,教师可以根据学生在这些方面的表现给予定性评价。

观察项目		因　素	1	2	3	说　明
发现问题		从数学的角度去观察分析现实生活的意识				1＝很少 2＝一般
		从现实生活中发现和提出问题				
解决问题	策略	掌握解决问题的一些基本策略				1＝很少 2＝一般 3＝多
		善于用不同的方法解决问题				
		反思与评价解决问题的过程				
	实施	做事有计划、有步骤				1＝不足 2＝一般 3＝强
		解决问题的过程清楚				
		动手实践能力				
	合作与交流	积极听取别人的意见				1＝很少 2＝一般 3＝能
		能有条理地表达自己的意见				

说明:根据学生课堂学习时表现的行为特质程度选择适当的数字。

对学生发现问题解决问题的评价除了通过上面的方法收集信息之外,还可以将"学生成长记录袋"反馈的信息、家长的反馈意见加以综合,从而对学生发现问题、解决问题的能力作出一个相对科学、全面的评价。

二、知识与技能的纸笔测验

纸笔测验,只是评价的一个方面,但它客观上发挥着指挥棒的作用。因此,"考什么"就显得尤为重要,一定要以课程标准为依据,以课程改革理念为方向,使考题所导之向与之相符。

1. 把握好测验内容的教育价值。大众数学提倡"人人学有价值的数学",教材编写遵循这个原则,我们在设置考试内容时也应该遵循于此。数学的教育价值,体现在"数学知识(包括数学事实与数学活动经验)与自然及人类社会的密切联系"上,体现在"用数学的思想与方法去解决日常生活中和其他学科学习中的问题"上,尤其是后者,在生活和学习中更具有普遍意义。因此设置内容时应该把握好这个方向,根据情况合理设计。而在以前的命题中,考核的几乎全是"数学事实",且有过之而无不及,鲜有对学生掌握数学思想与方法的考核。

平面图形的面积计算公式的运用

测验时有顺着考的,如知道长、宽求长方形的面积;还有倒着考的,如知道梯形的面积、高、上底,反过来让求下底的。后面这种,生活中罕见这样的数学原形,学生恐怕一生都不会用上这个公式,这纯粹是为追求数学体系的完美而考,是完全没有必要的。这一章节在面积公式的推导过程中蕴含的转换的数学思想、旋转和平移的数学方法,在学生以后的学习和工作中都经常用到,设置内容时就应当融入进去,以突出这部分内容的教育价值,引起师生的共同关注,但在考试中却很少涉及。试例如下:

李叔叔在为村上测量土地时遇到一个难题:一个长方形的果园(如下图)长是 60 米,宽是 30 米,一条弯弯的宽 2 米的小河将这个长方形分成两块不规则的图形,这个果园的实际面积有多大呢? 请你想个办法帮帮李叔叔。

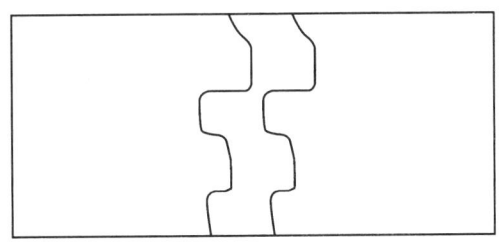

2. 把握好测验内容的正确性。被乘数和乘数的顺序问题,曾经困扰着教师和学生,浪费了师生很多的时间,目前这一问题已经得以解决。但在学习了除法的初步认识这一部分内容后,检查学生对除法意义掌握的情况时,便有一道每考必有的"经典题"常常搞得教师和学生焦头烂额。如案例 5。

除法算式 12÷4＝3 表示几种意思

解 析

标准答案是:表示把 12 平均分成 4 份,每份是 3;也表示 12 里面有 3 个 4;还表示 12 是 4 的 3 倍。如若学生将"4"和"3"弄颠倒了,比如答成了"12 里面有 4 个 3"、"12 是 3 的 4 倍",就视为错误答案。可怜教师为使学生"做对"这道题,从除法意义的角度"循循善诱",用学具演示,到最后无奈地"引导学生找出答案的规律"让学生死记硬背,最终仍有学生"执迷不悟"地弄颠倒了。其一,知道"12 里面有 4 个 3",即可推知"12 里面有 3 个 4",二者之间完全可以互相转化;其二,"倍"实际上是人们为方便地表述数与数之间大小关系而创设的一个概念,12 里面有 3 个 4,那么 12 就是 4 的 3 倍,"标准答案"中第三种表示法与第二种实质上是一样的,都属于"包含分"的范畴,凭空多出第三种表示,剥离知识之间的本质关系是不严密不科学的。

3. 对测验内容要衡量其检测信度和效度。

学习周长后,考查学生对周长概念是否掌握。

以往对学生掌握数学知识的情况作检测时,常将概念、计算法则作为考试内容。因此上例可出这样一道填空题目:

围成一个图形的(　　　　　　)边长的(　　　　　　),叫做这个图形的周长。

**解析**

　　这道题,看似抓住了周长概念的重点——"所有"与"总和",但并不意味着学生对周长概念的实质理解和掌握了。因此,可以这样出题:

　　给出一个不规则图形各个边的长度,让学生求出该图形的周长。

　　这样学生对周长概念掌握与否便一目了然,其鉴别度更强。

4. 测验内容要注重培养学生的问题意识。新课程理念倡导"孩子发现问题比解决问题更重要"。因此,在新课程改革实验中,我们的教师从孩子进校门的第一天就开始引导孩子发现身边的问题,培养问题意识。在期末评价中,将此项能力也作为评价学生的一项内容。

小学三年级数学试题一例:根据商店里干果的价格,你能提出哪些问题?

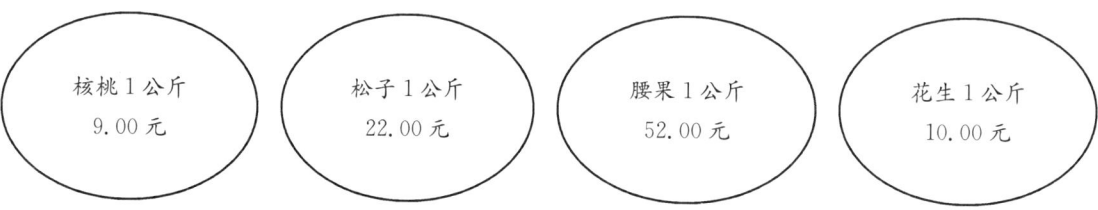

核桃1公斤
9.00元　　　松子1公斤
22.00元　　　腰果1公斤
52.00元　　　花生1公斤
10.00元

(1) 请你提出一个一步解答的问题。

(2) 请你提出一个两步解答的问题。

(3) 从以上价格表中还可以看出什么问题?

三、非智力因素的评价

　　在教育部颁布的《基础教育课程改革纲要》中明确指出:"建立促进学生全面发展的评价体系。评价不仅要关注学生的学业成绩,而且要发现和发展学生多方面的潜能……帮助学生认识自我,建立自信。"这一评价理念说明:情感、态度、价值观等非智力因素方面也应成为学生评价的内容,并且受到同等的重视。学生在课堂活动中表现出来的兴趣、好奇心、投入程度、合作态度、意志、毅力品质和探索精神等,是决定其在知识、技能、能力等方面的学习水平高低的重要因素。因此,关注学生的非智力因素的评价,有效地提高学生的数学素质,进一步激励学生主动、健康、全面和谐地发展,对于"应试教育"向"素质教育"过渡的今天,有着十分重要的作用。

　　非智力因素的评价内容主要体现在以下几个方面:

(一) 学生的学习兴趣

兴趣是最好的老师。良好的兴趣可以转化为学习的动力。具体表现为课堂上,学生是否将注意力集中到数学概念、公式、法则等的学习内容中;对数学问题的解决是否感到兴奋愉悦;对数学思想方法及思维方式是否感兴趣;是否有进一步学习的愿望等。

(二) 学生的交往状态

课堂上同学间、教师间、教材间是否保持多边、丰富多样的信息联系与信息反馈;学生是否善于与同学主动自觉地合作,倾听理解别人的发言,与同伴间建立良好的合作关系;与老师间是否形成互相尊重、互相理解、互相平等的师生关系。

(三) 学生的情绪状态

课堂上学生是否能随着教学氛围的变化而出现适度的紧张感和愉悦感,能否自我控制与调节情感,自我激励。

(四) 学生的意志品质

数学是一门锻炼人的意志毅力,培养良好的思维品质和心理素质的最优学科。数学课堂教学中尤其要重视这方面的评价。具体表现为学生对某一数学问题的钻研能否持之以恒,对问题的解决是否充满信心;对待困难、挫折的处理能力等。除了以上四个方面外,还要关注学生的辩证唯物主义世界观,审美能力,严谨细致的学习习惯等方面的评价。

案例 8

学生在课堂上主体性行为表现的行为量表

项目权重 / 表现	等级	A等	B等	C等	评价结果
学习态度	0.4	积极主动发言,回答问题次数多,善于质疑,乐于表现自己	不提问,跟着教师或同学的问题思考,较少举手发言	从不主动提问,主动思考,极少发言,对问题不感兴趣	
交往状态	0.2	主动与同伴共同探讨问题,虚心听取意见,不自私,乐于助人,尊重老师和同学	较少与同伴合作,能接受同学或老师的意见与要求	从不与同学探究问题,不接受意见或建议,表现为漠不关心	
情绪状态	0.15	注意力稳定,自制力强,不易受干扰,张弛有度,善于调控自己的情绪	有一定的自制力,不能抵制较强的诱惑和干扰,调整情绪时间较长	极易受干扰,难以自我约束,过于兴奋或过于低沉	
意志品质	0.15	有毅力不怕困难挫折,不达目的不罢休	遇到困难会动摇,经鼓励督促才能坚持	没有毅力,怕困难	
其他	0.1				
总分					

量表操作说明:

一般地,将 A 等赋值 95 分,B 等赋值 75 分,C 等赋值 50 分。

(1) 每个项目所得的等级分乘以相应的权重所得的分数就是该项目的量化得分;

(2) 将各个项目的量化得分相加,就得到该学生在这节课中非智力因素测评的总分。

小学数学学生成长记录目录(一天学习情况记录目录)

姓名:	日期:

今天数学课的课题:
所涉及的重要数学概念:
理解得最好的地方:
不明白或还需要进一步理解的地方:
自己特有的解题方法:
提出的有挑战性的问题:
印象最深的一种(几种)数学思想方法:
所学的内容能否应用在日常生活中,举例说明:
明天上数学课要注意的地方:

四、课堂教学的口头评价

口头评价是当前我国新课程改革所提出的评价理念中给予高度重视的一个问题,在小学数学教学中具有特殊的意义。口头评价是贯穿于教学中的一种即时的、情景性的评价,是小学数学教学评价的重要手段。口头评价的直接性、快捷性、情景性为情感感染提供了有效途径。

课堂中的几种现象

现象1　一节小学三年级的数学课,内容为"角的初步认识"。

师:"黑板上这个图形有几个角?"

生:"两个角。"

师(极度热情地):"这个小朋友回答得真好,我们表扬他。"

于是学生就举起双手,跷起大拇指,转身对受表扬的同学喊上一句:"表扬他,顶呱呱!"课堂上这样的声音此起彼伏,调皮的学生也故意挤眉弄眼,自我表演一番。教师对学生的回答要么用"好"、"真好"、"不错"等一概笼统的肯定;要么用"你说错了,请坐下"……

现象2　教师在临下课时安排了这样一个练习:今天老师带来了12个果冻奖励给大家,但要先回答老师的一个问题。谁答对了就奖给谁。接着老师拿出了2个果冻,问:"这里的2个果冻占原来12个果冻的几分之几?"老师的问题刚说出来,马上就有学生举手回答,有一个学生站起来说"2/12"。老师肯定了他的答案后又对全班同学说:"你们甘心这两个果冻就这样让他拿去吗? 有没有哪一个同学想个办法与他一争?"在教师的鼓励下,又有一名同学站起来回答"是2/6。"教师很失望地说:"怎么会是2/6呢? 看来这两个果冻只能奖给前一个同学了。"说着将这两个果冻奖给了第一个同学。

现象3　小学六年级数学课,内容为《正比例和反比例》。

师:王师傅从家到工厂,骑自行车的速度和所需的时间成什么比例?

生1:成反比例!(这是教师预想中的标准答案。)

生2:不一定成反比例! 因为从家到工厂也许有很多条路可以走,如果走一条远路,即使自行车的速度很快,也需要花很长时间,如果抄近路,即使速度比走弯路慢,所用的时间也可能比走弯路少。

师:数学中哪有那么多的"如果"? 不要异想天开了。家到工厂路程一定,行车速度和所需时间一定成反比例。(这时,下面有位调皮的男生轻声附和:"对,他脑袋进水了!"教室里爆发出一阵哄堂大笑,那位发言的男同学难过地哭起来。)

解析

上面的案例中教师的评价语言单一、僵化，语言单调、重复、低效，不能对学生产生足够的影响。这种以教师为主体的口头评价过于单一，忽视学生的参与与主体性的发挥。教师要善于"抛绣球"，将评价的自主权还给学生，既让学生认真倾听别人的发言，学会运用口头评价语言，又学会欣赏别人，学会做人。当学生回答错误时，教师可说：你认为他的回答如何？你有更好的看法吗？让学生来评价，避免生硬简单的判断伤害学生的自尊心，扑灭学生的思维火花。此外，教师要善于从学生的反馈信息中敏锐地捕捉到其中的闪光点，并创造性地实施口头评价，物化为如送一个智慧星，奖励一句名言等，尽可能不断变换表达方式，语气要诚恳，要用充满爱心和智慧的语言去熏陶、感染学生，让学生沐浴在教师富有个性的评价中。

老师在黑板上画一个圆，分别让幼儿园、小学、中学、大学的学生来说一说，黑板上画的是什么？结果是耐人寻味的。幼儿园的小朋友在很短的时间内，可以说出苹果、烧饼、太阳、面盆、月亮等20多个答案；小学生先是没有人说，后来在教师的启发下，才敢于展开想象；高中生则说是圆，是零；大学生则说可能是一个圆。

解析

求异思维是人与生俱来的天然禀赋，是人生下来能够适应各种环境的天然保障。难道越大的学生其想象力就一定不敌幼儿园的小朋友吗？显然事实并非如此，问题的重要根源是学生在长期的传统教育环境中学习，面对这样一个突如其来的问题，因为揣摩不出教师期望的答案，所以不敢贸然回答，不想当众出丑。在心理上，他们已经习惯了接受教师的答案，不去想教师的"标准答案"以外的答案。

课堂教学口头评价语选例

一、质疑时的评价

（一）表扬

1. 你的这个问题差点把全班同学都难倒，希望今后能多听到这样高水平的问题。

2. 你能提出这样的问题，说明你已经比别人更早地学习这个知识了，这很好。

3. 你提的问题很有研究价值，说说你是怎么想到的？

4. 你这个问题，老师都没想到，真是好样的！

5. 你的问题正是老师想问的，我们想到一块了。

6. 这么有创新的问题，你是怎么想的？

7. 这个问题值得大家来思考。

8. 你提的问题,老师还没想到呢,真了不起!

9. 你能大胆提出自己不懂的地方,具有科学家的探索精神,老师喜欢你!

10. 你提的问题正是我们这节课要解决的重要问题,你提得很准。

11. 发明创造就是从发现问题开始的,今天你已迈出了创造的步伐。

（二）鼓励

1. 发现问题比解决问题更难,会提问题的同学就是爱动脑子的同学。

2. 你能提出这样的问题,说明你已经进步了。

3. 再想想,怎样问得恰当?

4. 再试试看,你一定能提出比刚才更好的问题。

5. 你很会动脑筋,可是你提的问题还应再琢磨一下。

6. 你的猜想真了不起,假如能把猜想和探索与实践紧密结合,那就更棒了。

7. 现在你会提问,老师相信你以后会变得乐于提问、善于提问。

（三）否定

1. 能大胆地提出问题,其实就是一个良好的开端。

2. 你提的问题虽然比较简单,但也是经过自己思考的。

二、发言时的评价

（一）表扬

1. 你的发言简直让人刮目相看,太精彩了!

2. 你的想法很独特,了不起。

3. 你很有自己独特的见解。

4. OK!

5. 他(她)的发言很精彩,大家不想表示一下吗?

6. (即兴鼓掌)你的发言得到同学们的认可!(跷起大拇指。)

7. 你真像个小老师,说得头头是道。

8. 太棒了!你能再让大家欣赏一次吗?

9. 你的思路新颖流畅,启发了老师和小朋友。

10. 今天,你的想法让老师大吃一惊。

11. 你说得非常好,让老师都佩服。

12. 你值得班里每一个小朋友学习!

13. 我为你感到骄傲!

14. 你真厉害!(竖起大拇指。)

15. 你这么能干,告诉我们,你是怎么学会的?

16. 这样分析确实高人一筹。

17. 棒!这是最有独创的见解。

18. 回答问题又响亮又正确,大家要向你学习。

19. 真棒!

20. 你的解法很简单,给所有小朋友提供方便!

21. 你的回答打动了老师和每一个同学,能让我们再欣赏一次吗?

22. 你今天出色的表现让老师非常的惊喜,相信明天的你会更出色。

23. 能从多个角度来阐明你的观点,真棒!

24. 你的发言娓娓道来,让人听了耳目一新。

（二）鼓励

1. 大胆些,当你举起小手时,你已经挺了不起,如果能大声地说出你的想法,那就更了不起。

2. 如果你能把这个想法说得连贯些,那就更好了。

3. 你一天比一天进步,要对自己有信心!

4. 没关系,让老师帮助你,你们再来试试看。

5. 马上就要成功了,你再仔细想一想!

6. 能否让全班小朋友都听到你优美而生动的发言?

7. 如果能让小朋友一下子就明白你的意思,就更好!

8. 明天的数学课老师看到的肯定是一个全新的你们!

9. 如果你能换一个角度思考,没准算法会更简便!

10. 你很有潜力,只要能发挥你的优势,每天都有新的收获。

11. 你能大胆举手,这就是一大进步!

12. 你今天说话声音很响亮,如果能说得更简洁就更好了。

13. 能经常看到你高高举起的小手吗?

14. 你的想法很独特,我们一起来试试。

(三) 否定

1. 你已经离成功很近了,再坐下想想好吗?

2. 你的勇气,我很佩服! 如果在发言前,多问几个为什么,或多想几个方案,那就更好了。

3. 噢,这个问题你再考虑一下。

4. 老师发现你特聪明,如果你上课认真听,你定是班里最棒的!

5. 请你认真听同学的发言好吗? 学会倾听同学的发言是一种品质,养成这种品质你将会受益终身。

三、作业评价

(一) 表扬

1. 批改你的作业,就如同在享受。

2. 你的字真漂亮。

3. 你的作业正确率很高,老师为有你这样的学生而骄傲。

4. 你今天的作业真棒,希望以后都这样。

5. 作业如你人,漂亮!

6. 为什么你的作业做得这么好? 因为你认真。

7. 老师真希望每次批改作业时都能看到像你一样的整洁美观又准确的作业。

8. 这是老师今天批改到的最美的作业。

9. 此题解答很有创意。

10. OK!

11. 批改了你的作业,老师心情愉快,谢谢你!

12. 你的口才让老师佩服,如果能在你的作业上把思维过程展示出来,就更出色了!

13. 看到你的字,老师就仿佛看到一个顶天立地的男子汉。

14. 你的口算速度真快,可以和电脑比高下了。

15. 你的认真负责使你享受到了成功的快乐。

(二) 鼓励

1. 在批改你的作业时,老师多么希望能看到更多的"星星"在闪烁呀!

2. 从你的作业中看出,你的知识掌握得不错,如果你的字写得更漂亮些,那就更棒了。

3. 老师相信你一定能做好,试试看。

4. 同学们都觉得你作业进步很多,你一定会做得更好,是不是?

5. 你的字越写越美,继续努力。

6. 老师看到你的作业本上笑脸多了,哭脸少了,真高兴。

7. 做学习的小主人,认真做作业,行吗?

（三）否定

1. 上课只要能参与到课堂中来,那点作业对你来说肯定不在话下。

2. 你的作业能及时完成吗?

3. 你虽然错了几道题,但是你做作业的态度非常好。

4. 你下次不会这么粗心了,对不对?

5. 能改掉粗心的毛病吗?

6. 为什么做得不好? 能找找原因吗?

7. 你需要老师帮忙吗?

8. 不怕做错题,就怕不订正。

9. 希望你能和时间赛跑,做时间的小主人。

10. 老师看你的作业,眼睛会累吗,你一直是很体谅老师的,你说该怎么呢?

11. 你能踏踏实实地完成作业吗?

12. 今天与昨天比,你的作业进步了吗?

13. 希望你能与粗心告别,与细心交朋友!

四、小组合作

（一）表扬

1. 这个小组合作得非常好,既快又好。

2. 你们小组真棒! 既分工明确,又善于合作。

3. 这个小组合作得很好,每位同学都能为解决问题献计献策。

4. 你们都在积极参与了,真棒!

5. 你们小组的想法很独特,别的小组没想到的解法,你们小组却想到了。

6. 你们小组的同学很有责任感,能大胆地说出自己的想法。

7. 你们小组的合作方法值得学习。

8. 有了你们这样一群合作小伙伴,就没有难解决的事。

9. 你是小组中的核心,有了你,你们这组的讨论就特别生动。

10. 第×小组的同学团结协作,出色地完成了任务。

11. 集体的力量大于一切,你们已经证明了。

（二）鼓励

1. 集体的智慧不可低估,只要你肯投入进去,你就有所收获。

2. 你们分工很明确,但能不能合作得好些?

3. 小组合作时,你听得认真,看得仔细,能否自己也发表见解呢?

4. 分工具体恰当,如果能把各个想法有序地组织起来,就更妙了。

5. 组员之间要分工合作,这样才能发挥小组的优势呀!

6. 如果你们能分工明确,那会合作得更顺利。

7. 合作为什么未成功,能好好反思一下吗?

8. 能接纳别人见解的小组,才是最有合作精神的小组。

五、动手操作

（一）表扬

1. 真是双能工巧手。

2. 你的动手能力很强。

3. 你的操作很规范。

4. 棒极了,你能向大家介绍一下吗?

5. 你拥有了一双巧手,恭喜你!

6. 你的手真巧,摆得又对又快,而且还很美。

7. 你真是个爱动脑筋的孩子,能做出这么有新意的东西。

8. 你制作的图形既准确又美观,老师真的很佩服你。

9. 你的设计别具一格,很有创意。

10. 你是一个小能人。

11. 你在动手操作时态度非常认真。

12. 老师发现了一个动作特别快的同学,你们想向他取经吗?

13. 正是有了认真的实践,才有了智慧的火花。

(二)鼓励

1. 别着急,老师相信你能行!

2. 你的作品很有创意,如果能再精细些,那就更好了。

3. 只要你动手、动脑,你的作品定会让人惊叹不已。

4. 时间就是知识,动手操作要注意速度。

5. 你的心灵手巧是大家公认的,今天你能再露一手吗?

6. 你的作品马上就要成功了,加油!

(三)否定

1. 别灰心,失败了不重要,重要的是能找出失败的原因。

2. 这次没做好不要泄气,下次重新再来。

3. 你为什么没做好? 找找原因。

4. 很多知识都是手上"玩"出来的,操作的时候请主动参与好吗?

5. 你有一个聪明的大脑,只要你踏踏实实地实践,肯定会取得丰硕的成果。

第三节 研究性练习

1. 辨别题

(1)在课堂教学中,有一个不被大家留意却又不可小视的规矩,那就是上课发言的"举手"和"起立"。你认为需要改变吗? 为什么?

(2)有人认为命题时只要能体现本册教材的知识点和基本技能就是一份好卷子,你认为这种说法正确吗? 为什么?

提示:不正确。基础性是中小学教育最重要的最本质的属性。从"人的发展"的角度,我们要多方位地、较全面地构筑"基础"的框架。小学数学学科的"基础性"应包含知识与技能基础、过程与方法基础以及情感、态度、价值观基础。

(3)有人说:"数学课上教师适时适度地对学生进行思想品德教育是不务正业。"你认为这种说法对吗? 请你试着从教学目标定位的角度谈谈你的看法。

提示:这种想法是不对的。要点是在教学目标的设定上,我们应该由以往的"单纯追求知识目标,以学生掌握数学知识为教学的最终目的"转向"以知识技能为基础,重视培养学生的应用意识和发现问题、解决问题的能力以及学生对数学的态度、情感、价值观"的全面发展。在小学数学课堂教学中,我们既需要关注教学内容上的要求,促使学生达成知识上的掌握,同样也需要关注教学的情感、意志等方面的要求,促使学生达成情感的有益变化和意志水平的提升。

(4)让学生建立成长记录袋,会不会加重学生的负担? 你有什么建议?

2. 请你以现代教学理念为指导,设计一份学生"成长记录目录"

参考:小学数学学生成长记录目录(一天学习情况记录目录)。

(1)今天学习的内容

(2) 认真听讲程度

(3) 小组讨论参与度

(4) 新知掌握程度

(5) 能否将今天的知识应用于实际

(6) 新知拓展

(7) 明天上数学课要注意什么

3. 请你以现代教学评价理念为指导结合新学期备课自选恰当的教学内容设计一份课堂小测验题

参考：10 张 1 元新纸币叠起来大约厚 1 毫米。

(1) 估计一下,1 亿张 1 元新纸币叠起来的高度和世界第一高峰珠穆朗玛峰(高 8 844 米)相比,哪个更高？

(2) 计算一下,1 亿张 1 元新纸币叠起来的高度,然后检测一下自己的估计正确吗？

(3) 说说你的感受。

说明：这是一道小学数学试题。第(1)题是"估计",第(2)题是"计算",结果是唯一的。考查的是学生的基础知识和基本能力。第(3)题"说说你的感受"是开放的。学生的"感受"丰富多彩,有对估计准确的兴奋;有对估计失误的惊讶;有对积少成多、积小为大的感慨……这种开放性题目,将数理技能和人文素养很好地结合在一起对学生进行考查,是值得提倡的。这种考试命题对教学产生了很强的导向作用,在数学教学中,许多教师也开始重视让学生"说说你的感受",真正将知识、技能、过程、方法、情感和态度融入了学生的学习过程,落实了新课程的理念。

4. 观点论述

阅读下面案例,结合对算法多样化的理解谈谈你的看法。

课堂上,经过老师的精心"引导",出现了多样化的算法,老师花了将近半节课的时间进行了展示(还分别用动画课件进行演示)：

(1) $23-1-1-1-1-1-1-1-1=15$;

(2) $23-3=20,20-5=15$;

(3) $23-10=13,13+2=15$;

(4) $13-8=5,10+5=15$;

(5) $10-8=2,13+2=15$;

(6) $23-13=10,10+5=15$;

(7) $23-5=18,18-3=15$;……

5. 案例分析

(1) 请结合自己的教学实际,谈谈你对以下两位教师小结课堂教学的看法。

在一节数学课末的小结中,两位执教老师的设计分别如下：

① 王教师："今天,我们学的是什么内容？""你们学会了吗？""你们学得开心吗？"

② 施老师："你有哪些新的收获？""还有哪些问题？""你是用哪些方法学会这些知识的？"

(2) 目前考试评价中出现一类开放式试题,例如：调查"长方体商品的包装方式",研究"怎样包装更节省材料";调查"酱油的价钱与灌装容积",研究"买哪种比较合算";调查"墙地砖的形状",研究"为什么一般只做成这几种形状";调查研究"看电视时间与患近视眼的关系";调查研究"'的'、'地'、'得'的使用率……"结合实际情况,分析开放性考试评价有哪些优点？

提示：让学生走出考场,给予充分的时间,在一个命题的引领下,或一个特定的环境中,查找资料、思考问题、经历研究、解决问题……教师不仅可以对学生的考核结果进行评价,还可以通过观察、交谈或答辩,对学生在整个过程中的情感、态度以及表现出来的能力、才华进行评价。这种考试评价就是开放式考试评价。开放式考试评价弥补了封闭式闭卷考试无法对学生进行形成性评价的缺憾,对导向学生学习方式的转变,促进学生的可持续发展,是非常重要的。

第七章

教学研究技能

　　教学研究是运用科学的方法,有目的、有计划地对教学问题进行探索,以发现教学规律寻求解决问题有效途径的实践活动。教学研究技能是以教学研究理论和方法的掌握为基础,在对教学过程中建立起来的系列行为方式。它是需要经过教学研究的诸项训练与模拟操作,以及实践锻炼过程才能逐渐形成的。在师范生中进行教学研究技能训练,为未来造就一支具有较高的教学研究能力与科研能力的学者型的教师队伍,是构建21世纪富有中国特色的教育体系,加快基础教育课程改革的一个重要措施。因此,加强对师范生教学研究技能的训练是十分必要的,其作用是多方面的:有利于解决教学实践中迫切需要解决的问题;有利于帮助教师提升自身专业素养;有利于促进教学质量的提高;有利于促进教学改革的深入发展;有利于教育科学理论的发展和完善。教学研究技能主要包括:说课技能、听评课技能、常用教育文书写作技能。

第一节　说　课　技　能

一、说课技能概说

　　说课是近20年中小学常用的教学研究方式。1987年6月,河南省新乡市红旗区教研室在教坛新秀的评选时最早使用了这种方式,并冠之以"说课"这个称谓。由于说课省时省力,能促进教师专业发展等优势而被迅速"炒热"、传播,并在中国教育教学研究领域牢牢地确立起自己的地位。

(一)说课的概念

　　说课是教师以先进的教育教学理念及课程标准为指导,以教材为凭借,在充分备课的基础上,面对其他教师、学校领导及教研员,讲述自己对教材的理解、教学的设计及其理论根据,然后由听说者进行讨论、评说,以达到相互交流教学经验与体会,促进教师专业发展的目的。说课是一种有计划、有目的、有组织的教研方式和师资培训方式。

　　说课、备课和上课是相互关联的三个概念,但不是同一概念。备课和说课有紧密的内在联系,备课是说课的基础和条件,说课前,教师必须进行充分的备课。没有备课作基础,或者说不作认真的备课,说

课无法进行,也不可能取得成功。但是说课和备课区别较大,至少有三点不同:其一,备课重在教师行为的外化,写教案只要求写出"教什么"、"怎样教";说课不仅要求说出教学内容的具体安排,还要着重说清这些行为的内在支持,即"这样做"的理论根据,使听者既知其然,又知其所以然。其二,备课的对象是学生,其教案使用者为教师,因此,要把教学过程一步一步写清楚;说课的对象是教师、领导和教研人员,因此,有关教学程序的具体内容不必作详细介绍,只要听者听清"怎样教"即可,而对"为什么这样教"则要作有理有据的陈述、论证、说明。其三,备课以教师个体活动为主,靠自己独立思考,独立准备教学条件,自主拟定教案;说课是群体行为,述说者用口语表述备课的思维过程后,听评者要展开群体研讨和论辩。说课和上课的不同点则更为明显。严格地说,说课也是上课前的准备,变个体备课为群体备课。通过说课,使教学设计更完美,更具科学性、针对性,更有创新。反之,通过上课,验证说课的可靠性、实效性,促进说课的发展。

(二)说课的艺术追求

说课是一件很难的事。说课一般限定在10分钟左右。说课者要在这么短的时间里,既要把说课内容呈现出来,又不使说课走样,体现说课的自身价值,就必须讲究说课的操作艺术。

说课具有艺术的特征:说课要求教师具有高超的技艺、技能,要求教师对教材做再创造,要求教师运用有声语言、肢体语言,配以其他手段,形象化地表达特定的教学内容和教师情意。因此,说课具有艺术追求的可能性与必要性。

说课要注意真实而准确。真而准是上课的第一要义,也是说课的第一要义。说课者应是笃学的人,快乐而勤奋地学习教学理论、教学经验和教学方法,努力使说课内容真实而准确。说课要讲究口头说功。说课说课,就是要"说"起来。如果说课者把说课材料写成教案,那不是说课,而是"备课";如果说课者只是照本宣科去朗读说课稿,那不是说课,而是"读课";如果说课者把说课稿一字不漏地背诵下来,那不是说课,而是"背课";如果说课者一味地把听说者当作学生去模拟式地上课,那不是说课而是"讲课"。说课一定在"说"上下工夫。说的方法很多,无论怎么说,都要按预定说课稿的思路去说,要把住"说"的"煞把",不可信马由缰。说课的对象是同事、上级或专职研究人员。他们不是学生,却要站在学生角度去听你"说",去审视你说的一字一句是否能为学生接受,能使学生乐学、会学、学出高效。所以,说课人要置身于听众思维与学生思维的交汇处,站在备课与讲课的临界点去变换说位,拟写"说案",研究"说法"。

说课要追求鲜活独创。说课重理性,贵在独创,贵在鲜活。如果不去创新设计,墨守成规,刻板僵化,让说课成了千人一面、千篇一律的图腾,说课可能抽象,干巴,毫无生气,很不耐听,就没有活力可言。说课时间极有限,说"度"很难把握。太详太繁,时间不允许,听众也会生出厌恶心理;过简过略,基本内容说不完,精彩部分无法展示,说课效果大打折扣。说课人要在不违反说课原则的前提下,发挥自己的特长,扩大创造的空间,实现说课艺术化。说课的艺术体现在,说课者要努力说出特色,说出层次,使说课张弛适度,变化有理,处理得法,呈现新奇,理直而不枯燥,鲜活而不落俗。这就要动脑筋去做创新思考:说"法"要新,不平铺直叙,讲究艺术,力求有吸引人的力量;结构要新,跌宕起伏,有波有澜,透出"曲线美";手段要新,以口语为主,兼顾行为语言,适当地借助辅助手段和现代技术,使三者合理结合,有机搭配;气质要新,稳中透活,张扬个性,给人以底蕴厚重、胸有成竹、八面威风之感,能使听说者感受到说课者的艺术美感与魅力。

(三)说课语言的艺术锤炼

在说课内容定好后,一定要研究语言的使用艺术。说课中使用的语言有4类。

1. 独白性语言

说课主要采用独白方式。说课人把其他人作为自己的听众,在近10分钟的时间里,一个人在台上独自对他们表达自己的思想,介绍自己设计的教学思路。其他人在台下听,不作言语应答配合,不插嘴、不干扰、不指点、不提示。所以,说课人要花主要精力研究独白的艺术。说课者的独白必须条理清晰,要用沉稳而突出的语调说每个板块的标题,再一层一层地表白内容。陈述的内容要简明,语言要流畅,不能啰里啰嗦,吭吭哧哧,有习惯性语病和偶发性语病。说理论分析部分,尽量平缓,说准说清关键词句。说课中的独白最忌一个腔调地念稿或背稿,一定要用高低升降、错落有致的语调讲述说课的重点和关键处。声音也要讲究,过高则刺耳,过低则听不清,其音量以听说者均听清楚为宜,这就要估量说课现场的范围大小,听课人的多少,凭经验去调节。

2. 模拟性语言

说课时,要恰当使用专业语言,如行业语、专业术语。为使听课者更直观地感受教学设想与环节情景,说课教师可作必要的模拟、描述。比如,模拟生动诱人的导语、简洁激越的结束语、发人深省的提问语等。这时,要绘声绘色,似乎说课现场就是课堂,自己正在给学生讲课。这样的语言与独白性语言相配合,使说课有时激情奔放,有时含情脉脉,有时舒缓稳重,有时幽默诙谐,进而强化了说课的效果。使用模拟性语言要恰当,确是必要之时,又确实是精彩片断,才可使用。模拟性语言不可用多用滥,有的教师喜欢用这种模拟性语言,一次说课,用去一半或三分之二时间,使说课成了一次"假想的演习",让人倒胃口。一般地说,模拟性语言不能超过说课总量的三分之一。

3. 朗读性语言

在说课中,教师介绍重点词语、中心语段或其他相关内容时,要使用朗读性语言。朗读语言是语文、英语或其他学科教师经常使用的语言。正确、流畅、有感情地朗读,不仅可以传达作品的内容,还可以表达、体验作者的情感、神态,再现课文描述的情景。说课时,恰当地穿插使用朗读语言,能较好地向听说课者展现意境,阐释设计意图。

4. 体态性语言

体态语言又叫身势语言、态势语言、人体语言、动作语言,它是一种特殊的非语言的视觉符号系统,指说话人具有表义作用的动作、表情、姿态。说课时使用体态性语言,既能辅助有声语言以增强表达效果,有时还能代替有声语言表情达意。说课时运用体态语言要格外讲究,频繁使用,给人不稳重、矫揉造作之感;一点不用或很少使用,又给人感觉太紧张、太木然,也缺少成功感的自我激励。要适度地运用,又要讲究运用的技巧。

体态语言一般分为表情语言、举势语言、姿态语言、副体态语言,其中最重要的是表情语言。表情语言在人的交际中占有很重要的地位,心理学家曾推出交际效果公式:信息总效果=7%的书面语+38%的声音+55%的表情语言。在表情中首要的是目光的使用。目光通常停留在听话人的面部,不宜去看其他部位,特别是面对异性,更要审慎。由于面对多人听说,说课人目光不宜只面向一侧,或只停留在一个人身上,更不宜只注意观察听说者的表情,以猜度他人对自己的反应。说课人要与听说者建立视线接触,用自然的目光调动听说者的注意力和情绪。说课人充分利用"笑",能给说课现场创造轻松、愉快的情境,给自己带来自信和好的心境,但不能眉飞色舞,更不能手舞足蹈,要使用微笑。微笑是一种掩笑,笑而不露齿。使用微笑要依说课具体情况而定,内容较严肃、悲壮就不宜使用。举势语言有头势和手势两类。说课者在使用头势语言时要注意变化的角度,切忌单调。手势语言要与有声语言相配合,辅助有声语言的表达。在姿态上,说课者多用站姿,做到抬头挺胸,站稳站正。副体态语言,指说课人的着装打扮。教师应知道一些包装的基本知识,从教师这一特殊角色出发,研究服装款式、发型、饰物的风格、视觉感受及观者的心理感受。比如,发型不要太新潮,饰物简洁一些,点到为止,女教师上衣领口不能太低,裙子不能超短,鞋跟不可太高等。

(四) 说课的要求

1. 说教材,即阐述教者对数学教材的理解和分析

着重以下几个方面:教材的作用和地位;教材的编排思路和结构特点;教学的重点和难点;教学目标。只有教者对教材理解深刻到位,才能制定较为完满的教学方案,为数学课堂教学的改进提供前提条件。

(1) 阐述教学内容的地位、作用和意义。要讲清课时教学内容在节、单元、年级乃至整个全套教材

中的地位、作用和意义,而不是孤立地看待某课时教学内容。这是由数学教学环环相扣,具有严密的逻辑性和序列性所决定的。

(2) 提出本课时的具体明确的教学目标。教学目标是课时备课中所规划的课时结束时要实现的教学结果。课时目标越明确、越具体,反映教者的备课认识越充分,教法的设计安排越合理。说课中要注意避免千篇一律地提出"通过教学,使学生能正确××"一类的套话,要从识记、理解、掌握、应用四个层次上分析教学目标。课时目标制定中还要提出思维能力和非智力因素方面的培养目标。

(3) 分析教材的编排思路、结构特点以及重点、难点。这就要求对教材内容作知识点分析。说课中要说说本课教学内容包含哪些知识点,教例是如何展示、表达教学内容的,教材叙述语言与例题怎么搭配,按什么顺序展开的,例题与习题的分布类型,其中的重点、难点内容是什么。

2. 说教法、学法,即叙述课堂教学中教师进行教学所主要采取的教学方式和引导学生学习数学所采用的主要方式

说教法:阐述教者进行教学主要采取的教学方法。这是改进课堂教学体现教师的主导和学生的主体作用的重要方面。常见的教法有目标教学法、尝试教学法、发现教学法、阅读自学法、小组议论法、教授法、引导练习法、谈话法、启发式教学法;说学法:阐述教者引导学生学习所采用的主要方法。如在学习环节上,指导如何预习,如何看书,如何解题,如何复习等。在解题过程中指导学生如何提高联想能力,如何提高分析能力、综合能力,如何提高转化能力,如何提高迁移能力,如何提高创设条件能力。

比如,教学思路和策略,可以选择××教学的方法,如发现教学的方法、阅读自学的方法、组织小组讨论交流的方法等。数学信息和感知材料的呈现上,可以选择设计题组呈现或一题多变的方法,投影、录音的方法,教具模型演示的方法,思维活动中可以选择安排由实例到抽象的方法,从个别到一般的概括方法,由此及彼的类此推理方法,比较对照、区别异同的方法等。在指导学法方面,可以选用指导学生阅读数学教材的方法,组织学生有次序、有重点地观察的方法,分析数量关系综合和分析的方法,安排学生操作、演示的方法等。教法学法是一个笼统的概念,细加分析,不一而同,各课时要因材因时而异。叙述教法和学法,要注意坚持使教法学法有利于突出教材重点、突破难点,符合学生认识规律和年龄特征,不是为了翻花样,追求形式。

3. 说教学程序,即阐述教者对教材的安排和教学的先后顺序

要说出整节课的教学安排,先干什么后干什么,特别重视教学环节、次序,不仅说出如此这般安排,更重要的是说出为什么要这样安排,要让别人接受、信服。

教学程序是否合理、符合认知规律,也是课堂是否优化的改进途径之一。数学说课中的教学程序有点近乎教案上的教学过程安排。二者的区别在于:(1) 目的作用不同。教案是写给自己看的,说课是介绍给同行听的;(2) 详细、繁简不同。在教案中教学过程自己能清楚的可不必都写出来,而说课中不谈清楚,别人不一定都了解;(3) 表达重点不同。教案上重视具体教学内容安排,而说课介绍重视教学环节的次序和方式;(4) 内容构成不同。备课只要写出是什么,说课不但要说什么,还要说说为什么,让别人接受信服。

4. 说练习作业的安排和板书设计

练习作业是课堂教学中必不可少的活动,有如工业经营中的"产后服务"。说课就要谈谈是如何安排练习作业的,比如从内容上围绕重点,巩固新知;从层次上逐层深化,拾级而上;从形式上注意变换,方式交替;从数量上,适度、适量、紧凑而可以完成等。板书是教学内容的浓缩和集中反映,板书要醒目、突出、合理、有序,具有内在合理性。时间的安排要有利于双基的教学,重点的突出和难点的突破,要让人体察到教者板书安排的"序",这就有必要在说课中予以陈述。当然有时有的数学课的板书,并不都显得十分重要和突出也可不必说了。

一般数学课说课材料都可从这四个方面去准备,但也不是面面俱到,眉毛胡子一把抓,总是有详有略,有的部分突出一些,多说几句。

附

说课评价表

项目	内容	标　　准	分　数
说课讲稿70分	教材分析	1. 能联系课程标准、教参分析(2分),准确、具体地说出教学内容、编排意图、前后联系和练习安排(3分)。	5分
		2. 能准确、具体、恰当地说出教学要求、重点、难点和关键(9分),并能说出其根据(6分)。	15分
	学情分析	3. 能运用教育理论分析学情。	2分
		4. 对学生的双基、知识与技能、过程与方法、情感与态度的分析具体、恰当。	3分
	教法设想	5. 能说出以哪一种教法为主,哪两、三种教法为辅。	1分
		6. 教法设想符合教材特点和学生实际,科学合理。	2分
		7. 能说出其根据。	2分
	学法指导	8. 能说出指导哪一种学法为主,哪两、三种学法为辅。	1分
		9. 学法指导明确、具体,紧扣教法,符合学情。	2分
		10. 能说出其根据。	2分
	教学过程	11. 紧扣教学要求,设计合理,内容正确。	10分
		12. 能抓住关键,突出重点,突破难点。	5分
		13. 能体现教法改革与学法指导。	5分
		14. 能说出主要作法、设问及练习的根据。	10分
	板书设计	15. 内容精当,思路清晰,布局合理,美观大方。	3分
		16. 能说出其根据。	2分
说课展示30分	脱稿	17. 能脱稿讲述,不读讲稿,也不背讲稿。	10分
	语言	18. 普通话准确、流利。	5分
		19. 讲述清楚、生动、形象。	5分
	表情	20. 神态自然,举止得体。	3分
	节奏	21. 快慢适度,停顿恰当。	3分
	调控	22. 能根据说课现场实际,调整节奏,增删内容。	4分

(五) 说课的评价

实施说课评价,要做到三个结合:

一是定性与定量相结合。评说课教师根据评价量标的内容和听说课的印象,写出评语,作出定性的说明,再结合评价量标各项的权重,打出分数。

二是评价与研究相结合。评价教师说课水平的高低,指出教师说课的优缺点,是说课评价的重要任务。研究如何说好课,掌握说课的规律,是提高教师素质的重要措施。把评价与研究结合起来,有利于正确评价教师说课质量,改进说课方法,提高教师素质。

三是说课与讲课结合。说课评价,主要评价教师对教材、学情的分析是否深透,设计是否合理,根据是否充分,却无法检验这些认识和设计的正确性。讲课,则是进行检验的有效措施。说课与讲课相结合,能使评价者对该课题的说课有比较客观、深刻的认识,作出比较准确的评价。

做到三个结合,能够促使我们把说课评价工作做得更好。

二、说课技能案例解析

"教"立足于"学"
——一个数除以小数教学设计

一、教学理念

教师的教学方案必须建立在学生的基础之上。新课程标准指出,"数学课程不仅要考虑教学自身的特点,更应遵循学生学习数学的心理规律,强调从学生已有的生活经验出发……数学教学活动必须建立在学生的认知发展水平和已有知识经验基础之上。"

笔者认为教学中成功的关键在于:教师的"教"立足于学生的"学"。

1. 从学生的思维实际出发,激发探索知识的愿望,不同发展阶段的学生在认知水平、认知风格和发展趋势上存在差异,处于同一阶段的不同学生在认知水平、认知风格和发展趋势上也存在着差异。人的智力结构是多元的,有的人善于形象思维,有的人长于计算,有的人擅长逻辑思维,这就是学生的实际。教学要越贴近学生的实际,就越需要学生自己来探索知识,包括发现问题,分析、解决问题。在引导学生感受算理与算法的过程中,放手让学生尝试,让学生主动、积极地参与到新知识的形成过程中,并适时调动学生大胆说出自己的方法,然后让学生自己去比较方法的正确与否,简单与否。这样学生对算理与算法用自己的思维方式,既明于心又说于口。

2. 遇到课堂中学生分析问题或解决问题出现错误,特别是一些受思维定式影响的"规律性错误",比如学生在处理商的小数点时受到小数加减法的影响,教师针对这种情况,是批评、简单否定还是鼓励大胆发言、各抒己见,然后让学生发现错误,验证错误? 当然应该是鼓励学生大胆地发表自己的意见、看法、想法。学生对自己的方法等于进行了一次自我否定。这样对教学知识的理解就比较深刻,既知其然,又知其所以然。而且学生通过对自己提出的问题,分析或解决的问题提出质疑,自我否定,有利于学生促进反思能力与自我监控能力。

数学教学活动应该是一个从具体问题中抽象出数学问题,并用多种数学语言分析它,用数学方法解决它,从中获得相关的知识与方法,形成良好的思维习惯和应用数学的意识,感受教学创造的乐趣,增进学生学习数学的信心,获得对数学较为全面的体验与理解。因此,学生是数学学习的主人,教师应激发学生的学习积极性,要向学生提供充分从事数学活动的机会,帮助他们掌握基本的数学知识、技能、思想、方法,获得丰富的数学活动经验。

二、教学思路

一个数除以小数即"除数是小数的除法"是九年义务教育六年制小学数学第九册的重点知识之一。本节教材的重点是:除数是小数的除法转化成除数是整数的除法时小数点的移位法则。其关键是根据"除数、被除数同时扩大相同的倍数,商不变"的性质,把除数是小数的除法转化成除数是整数的除法。

1. 调查分析

在教学小数除法前一个星期,笔者曾对班内十五位同学进行了一次简单的调查。笔者认为学生存在很大的教学潜能,这些潜在的"能源"就是教学的依据,教学的资源。从调查中可以得出以下结论:

(1)学生对小数除法的基础掌握的比较巩固。

(2)学生运用新知识解决实际问题的能力存在比较明显的差异,但不同的学生具有不同的潜力。

(3)优秀学生与学习困难生对算理的理解在思维水平上有较大差异,但对竖式书写都不规范。

笔者小数除法如果按照教材按部就班地教学是很不合理的,不仅浪费教学时间,而且不利于学生从整体上把握小数除法,不利于知识的系统性的形成,更不利于学生对知识的建构。因此,笔者选择了重

组教材。(把例 6、例 7 与例 8 有机地结合在一起)

2. 利用迁移,明确转化原理

理解除数是小数除法的计算法则的算理是"商不变的性质"和"小数点位置移动引起小数大小变化的规律",把除数是小数的除法转化成除数是整数的除法后就用"除数是整数的小数除法"计算法则进行计算。为了促进迁移,明确转化移位的原理,可设计如下环节:

(1) 小数点移动规律的复习。

(2) 商不变规律的复习。

(3) 移位练习。

3. 试做例题,掌握转化方法

明确转化原理后,让学生试算例题。在试做的基础上引导学生进行观察比较,抽象出转化时小数点的移位方法,最后概括总结出移位的法则。具体做法如下:

① 学生试做例 6、例 7,并讲出每个例题小数点移位的方法。

② 学生试做例 8。

③ 引导学生概括总结出转化时移位的方法,同时在此基础上归纳出除数是小数的除法计算法则。在得出计算法则后,还要注意强调:

(1) 小数点向右移动的位数取决于除数的小数位数,而不由被除数的小数位数确定。

(2) 整数除法中,两个数相除的商不会大于被除数,而在小数除法中,当除数小于 1 时,商反而比被除数大。

(3) 要注意小数除法里余数的数值问题。对这一问题可举例说明,如:57.4÷24,要使学生懂得余数是 2.2,而不是 22。

4. 专项训练,提高"转化"技能

除数是小数的除法,把除数转化成整数后,被除数可能出现以下情况:被除数仍是小数;被除数恰好也成整数;被除数末尾还要补"0"。针对上述情况可作专项训练:

① 竖式移位练习。练习在竖式中移动小数点位置时,要求学生把划去的小数点和移动后的小数点写清楚,新点上的小数点要点清楚,做到先划、再移、后点。这种练习小数点移位形象具体,学生所得到的印象深刻。

② 横式移位练习。练习在横式中移动小数点位置时,由于"划、移、点"只反映在头脑里,这就需要学生把转化前后的算式建立起等式,使人一目了然。

三、教学过程

(一) 复习导入

1. 要使下列各小数变成整数,必须分别把它们扩大多少倍? 小数点怎样移动?

1.2 0.67 0.725 0.003

2. 把下面的数分别扩大 10 倍、100 倍、1 000 倍是多少?

1.342 15 0.5 2.07

3. 填写下表。

被除数	15	150	
除　数	5	50	500
商			3

根据上表,说说被除数、除数和商之间有什么变化规律。(被除数和除数同时扩大或缩小相同的倍数,商不变。)

根据商不变的性质填空,并说明理由。

(1) 5 628÷28＝201;(2) 56 280÷280＝( );

(3) 562 800÷( )＝201;(4) 562.8÷2.8＝( )。

（重点强调(4)的理由。(4)式与(1)式比较,被除数、除数都缩小了10倍,所以商不变,还是201,即 $562.8÷2.8=5\ 628÷28=201$。）

（该环节的设计意图是通过学生的讲与练,理解其转化原理是:当除数由小数变成整数时,除数扩大10倍、100倍、1 000倍……被除数也应扩大同样的倍数。）

（二）探究算理 归纳法则

1. 学习例6:

一根钢筋长3.6米,如果把它截成0.4米长的小段。可以截几段?

（1）学生审题列式: $3.6÷0.4$。

（2）揭示课题:

这个算式与我们以前学习的除法有什么不同?（除数由整数变成了小数。）

今天我们一起来研究"一个数除以小数"。（板书课题:一个数除以小数。）

（3）探究算理。

① 思考:我们学习了除数是整数的小数除法,现在除数是小数该怎样计算呢?

（把除数转化成整数。）

怎样把除数转化成整数呢?

② 学生试做:

板演学生做的结果,并由学生讲解:

解法1:把单位名称"米"转换成厘米来计算。

3.6米÷0.4米＝360厘米÷40厘米＝9(段)。

解法2: $3.6÷0.4=36÷4=9$

答:可以截成9段。

讲算理:（为什么把被除数、除数分别扩大10倍?）

把除数0.4转化成整数4,扩大了10倍。根据商不变的性质,被除数3.6也应扩大10倍,即36。

小结:这道题我们可以通过哪些方法把除数转化成整数?

（① 改写单位名称;② 利用商不变的性质。）

（4）练习:完成例7

思考:你用哪种方法转化?为什么?

同桌互相说说转化的方法及道理。独立计算后,订正。例7里的余数15表示多少?

强调:利用商不变的性质,把被除数和除数同时扩大多少倍,由哪个数的小数位数决定?

（由除数的小数位数决定。因为我们只要把除数转化成整数就成了除数是整数的小数除法。如 $0.756÷0.18=75.6÷18$。）

（设计意图:在试做的基础上引导学生初步感受转化时小数点的移位方法,为自主概括法则作铺垫。）

2. 学习例8:买0.75千克油用3.3元。每千克油的价格是多少元?

学生列式: $3.3÷0.75$。

（1）要把除数0.75变成整数,怎样转化?（把除数0.75扩大100倍转化成75。要使商不变,被除数也应扩大100倍。）

（2）被除数3.3扩大100倍是多少?（3.3扩大100倍是330,小数部分位数不够在末尾补"0"。）

（3）学生试做。

（4）比较例6、例7与例8有什么不同?（被除数在移动小数点时,位数不够在末尾用"0"补足。）

（5）练习:课本p.49练一练第三题学生独立完成后,归纳小结。

（设计意图:对被除数小数点移位后补"0"的方法,教师可作适当点拨。学生试做后先不急于讲评,让他们对照教材中的两个例题,启发学生观察、比较两道例题的不同点与计算时的注意点。引导学生分析、比较,逐步抽象出移位的方法。让学生在充分积累经验的基础上归纳出除数是小数的除法的计算法则,会收到水到渠成的效果。)

（三）展开练习　深化认识

1. 根据 $10.44 \div 0.725 = 14.4$,填空:

(1) $104.4 \div 7.25 = ($ 　 $)$;　(2) $1\,044 \div ($ 　 $) = 14.4$;

(3) $($ 　 $) \div 0.072\,5 = 14.4$;　(4) $10.44 \div 7.25 = ($ 　 $)$;

(5) $1.044 \div 0.725 = ($ 　 $)$;　(6) $1.044 \div 7.25 = ($ 　 $)$。

2. 选出与各组中商相等的算式。

A. $4.83 \div 0.7$ 　　　$483 \div 7$ 　　　$0.483 \div 7$ 　　　$48.3 \div 7$

B. $0.225 \div 0.15$ 　　　$225 \div 15$ 　　　$2.25 \div 15$ 　　　$22.5 \div 15$

3. 口算:

$1.2 \div 0.3 =$ 　　　$0.24 \div 0.08 =$ 　　　$0.15 \div 0.01 =$ 　　　$2.8 \div 4 =$

$2.6 \div 0.2 =$ 　　　$4.6 \div 4.6 =$ 　　　$3.8 \div 0.19 =$ 　　　$2.5 \div 0.05 =$

（设计意图:旨在通过各种形式的练习提高学生学习兴趣,巩固法则,强化重点,突破难点。)

（四）回顾总结

思考:除数是小数的除法应怎样计算? 讨论得出（填空）:除数是小数的除法的计算法则是:除数是小数的除法,先移动（　）的小数点,使它变成（　）;除数的小数点向右移动几位,被除数的小数点也（　）移动（　）（位数不够的,在被除数的（　）用"0"补足);然后按照除数是（　）的小数除法进行计算。看教材 p.46~49,画出重点词语。

 **解析**

　　"除数是小数的除法"即"一个数除以小数"的重点是:除数是小数的除法转化成除数是整数的除法时小数点的移位法则。其关键是根据"除数、被除数同时扩大相同的倍数,商不变"的性质,把除数是小数的除法转化成除数是整数的除法进行计算。学生的学习过程是在已有的知识基础上,用自己的经验去建构数学知识的活动过程,因此教师在设计教学时把教师的"教"立足于学生的"学",在充分了解学生的基础上,教师才敢于大胆地调整和重组教材。课堂是学生学习的场所,教师的作用是为学生的学习活动提供服务。教者在深入钻研与把握教材的基础上,力求创造性地开发课程资源,合理运用教学方法,让学生在课堂上,力求创建一种开放的、浸润的、积极互动的课堂文化,让学生体验了成功的快乐,体验到了学习是快乐的。同时教师精心设计了课堂练习,体现趣味性和层次性。练习中设计了多种题型——基本题、综合练习思维拓展等题型,使练习有坡度,难度适宜,真正体现了让不同学生在数学中得到不同的发展。不足之处:一是教材的分析还不够具体、明确,二是本节课所采用的教法和指导学生的学法都没有明显的标识。

三、研究性练习

1. 试着谈谈说课与备课、上课的区别与联系?

2. 观看各类型的说课比赛录像片,探讨这些说课的优缺点。

3. 下面是一位小学数学教师对《长方体和立方体的认识》这节课的说课案例。如果这节课由你或你的团队来进行说课,你们该如何说? 希望把你或你们的说课稿写下来。

"长方体和立方体的认识"

一、设计理念

数学学习是师生之间、学生之间互动与共同发展的过程,所以有效的学习更应促进学生的发展。维

果茨基认为:"只有当教学走在发展前面的时候,这才是好的教学"。他提出"最近发展区"的概念,其实质就是教学要把那些正在或将要成熟的能力向前推进。促进学生的发展,必须关注学生发展的自主性、主动性,尊重学生发展的差异性,强调学生发展中的体验与交往过程,使他们成为发展与变化的主体,进而帮助他们通过现实与寻求走向完人理想的道路。

"长方体和正方体的认识"一课的教学设计,主要从以下几方面体现了学生学习的"有效性":

1. 积极了解儿童的现有经验

布鲁姆说过:对教学影响最大的是学生已有的知识。这已有的知识实际上就是儿童的经验。其中有相当一部分是儿童自己获取的,而且来自课外,教师要很好地研究儿童的经验水平,根据儿童的已有经验设计教案,才能更好地推进教学进程。如"引入新课部分媒体出示可乐罐、礼品盒、魔方、牙膏盒等实物让学生判断这些物体的形状";"说说生活中哪些物体是长方体(正方体)的?"这些问题的答案虽然五花八门,但是真实地反映了儿童在这方面的真实水平。

2. 重视数学活动的建设和开展

活动是数学学习的重要特征。新课标十分重视数学活动的建设和开展,指出:"教师应向儿童提供充分的从事数学活动的机会,帮助他们在自主探索的合作交流的过程中揭示规律,建立概念,真正理解和掌握基本的数学知识与技能、数学思想和方法,获得广泛的数学活动经验。"

(1)倡导"自主探究"式学习

"探究"是新课改的一个主题词,所谓探究,是对问题做出猜想、假设、预测、收集数据、证明的过程。这是一个活动过程也是学生的思维过程,对儿童的发展来说是最重要的。这一点在本堂课中比较突出:引导学生探究长方体的面、棱、顶点以及长、宽、高,探究正方体的特点以及长方体与正方体之间的关系等,内容一步一步推进,使学生逐步掌握了探究这类问题的一些方法。

(2)倡导在"触摸"中学习数学

让学生多实践、多操作,在此基础上去感悟知识,主动获取知识。这是本堂课的一大特点。在教学中曾多次让学生运用数一数、看一看、量一量等方法发现长方体(正方体)面、棱、顶点以及长、宽、高等的特征。让学生在"触摸"中掌握知识,有助于激发学习兴趣,提高学习内驱力。

(3)倡导自主讨论、交流

学习数学的过程不只是计算的过程,还要能够在推理、思考的过程中学会交流,进行体验。在本堂课中,安排了多次小组交流活动,让学生及时反馈获得的数学信息,表述自己独到的发现。交流是信息共享的过程,也是尝试的过程,它超越了"掌握知识"而升华为"学会生存"。

3. 让数学走进生活

"数学来源于生活,又应用于生活",引导学生在日常生活中掌握数学,探索真实世界中的数学,这比单纯学习数学更能激发他们的好奇心和创造力。因此作为教师必须引导他们走向生活,勇于实践,培养他们"用数学"的意识和能力。

(1)本堂课所使用的教具大多来源于生活中的实物,从观察实物入手,慢慢得出长方体、正方体的特征。

(2)让学生带着所学的知识走向实践,学会用数学的观点来解释现实世界中的一些问题,如:"下面图形,能不能围成长方体或正方体? 如不能,为什么?"

二、设计思路

长方体和正方体是最基本的立体图形,它是在学生直观认识长方形、正方形特征基础上展开教学的,为今后学习长方体、正方体的表面积作好铺垫。因此,认识长方体、正方体特征,理解它们的内在规律及联系是非常重要的。本课多次让学生动手操作实践,让学生在看一看、量一量、摸一摸等实际操作中不断积累空间观念,在认识长方体特征的基础上,利用学习迁移自主讨论正方体的特征,再比较长方体与正方体之间的异同,明确它们的内在联系,最后用学到的新知解决一些实际问题。教学程序图为:

教师活动:创设情境→协作指导→拓展延伸;

学生活动:操作感悟→自主探究→实践应用。

三、教学设计

（一）操作感悟

1. 出示实物：可乐罐、礼品盒、魔方、牙膏盒等，请学生选择喜欢的物体，说说是什么形状的？

2. 揭题：长方体和正方体的认识联系生活实际，支持学生根据自己的"数学和生活经验"发现生活中的数学。同时强调了学生学习的自主性，选择喜欢的物体说说形状。

（二）自主探究

1. 认识长方体特征

（1）初步感知不同形状的长方体实物，并动手摸一摸，认识长方体的面、顶点、棱。

（2）小组合作，运用数一数、看一看、量一量的方法再次观察实物。通过讨论、交流、概括特征。

（3）指导识图。

认识不同方位、不同形状的长方体（包括有两个面是正方形的长方体）和学生一起探讨看不见的棱和面的表示方法，理解立体直观图的形状特点，完善对长方体的整体认识。

（4）认识长方体的长、宽、高，揭示它们的意义及其相对性。

教师向学生提供充分的从事数学活动的机会，通过动手操作实践，使他们在自主探索和合作交流的过程中揭示规律，建立概念。

教师作为活动的组织者和学生一起探究，逐步获得新知，学生在探索新知的同时，也逐步掌握了探索的方法，促进了学生观察力和空间想象力的发展。

运用多媒体教学，加强学生的直观感知，提高教学效率。

2. 认识正方体的特征

小组合作探究正方体的特征，诱发比较、迁移类推。

3. 认识长方体、正方体的关系

（1）多媒体动态演示，比较分析。揭示出长方体和正方体的内在联系，得出：正方体是特殊的长方体。

（2）说说生活中哪些物体是长方体、正方体。开放学习的方式，以学生的自主学习为中心，让学生通过自身的发展尝试总结、验证，实现知识的"再创造"。

比较是认识事物的主要方法之一，特别在几何体教学中，运用比较方法，加强形体间的联系和区别，提高识别能力，同时渗透事物普遍联系和发展变化的辩证唯物主义观。

联系生活，体现数学来源于生活，又应用于生活的特点。

（三）实践应用

1. 判断题

2. 操作题

将8个大小完全相同的小正方体摆成形状不同的长方体，并分别指出长、宽、高。

3. 拓展提高题

判断部分展开图形能否围成长方体或正方体，并说明理由。

侧重于知识点的落实，巩固新知。

加强动手操作实践，丰富学生感知，积累空间观念，形成能力。

积极引发学生的争论，辨明概念，建立初步的空间观念。

4. 结合现行小学数学教材，选取其中一册中的某一小节内容撰写说课稿，并向你的小组或团队说说看。

第二节 听课和评课技能

在教学研究工作中，听课和评课这种方式使用范围最为广泛。教学研究工作中的大部分内容都离不开听课评课，教师更是对听课评课情有独钟，一有听课机会，就如同去参加精彩的联欢会，积极踊跃，

乐此不疲。听课评课确是广大教师喜闻乐见的教学研究方式。

一、听课评课技能概说

（一）听课技能

听课是对他人教学活动的观察，是凭借听课者自身感官及辅助工具，在教学情境之中收集执教者的教学行为资料，以作相应研究的依据。

1. 认真地听

听课听课，认真地听是首要的。要听清楚教师的"讲"，即教师在课堂教学中是否讲在点子上，是否重点突出、层次分明、详略得当。要听清楚教师的"导"，即教师指导学生接受的知识是否准确无误，是否调动学生的主动精神，使学生积极参与探索知识的过程，从中学会学习、学会探究。要听清楚教师的"内质"，即教师在教学过程中表现出的教学素养状况，比如，教学语言是否科学、简洁、规范、富有启发性，是否让学生字字听清楚，句句听得懂。要听清楚教师的"教学追求"，即教师是否追求教学艺术高品位，比如能否发挥创造潜能营造"如临其境"、"如见其形"、"如闻其声"的情境，使抽象的概念具体化，深奥的哲理形象化，枯燥的知识趣味化。要听清楚教师的教学机智，即教师是否有较强的感应力与应变力，能敏锐地发现学生学习过程中显露出的创新品格或暴露出来的各种问题，面临突发事件能做出敏捷而适宜的处理。

2. 仔细地看

听课仅靠耳听是不够的。作为课堂观察，仔细看十分重要。听，是对课堂上师生对话的感知；看，是对课堂上师生行为的考察。听和看结合起来，才能更全面、具体感受教学活动。一要仔细看教师在课堂上是否精神饱满，包装是否整洁雅致，仪态是否自然大方，板书是否正确、美观、合理，教具、学具及现代信息技术操作是否适时、熟练，指导学生学习是否得法，师生行为是否活跃、有效。二要系统看教学全程师生的双边活动，看教师引领学生学习、探究、合作的时间与内容是否得当，师生是否平等、和谐地沟通、对话，是否营造出鲜活的课堂气氛，学生是否全神贯注于学习活动，是否都能积极地思考，学生在学习活动中取得的学习效果是否理想等。

3. 深刻地想

听课观察不仅有感知器官的感受，还要有头脑的积极思考。只感知不思考，听课只能获得一些表象和浅层次的感性信息，难以进入听课的高境界。在听课的过程中，听课者的头脑要始终处于积极活动状态，针对耳眼获得的信息作快速的思考：想明白师生在教学过程中这么做的情形、效果及根由；想明白教学过程中出现了什么闪光点，并且通过思考给闪光点找到理论依据，找到闪光之源；要想明白教学过程中有哪些教学问题，问题的症结之所在，并想出解决问题的策略；要想明白在听课过程中受情境的诱发自己有什么感悟，或引起哪些联想。深刻地想，就是要对课堂教学情况作科学研究，对获得的信息作加工、改造、分析、综合，从而抓住本质，找到规律。

4. 及时地记

"好记性不如烂笔头"，任何人都难以把听课中所见、所闻、所感准确地记在脑中，这就要及时记录。记下来，就是很好的研究资料。

听课记录应包括"课堂教学实录"和"教学评析"两方面内容。"课堂实录"即记录课堂教学情形，包括教学环节与时间安排、教学内容、教学方法、教学手段、师生行为、板书及教学效果等。课堂实录有简有繁，根据需要而定。简要记录只记录教学步骤、方法、板书等，教学步骤中的内容，只提纲挈领地记，记下关键处或自己感兴趣、有启发的情形。详细记录则要把每个教学步骤中教师与学生的活动内容、对话等尽可能地记下来，或把教学重点片断作具体描摹式的记录。有时，听名师或优秀教师上优质课，为了更好地研究、学习，便把教学过程中一切内容一点不漏地记下来，成了"课堂教学纪实"。"教学评析"是指听课者对本节课教学进行初步分析、评估和提出的建议，包括对教学内容和师生行为的思辨过程和结果，自己的点评、联想及在情境触发下的"一闪念"。写评析要先写听课时的随机感受，再对教学总的情况作全面分析，形成综合性的意见或建议，并记下来，以备交流、研究。

听课者要练就快速记录的本领。用笔记录一般跟不上口语速度,常常上句没记完,人家已说完若干句,手忙脚乱,丢东落西,很是狼狈。听课者要多练写字,力求高速度。可以编制一些代用符号做标记和提示,或代替常用的术语、惯用语、语段。有条件的不妨学一点"速记"技术。简要记录应抓重点记,记录语尽量精练。详细记录则尽量快速,来不及记录的内容,要留出空白,事后凭借记忆或录音、录像补遗。

(二)评课技能

如果说听课是通过课堂观察收集执教者的教学行为资料,那么,评课则是对这些资料的研究,以获得理性认识。评课具有非情境性,它必须在听课之后进行,重点在"教得怎么样"。

1. 确定鲜明的评课目的

评课要体现目的性,依目的确定评课的内容和重点。比如,评估型评课,目的在于对某个研究课题的评鉴,就不必在教师基本功上大做文章,要着重评议这样的课堂教学是否体现课题研究目标,课题研究的基本理念是否贯穿于教师与学生的行为之中,课题研究有哪些值得完善的地方。如果是学习型评课,则不必多谈甚至不谈教学中的不足,重点评议其先进的教学思想,高超的教学艺术,扎实的学识功底,以及自己的感悟与启发。评课的目的一定要事先确定好,评课决不能临时现定目的,或游离目的之外信口开河,这样,不仅效果不好,而且坏了自己的形象。

2. 把握具体的评课内容

从新课程实施的趋势看,当今评课应围绕以下内容进行:

(1)评教师的教学理念

教学理念是人们认识教学现象的产物,是课程改革的核心,教学行为的灵魂。教学理念不是空洞的,而是时时处处在教学活动中反映出来的。评课者可依据课堂教学活动实例,从师生行为中提取教学理念。要评教师是否坚持以学生发展为本,面向全体学生,面向全体学生的一切,是否从学生发展的理念出发确定自己的教学行为。如果教师教材挖掘得透彻,讲解生动明白,但是不注重引领学生探究,不给学生更多的实践机会,只是一味地展示自己的才华,他的教学理念肯定有问题,这样的课算不得好课。

(2)评对教材的理解与处理

评教材的理解,就是评议教师是否准确把握了教材的编写意图,以及教材所处的地位与价值,是否准确把握住教材的知识点和知识体系。评教材的处理,要看教师以什么样的思路去"改造"教材,对内容的增、删,次序的变移是否有道理;重点、难点、关键是否抓准、抓牢并有效地体现与突破;各环节内容的定量与时间安排是否妥当。

(3)评教学过程

评议时要从两个方面研究:一是教师在当时条件下,是否最优地组织了教学过程。包括:选择能够在规定时间内有效地解决既定教学任务,使学生生动、活泼、主动发展的教学方法、教学手段与组织形式;考虑在教学过程中整个系统的特点、教材的特点、学生的特点,建立合理的教学结构;采取区别教学和个别教学的态度面对不同类型的学生,使其有长足的长进;对学生学习活动的控制与引领学生自我控制的合理结合;随时调整和校正教学进程。二是时间消耗最优。教师在教学过程中是否坚持学校所规定的标准、时间消耗标准、效果标准,是否按照标准使课堂教学和学生作业时间达到最少定额,各教学环节使用的时间是不是最合理的。

(4)评教学效果

教学效果的评价要做三方面工作:其一,选择评价方法,设计评价工具。除用纸笔测试外,还提倡使用质性评价法,如访谈法、情境测试法、行为描述法等,通常使用评价表了解教学效果。其二,收集反映学生学习过程和结果的资料与数据。这是评价教学效果的客观依据,包括学生的作业、小测验、问卷调查材料、小论文、计划书、实验报告、作品、活动过程记录等表明学生学习状况的原始材料;包括来自各方面对上述材料的评价,如教师的评价,学生自我与互相评价,其他人士说明学生发展状况的信息等。其三,分析资料与数据。要鼓励被评价者参与讨论,这有助于促进被评价者的反思和对教学效果的认同;要对来自各种测评手段的资料与数据进行综合性分析,以全面描述学生的发展状况;要尽可能地做

横向、纵向比较;评价的语言要准确、客观、有激励性。

3. 选择恰当的评课方法

最常用的评课方法有 4 种:

(1) 综合法

综合法就是对一节课或一位优秀教师全部教学生活做评析,既有对某个细节、片断的评点,也有居高临下的全方位的分析、评价。用综合法评课有利于总结、宣传教学经验;有利于其他教师理解优秀教师的教学思想,提升自己的专业水平;有利于上级领导把握课改趋势,调整课改策略。在总结型、展摩型、检查型、鉴评型教研活动中常使用综合法评课。总结、评析某位名师、优秀教师的教学特色、教学风格,也大多采用这种评课法。

用综合法形成的评课稿多用"总—分—总"式结构。先总的评说授课者在教学实践上给自己的印象、感受,亮出对授课者总的评价语,再分别从几个方面去评价、论证,最后作总结、概括。

(2) 片断法

片断法就是对典型的教学片断进行有针对性的评析。可以对教学过程中导入、讲授、巩固、收束诸环节中某一环节评析,可以对教学过程中学生的自学、讨论、自主实践诸环节中的某一环节评析,可以就教学理念、师生关系、教学方法、教材处理、现代信息技术运用、课堂氛围营造等方面中的某一方面引证片断进行评析。片断法与综合法最大区别在于前者是局部评析,后者是全方位评析;前者关注教学策略与技艺,后者看重理性思考;前者只评析"点",后者做"点""面"结合式评析;前者重在微观评析,后者重在宏观评析;前者是进入"情境"的细察,后者是居高临下的"鸟瞰"。使用片断法评课较容易操作,也节省时间,但容易犯只见树木不见森林的毛病。使用片断法最要紧的是对片断的遴选。所选的教学片断应该具有典型性。典型的教学片断应该是这样一种教学片断:它有鲜明的个性,又在一定程度上揭示教学本质,反映教学的某些必然规律,有较大的代表性。评析这样一个教学片断,能帮助其他教师找到问题解决的策略,看到将来创造优质课的前景,起到举一反三的作用。

(3) 评点法

"评点法"与后面的"表格法"都是从评课的技巧与方式上讲的。评点法是指针对授课者实施的教学活动次序情形,及时做分析、点化、评议。这种方法实际是一种对现场行为主体的评点,是对典型教学活动的分解性讲析。由于它及时、实在、更贴近教学生活,所以,这种方法更适合教师培训,特别是新教师培训。

评点法是借鉴传统数学教学中的评注法,再结合教研的特点改造而成的。评点分点评、段评、总评三种。"点评"是对教学过程中师生对话的某些话语或师生活动的某些行为发表的见解。口头评课时,可在简要回顾话语或行为所处的环境,即评议;书面评课时,可在话语、行为出现的位置旁加评注。"段评"就是在某一教学片段结束所作的评议,"总评"是一节课结束所作的评议,都是具有总结性的评议,包括评价、要求与希望。"段评"和"总评"常用的方法有:① 综合式。对一节课或一个教师全部的教学实践作综合概括,提出总体上的看法与指导,既指出优缺点,也勉励其扬长补短,指出方向,激其奋进。② 举要式。只对执教者某些重要方面或重要问题进行评议,使执教者能反思自己的教学实践,提高某一方面或某几方面的认识。③ 比较式。指出本课教学的优缺点之后,与相宜的优秀课例或教学片断相比较,或与执教者以前的教学实践比较,加深对教学的进退得失的认识与理解。④ 警策式。根据教学研究的进展情况,新课程实施的倾向,评课者对执教者的教学问题只简单用几个词语去点化、警策。如,"此法慎用之"、"以学生为主体不等于教师不发挥作用"、"准确、规范、生动乃教学语言三大要义"等。

(4) 表格法

表格法就是根据评课的标准,制定一个比较科学、全面的课堂教学评价表,并根据这个评价表评估课的优劣。表格法简洁地体现评课标准,不仅能科学、全面地评价一节课,而且使用方便,所以,评课常常使用表格法,尤其鉴评型教研活动、竞赛型教研活动,更钟情于表格法。

使用表格法评课,关键在于设计好评课表。评课表分主体与附属两部分。"主体部分"呈现评课的标准与操作要求,是评课者主要填写的内容,包括项目、评课标准、权重、得分、备注等栏目。这部分内容是评课细则的表格化。每一项目要酌定分值。为操作方便,还要细分为若干子项目,并用简明扼要的词语表述基本要求和采分点;要划分不同层次,定好权重,并简述本层次的教学行为特征。比如,教学过程,总分值为15分,可包括程序优化、层次分明而紧凑、密度难度恰当、师生活动积极而活泼、过渡自然、整体协调、按时完成教学任务7个子项目。A等次为完全达到标准,权重为"1";B等次为基本达到标准,权重为"0.8";C等次为虽基本达到标准,但有一些问题或错误,权重为"0.6";D等次为达不到标准,错误或问题较多,权重为"0.4"。"备注"栏是为评课者提供的简要记录必须说明的事情,记与不记视情况而定。"附属部分"是呈现执教者的自然情况和对评课表所做的必要说明。

(三) 听课评课的艺术策略

听课评课是教学评论的有机组成部分,其质量优劣不仅影响评课者水平的展示,而且关系到教师专业发展,影响着被评价者的声望、自信心、发展动力,甚至影响被评价者的晋级与使用。无论评者是什么身份,在听课评课时都应该严肃认真,讲究艺术与策略。

1. 做好听评课的准备

(1) 选定听评课的类型

听评课因目的不同可分为5种类型:一是为了解教师教学素质或存在问题的调查型听评课,二是为促进课题研究质量的研究型听评课,三是为考查教师水平、考证科研成果的鉴评型听评课,四是为优秀教师展示教学风格、显现教学经验的展摩型听评课,五是为促进教师教学基本功、专业技艺发展的导练型听评课。评课者在听课前一定要明确目的,确定本次听课的类型,以决定评课的着眼点与采取的方式方法。

(2) 研究听评课的对象

要清楚执教者的自然情况及个性特点,如学历、经验、教学理念、课堂教学的独特性、性格、教学习惯、教学态度等,还要了解任教班级的学生情况。一个认真的、优秀的听课评课者不应高高在上,以一个指导者、领导者的身份出现在教师面前,而应转变角色,把自己也当作一个任课教师,去学习课程标准,学习先进的教学经验与课改经验,要比一般教师更透彻地理解新教材,认同新的教学理念。如果听课评课者也认真地备课,提出切实可行的教学设计方案,甚至自己模拟"下水",作假想式的"试教",对教材及学生都有"亲历"式的感受,那么,听课评课时不仅情况熟悉,也容易与执教教师的教学设计相比照,发现问题,互相启发,效果更好。

(3) 构建课堂教学评价体系

评价体系要与评课内容相一致。课堂教学评价体系必须以新课程背景下优质课的基本特征为标准,包括:① 教学目标的发展性,即课堂教学目标能促进学生全面、和谐的发展,基础目标、发展目标、体验目标,准确、全面。② 教学内容的合理性,即精选具有基础性、范例性和综合性的学科知识,并正确地讲解;有挑战性,能激起学生学习动力;有较高的文化内涵,是科学性、人文性与社会性的融合;具有实践性。③ 教学策略的科学性,即选择的一切策略都应为学生提供主动参与学习的时空,自我表现的机会;通过教师的有效策略,有利于建立集体教学与小组合作学习相结合的教学组织形式;有助于学生表现自身的闪光点及潜在优势;有助于培养学生创新意识与创造能力。④ 教学效果的显著性,即教学任务圆满完成,教学训练充分体现;学生实践达到预期指标;学生学习情意得到强化;现场直觉效果好,教学环境良好;当场检测学生对所学内容合格率在百分之九十以上。⑤ 教师内功的坚实性,即教师学识厚重,教学基本功扎实。

2. 追求优秀的师表形象

听课评课者应端正态度,严于律己,展现优秀的师表形象,这既是提高听课评课质量的需要,也是对执教者的尊重。

(1) 精力集中,自觉遵守听课纪律

听课是情境性活动,听课教师与学生一样都置身在教学情境之中。教师要求学生做到的,听课评课者首先要做到。比如,不迟到,不早退,与学生一样课前起立,向讲课教师致敬。不抽烟,不喝水,不随便

出入,不干扰教学秩序。穿着打扮符合教师规范。要把精力贯注到听课全程,不交头接耳,不表现厌烦、焦虑、过于兴奋等对执教者情绪有影响的表情、姿态。要听清师生的活动,理出教学思路,揣摩执教者教学设计的意图。

(2)把课堂观摩与思考结合起来

听课是紧张的智力活动,应实现眼看、耳听、心维、手动协同动作。眼看,看板书,看教师教态,看师生交流情景。耳听,听教师讲课的语言,师生的对话,学生独立学习与合作学习的声音。心维,就是思考,按评价标准对看、听获得的相关信息进行分析、判断、加工、改造,得出基本的评议取向与价值判断。手动,就是做好笔录。

(3)做好交流探讨的准备

听课前和听课后都应该与执教者、任教班级学生做必要的交谈。听课前的交谈是了解教师的教学思路,对教材的理解与处理,了解学生预习情况及知识基础、认知特点。听课中在不影响教师教学前提下,可听听学生讨论,看看学生作业与实践活动,甚至在学生实践时与学生作简短的小声的交谈。听课后的交谈是听教师的教后感,学生对教学的评议。这对听评者组织自己的评议有启迪与印证作用。听评者要边听边品评,高度地调动思维的敏捷性,快速思索,快速评鉴,快速寻找理论依据,快速组织评议提要。

拟写评课提要是评课前最重要的事。这样做可以克服听课评课的盲目性、随意性,使听课评课更有针对性、科学性,因而更有实效。听课评课者要对所听的课做全面回顾、咀嚼。要看教材,回看听课笔记,参考听课前后与学生、执教者交谈的内容,依好课标准,做深层次的理性的思考,并按思考所得内容的性质,开列提要。评课提要应凸显三个内容:其一,本节课的优点、经验或值得学习的地方;其二,本节课的特点或特色;其三,不足或值得探讨的问题以及追求完美的建设性意见。

3. 遵循评课的要则

教师的课堂教学是创造性劳动,听课评课也是创造性劳动,很难整齐划一。虽然听同一节课,不同的人有不同的见解、不同的评法。但是常规性的评课要则却是每位评课者都要遵守的。

(1)要有条有理,切忌随心所欲

评课应在充分准备之后进行。如果不做认真的梳理而随言乱讲,就是对执教者付出劳动的践踏,自然不会有好的评课效果。评课的准备工作主要是对听课时所获取的感性材料进行理性思考,来一番去粗取精、去伪存真、由此及彼、由表及里的思辨,使感性材料上升为理性的东西。听课时往往会有一些零零碎碎的想法,评课准备要对这些似乎各自独立的想法进行分析研究,发现它们的内在联系,尤其重要的是透过表象,挖掘本质或规律。要将分析研究所得进行必要的梳理,形成有条理的、详略得当的、有观点有事例的发言材料。优秀的评课稿应是一篇精美的小论文。

(2)要抓住重点,切忌尽诉其悟

评课者在听一节课后可能思绪万千,有许多话要说。但是,评课决不能尽诉其悟,面面俱到。应根据教研活动的宗旨和类型,根据听课的目的和要解决的主要问题,把听课中获得的信息与思考进行归纳与分析,遴选出体现主要矛盾的问题作为评课的重点。有的评课者总喜欢对教学中出现的偶发性错误抓住不放,或去抓枝节的无关大局的非本质的东西,而对课堂教学的要害问题、倾向性问题、本质性问题却回避不谈。这是舍本逐末、吹毛求疵的评课,不但不能促进教师专业发展,反而会伤害教师自尊心或产生误导。比如,本次教研活动的目的在于探讨小组合作学习的策略,评课时就以小组合作学习为话题,去评析执教者在组织、支持学生合作学习时的经验或问题,至于其他问题,只作次要问题略略提及即可,甚至干脆避而不谈。

(3)要综合判断,切忌以点带面

每个教师都追求完美,但真正实现完美很难;每个教师都渴望每节课都十分成功,但在教学上“常胜将军”是很少有的。评课十分忌讳以点带面,以偏概全,只见树木不见森林。在教学研究中常常出现这样的情形:某位优秀教师上过许多成功的公开课,但某次却讲课欠佳;有的教师在上课过程大多达标,但在大家关注的地方却有纰漏;有的教师综合素质并不高,但也有长处,比如字写得很漂亮,令人赏心悦目,或长于表演,课上得十分火爆活跃。面对这样的情形,评课务必谨慎。心理学研究表明,任何性质的心境都具有弥散性。就是说,愉快或失望的心情使人在其他问题上也会染上同样的感情色彩。假如评课者不能运用辩证法,就会在弥散性心理作用下丧失理性,步入误区,要么"一俊遮百丑",要么"一丑遮百俊"。听课评课者要全面地审视所听的课,在成熟教师偶尔失误时,切勿沮丧,要看到他一贯的鲜亮处;在某位教师某项技能或设计夺人心境时,要发现他值得完善的薄弱处。废止以偏概全,感情用事,乃是评课中应坚持的要则。

(4)要鲜活适宜,切忌单一枯燥

从心理学看,单调的固定的形式,很难激活参与者的兴奋点。对学生讲课如此,给教师评课也如此。评课要根据范围、规模、任务、活动类型而采取不同的形式。评课可直接评,也可间接评;可口头评,也可书面评;可个别评,也可集体评;可专题评,也可报告式评。对检查评估性、指导帮助性、经验总结性听课,宜用单独形式评课,即不设旁听者,评课者与执教者单独对话交流意见。对于观摩示范性、经验推广性、专题研讨性听课,因是群体性活动,宜采用集体公开形式评课。单独评课比较灵活,不需要特定的时间或某种规范形式,随机交谈,无拘无束,能敞开心扉,中肯地解决许多在公众场合不便解决的问题。集体公开评课便于调动群体才智,围绕课例充分讨论,达成共识,有利于宣传先进的教学思想与教学经验,达到专题推进的目的。

评课要因类型和对象不同而采取不同的评课态度。对常规性教学检查中的听课评课,应强调"求实",着眼于"引领",实事求是地评价,以引领教师把教学工作推上新水平;对课题研究中的听课评课,应强调"研讨",着眼于"创新",认真展开研讨,鼓励参与者勇于开拓进取,大胆探索创新;对于评估或竞赛性听课评课,应强调"规范",着眼于"互学",严格按评价规范评定,诱导参与者互相学习,努力实现专业化。评课还要关注执教者的身份。要注意年龄差异,对中老年教师要多尊重、商量,少在一般问题上纠缠,重在点化更上一层楼的门径,帮助他们将感性经验上升为理性认识;对新教师、青年教师要耐心细致地指导,以良师益友的态度提出具体化的改进意见与前进方向,但不求全责备。要注意教师素质差异,对骨干教师多提新目标,促其形成教学风格;对一般教师重鞭策、鼓励,不断强化自信心;对素质较差的教师,要诚恳指出不足,热情地鼓励其坚持岗位自修自练,不断提高专业素养。

(5)要求真务实,切忌假空虚浮

现在评课中浮躁的现象很严重,讲情面、讲过场,虚与委蛇,模模糊糊。或只讲成绩,不谈问题;或谈问题不疼不痒,避重就轻,避大就小;或讲假话,胡吹捧;或只讲现象,不讲本质,只讲问题,不讲解决问题的建议。这是教研中的不正之风,对执教者、听课者或其他参与活动的教师有害无益。评课者应有高度的事业心和责任感,实事求是,敢讲真话。要充分认识听课评课的远期效应,洞察课堂教学中的各种现象,以先进的教学思想、新课程的教学理念,引导教师沿着健康的道路改进教学,实现专业发展。专职教研员在评课时,要依自己的职责范围,在求实的前提下,调整评课的角度。一般地说,贴近基层的教研员,评课应着眼于微观性问题,多做更为具体的指导。中、高层教研员应着眼于中观、宏观性问题,多做拓展教师视野,指明改进方向的辅导。

4. 实现评课的艺术化

教学是艺术,评课也是艺术。评课之所以是艺术,是因为评课有主体自由发挥才智进行"再创造"的广阔时空。评课是一种独特的艺术,综合性的艺术,促进学生发展的艺术,是社会上无与伦比的艺术。

(1)坚持以教师为主体

过去听课评课,"一言堂"现象十分严重。在教师眼中,教研人员就是权威,说的话就是"圣旨",不可改变,只能"奉行"。在评课中,教师胆战心惊,毕恭毕敬,生怕稍有不敬而惹恼教研员,受到非议,坏了印象,降了等级,误了前程。在新课程背景下听课评课一定要改变这种状况。谁研究了,谁实践了,谁有创见,谁摸住时代脉搏,谁就是"排头",谁就有发言权。

教研员要把评课权还给教师,鼓励教师在评课时大胆发表见解,仁者见仁,智者见智,力忌教研员唱"独角戏"。比如,上公开课,可改变教研员指派教师上课的老做法,让教师自报家门,将具有创新意识的教学设计推荐上来。评课,改变一人讲,大家听的老做法,搞"实话实说"、"今天我点评"、"我有个好主

意"等专栏性评课,让每一位教师都充分表达自己的见解。再如,鼓励教师为自己的教学"申诉"、"辩解"。教师的教学设计,自有自己的道理。评课应让执教教师作自我评价,表达自己的感受、看法,对自己的优点与不当之处做说明、评价、解释。这样,营造出一个浓厚的研讨氛围,大家群策群力,教师与教研员共同成为主人,蕴于教师中的创造火花就会迸发出来。

(2)善于激励

评课要坚持求实,这是对的。但是如果不善于变通和激励,也可能"好心变成驴肝肺",产生适得其反的效果。首先,评课要恰如其分。教师上完一堂课,就是完成了一部"作品"。听课者听课是在"阅读作品",评课则是"文艺批评"。不要轻易给一节课下"成功课"或"失败课"的评语。切忌一次定论,一锤定音;切忌带个人倾向,依个人好恶给课下结论。无论肯定或批评,都要切中关键,用语讲究。比如,肯定优点,不夸大其词,不廉价颂扬,不说"这课上得精美绝伦,在全国也是难得见到"这样过头的话。再如,批评缺点,不要贬抑过甚,不要打击情绪,不说"我真没想到你怎么会上如此糟糕的课来","真让我失望"之类的话。其次,以肯定、引领为主。凡提出的问题、建议,不仅客观,还要考虑执教者的心理承受能力,决不能不顾场合,不计后果,挖苦讽刺,指责责那,胡乱放炮。任何人都渴求鼓励,鼓励是效价的重要因素。肯定、鼓励留给执教者的是兴头、想头、劲头。再次,善于将批评的语言变通为建议或商榷。评课者不要趾高气扬,不要居高临下,不要以领导者、权威人士、专家、学者或"导师"的身份与态度去评课,要与教师成为益友、知音。听课中无论发现优点还是不足,都多问几个为什么,揣摩出它与其他事物的内在联系,做出有针对性的令人信服的解释。有经验的评课者十分注意真诚的倾听、巧妙的提问、娴熟的讲解、高超的沟通等技能的综合运用,善于用和蔼可亲的表情、娓娓动听的话语、富有成效的讨论、策略的批评,把被评者吸引到自己的周围,心悦诚服地接受评议,事后感到"听君一席言,胜读十年书"。要多做这样的谈话:"如果……会更好","假如这样设计你看会怎样","某某名师在这个问题上是这样处理的"。同样的意思变成委婉、激励、启思的方式表达,效果会大不一样。

(3)随机应变

评课者要有较高的评课机智,即有随机应变的能力,因空间、环境、时间、对象的变化而改变评课策略。领导在场或大会评议,原则地评、重点地评,多肯定少否定,多鼓励少批评。在小范围内,对一般教师或单独对执教者本人,要随意些,详细评,具体评,优点说够,缺点说透,既关心爱护,又严格要求。对不同个性的教师的评价方式也要变通,不能一概"直言直语"。对直爽者可直截了当,对自尊心强者可谨慎策略,对傲气者应点明要害,对谦逊者可促膝谈心。评课者应善于察言观色,眼观六路,耳听八方,善于从听众的面部表情与姿态变化去准确猜度其心理状态,获得反馈,调整自己的评课发言。比如,看见听众面部表情木然,能猜到自己的评课没有打动人心;见听众交头接耳,能猜到自己的发言可能有误,惹人议论;见听众情绪焦躁,能猜到自己评课过于琐碎,不切中要的。面对这些情况,应快速作出反应,调整评课方略,做出相应的改进。

二、听课评课技能案例解析

"前后"课堂实录与评析

北师大版小学数学一年级上册"前后"

吉林省辽源市第一实验小学 王镇坤

教学目标:1. 在具体的情景和闯关的游戏活动中,让学生体验前后的位置和顺序,初步培养学生的空间观念。

2. 能用语言表达实际情境中物体间"前后"的关系,并能动手操作。

3. 让学生体会数学与生活的联系并领略学习数学的趣味性,培养学生的竞争与合作意识。

教学重点：理解物体"前后"的相对性。

教学准备：圆片、三角形、五角星、正方形、闯关题目卡、练习跳远、复习拼音。

教学过程：

一、挑战开篇、揭示"前后"

师：同学们，今天这节数学课呀，与往常不同，我们要举办一个"挑战趣无限"的数学竞赛活动。

生：表现得非常兴奋。

师：我们竞赛的主题是"前后"就是说我们竞赛的内容都和"前后"这个数学知识有关.

师：我们将以小队为单位进行比赛。课前我们已经划分好了各种水果小队，有苹果小队、有香蕉小队，你们好！还有西瓜小队和草莓小队，大家好！

生：全班同学都被分配成为各种水果小队的成员，胸前佩戴着水果标志牌，他们高兴地与老师打招呼。

师：你们各个小队有信心在今天的比赛中获得胜利吗？

同学们胸有成竹的大声地喊——有。

师：好，现在我就是"挑战趣无限"的主持人了。（师自己佩戴上"主持人"字样的胸牌）我宣布："挑战趣无限"数学竞赛活动正式开始（老师带头鼓掌）。

生：热烈鼓掌，被教师带入到创设的比赛情境中。

解析

　　《数学课程标准》指出：有效的数学活动不能单纯地依靠模仿与记忆。所以我结合低年级学生好胜心强、爱玩、爱动的心理，设计了有趣的数学竞赛活动。让学生在玩中乐，在乐中思，在赛中比，在比中做，自主感知"前后"，从而获得成功的体验和探索的乐趣。

二、挑战四关、体验"前后"

（一）挑战第一关：运动关

1. 男生组进行跳远比赛

师：首先，让我们进入趣味挑战第一关：运动关（课前指定学生参赛）。

请听题：请每个小队课前选好的一名男队员到前面来，代表你们小队进行立定跳远比赛。听好规则：请同学们站到起跳线后进行立定跳远，跳完之后要原地不动，否则就算犯规。

生：四个水果小队的男生学生代表依次跳远。

师：谁跳到了最前面？他的后面有几个人？

生：A跳到了最前面，他的后面有三个人。

师：谁跳到了最后面？他的前面有几个人？

生：B跳到了最后面，他的前面有三个人。

师：谁还能像我这样提有关"前后"的问题？

生1：C的前面是谁？

生2：D的后面是谁？

生3：D的前面有几个人？

生4：C站在谁的后面？

……

师：给A所在的小队——苹果小队加4分，B所在的小队——西瓜小队加1分，C所在的小队——香蕉小队加3分，D所在的小队——草莓小队加2分。

2. 女生组进行跳远比赛

师：下面请每个小队的一名女队员代表你们小队进行第二轮跳远比赛。

生：四个水果小队的女生学生代表依次跳远。

师：他们谁在谁的前面，谁在谁的后面？

生1：G在H的前面，H在G的后面。

生2：J的前面有H、G。

生3：K在G、H、J的后面

……

师：该给谁加上4分呢？为什么呀？

生：该给G加上4分，因为她跳到了最前面。

师：该给谁加上1分呢？这又是为什么呢？

生1：该给K加上1分，因为她跳到了最后面。

生2：H和J分别加上3分、2分，因为她们是第二名、第三名。

3. 给各个小队加分

师：刚才同学们用有关"前后"的语言描述了同学们所站的位置，看看在下一个环节中同学们还会不会用"前后"来解决问题。

解析

　　闯关的游戏符合儿童年龄特点，激发学生学习的兴趣和动机。本环节还培养学生提出问题、分析问题与解决问题的能力。

（二）挑战第二关：知识关。

师：让我们抓紧时间，赶快进入趣味挑战第二关：知识关。

师：同学们，现在我的手里有一些题卡，我们一起来看一看：

出示题卡：1.（　）（　）（　）4

2. 6（　）（　）（　）

3.（　）（　）（　）r（　）（　）（　）

4.（　）（　）（　）ong

师：请同学们仔细审题，应该怎么填呢？它们前后之间是有规律的，看谁最爱动脑筋，能找到窍门。

师：请四个小队最前面的女生代表你们小队答题；其他同学打开练习本，也在座位上做出你们小队队员的那道问题的答案。

生：四个小队的女生代表到前面来答题。

师：我们一起来看第一题，请你讲讲你为什么这么填？你是怎么想的？

草莓小队的女生代表：（1）（2）（3）4，我是按照数数的顺序从前往后填的。

师：谁和他们填的不一样？

生1：（7）（6）（5）4我是按照数数的顺序从后往前填的。

生2：（10）（8）（6）4我是隔着一个数填的。

师：我们来看第二题。

苹果小队的女生代表：6（8）（10）（12）。

师：谁和他们填的不一样？

生3：6（5）（4）（3）。

生4：6（4）（2）（0）。

师：同学们真爱动脑筋，想出了这么多的填法！

师：我们来看第三、四题。

生：西瓜小队的女生代表解答第3题：(zh)（ch)（sh）r (z)（c)（s)，我是按声母顺序表从前往后填的。

生：香蕉小队的女生代表解答第4题：(ang)（eng)（ing) ong，我是按照韵母顺序表从前往后填的。

师：你们说的都有道理，虽然想法不同，但是同样是正确的。

师：根据各个水果小队的表现，依据如下标准为各个小队加分。

书写正确(1分)、工整(1分)、表述清楚(1分)。

解 析

数学课上融入体育与语文知识，既锻炼了身体，又复习了拼音，体现了数学学习有着广阔的空间，使学生感到生活中处处有数学。

师：两关之后，可以看到×小队的分数最多，暂时排在了最前面，其他小队可不能落后呀！

(三)挑战第三关：操作关

师：让我们继续投入激烈的比赛，进入挑战第三关：操作关。

师：请各个小队最后面的男生到前面来，代表你们小队进行操作比赛。其他同学也把准备好的学具(三角形、圆形、五角星、正方形)拿出来，在座位上摆。

师：请按老师的要求摆：把三角形放在最前面，圆形放在三角形的后面，五角星在正方形的前面，而在圆形的后面。

生：全体学生都摆。

师：评价各个小队代表摆的对与错、加分。

师：请各个小队的代表同学走到不同的小队后面，由后向前检查每个小队队员的作品，看看他们摆的是否正确？

师：判断加分与否。（全小队都对，就再加一分。）

师：这一关的比赛就到此为止。

师：现在我们再来看一看，又是哪个小队的分数最多，排在了最前面呢？

解 析

将观察与操作结合起来使学生在真实的活动中理解"前后"，培养学生的动手操作能力。

(四)挑战第四关：游戏关

师：接下来紧张的时刻到了，让我们进入决定胜负的最后一关，挑战第四关游戏关。

师：我们先来玩个"口令游戏"。

师：在玩这个游戏之前，我们先明确一下：(以横排为准)这里是各个小队的第一排，第二排……

师：听我的口令：第二排前面的同学指鼻子；第三排后面的同学站起来。

生：高兴的参与活动。快速反应，做出动作。

师：下面我们以小队为单位进行游戏活动，适当给予加分。

师：香蕉小队，这个同学(教师随手指一名学生)前面的第2个同学摸耳朵。

师：草莓小队，这个同学(教师随手指一名学生)前面的第3个同学摸脑袋。

师：西瓜小队，这个同学(教师随手指一名学生)后面的第4个同学张嘴巴。

师：苹果小队，这个同学(教师随手指一名学生)后面的第5个同学摆摆手。

各个小队的学生都准确地做出了动作。

1. 站队活动

师：我们再来玩第二个游戏：请各个小队从前数第三名男同学站到我的前面站成一竖排；教师向后转，又说：请各个小队从后数第三名女同学站到我的前面站成一竖排。

生：各个小队的男生走出来站到了老师的前面，各个小队的女同学与男同学的位置相反，也站到了老师的前面。与老师站成了一排。

师：都是前面，为什么他们两次站的地方不一样？

生：因为老师第二次转过身去了，女生就得调换位置了。

师：因为老师改变了方向，无论怎样站，请记住：面朝的是前面；背朝的是后面。

师：给各个小队加分。

2. 找朋友活动

师：同学们，入学这么长的时间了，在班级里你一定结交了比较要好的朋友，你最要好的朋友是谁？能运用有关"前后"的语言描述出你好朋友的位置，让我们大家猜一猜吗？

生1：我的好朋友在 W 的后面。

同学们一起大声地说是 Q。

生2：我的好朋友在 P 的前面。

同学们一下就猜到了是 U。

生3：我的好朋友在 L 的前面，R 的后面。

同学们站起来向 T 看去，齐声说是 T。

3. 站排活动

师：你上课间操时，谁在你的前面？谁在你的后面？出来站一站。向后转。

生1：I 在我的前面，K 在我的后面。

师：请你们三个人站到前面来。

生：三个男生站到了前面。

师：I 的前面又是谁呢？K 的后面又是谁呢？请站到前面来。

生：I 和 K 也出来，与前面的同学站成了一排。

解析

　　好玩的游戏凸显数学学习的"活动化"，学生在有趣的活动中体验数学、理解数学、感受数学的魅力。三维目标的实现蕴涵在数学活动之中。数学新课程重要理念之一就是让学生学习现实中的数学，本环节让学生在熟悉的生活中感知"前后"的意义，在生活化的情境中建构知识，在丰富多彩的活动中体验数学。充分发挥了学生的能动性，学生在自由、宽松、活跃的学习气氛中积极、主动的探索、发现、解决问题。使原本枯燥的"前后"教学变得富有情趣。与此同时，学生在真实的体验活动中理解了"前后"位置的相对性。突破了教学难点。

三、总结活动、体验成功

1. 计算各个小队的分数

师：同学们，现在我们已经顺利地通过了挑战四关，让我们看看各个小队的得分情况。

我们一起来算一算：苹果小队￥分，祝贺苹果小队！

西瓜小队￥分，祝贺西瓜小队！

······

2. 奖励各个小队，颁发"合作奖章"

师：这些分数是你们每个小队队员亲密合作的结果。所以每个小队都理所当然地赢得了一枚"合作奖章"。

师：现在我为苹果小队颁发蓝色奖章、为西瓜小队颁发红色奖章。

……

各个小队的队员都非常高兴。

师：我们要给获得第一名的小队颁发一枚奖杯。

3. 寻找"金杯"活动

师：这枚金杯在哪儿呢？它在苹果小队的一个男同学的书桌里。这名男同学前面有2个人，后面也有2个人。你们能找到它吗？

生：全班同学都一起站起来往苹果小队这边看，先找到的喊了起来，在S的书桌里。

S同学欣喜地从书桌里拿出了金杯。

4. 为第一名的小队颁发金杯

师：有请获得第一名小队的队长到前面来，代表你们小队接受这枚闪闪发光的奖杯。祝贺你们！

 **解 析**

这样的设计使本节课的教学有始有终，构成一个完整的教学情境。对于学生来说就更有吸引力，排名次其实也是对"前后"的再次理解。奖杯不直接出现，而是让学生利用"前后"的知识自己去寻找，应用数学的同时又增加了学习的趣味性。

四、课堂总结、课外延伸

师：通过今天的"挑战趣无限"活动，你学会了什么？

生1：我学会了用"前后"说出我好朋友的位置。

生2：我学会了"前后"这个知识。

师：你认为你今天表现怎么样？为你们小组的比赛做了什么？

生1：我们小队今天赢得了第一名，我非常高兴。

生2：我们小队今天虽然没有获得第一名，可是我为我们小队赢得了3分，我还是很高兴，我想下次比赛我们小队一定会赢的。

……

师：同学们，在大家的积极参与下，今天的比赛活动愉快的结束了，我们不但在活动中学会了用"前后"描述方位，并用"前后"这个数学知识解决了实际问题。看到同学们玩的十分开心，我也很高兴，希望有机会我们还能一起来"挑战"。

 **解 析**

帮助学生梳理自己的收获，进行反思，总结之中既找到学习的知识点，又发现不足。促进学生早日形成合作观念，增强集体凝聚力。

三、研究性练习

1. 下面是一所小学的听课笔记，你们认为设计得是否合理？还应该补充哪些内容？记录和点评是否恰当？试着分析一下，再根据你所学到的相关理论知识对小学数学的听课笔记作科学、合理的设计。

讲课教师	×××	班别	三年级(1)班	记录者		×××
讲课题目	四边形	时间		2004-10-13　第二节课		

	点评:
一、创设情境,引入新课 1. 教师放录像(介绍第一小学的校园),然后让学生观察主题图(课本的图) 教师提问：① "在图中你能看到什么?"(让同桌互相交流) ② "你看到图形了吗?" 学生1：我看到了正方形的蓝色地板砖。 学生2：我看到了长方形的蓝色地砖……(接着请几个学生回答) 2. 点明主题 在这个美丽的校园里有许多的图形。其中像正方形、长方形、蓝色地砖的形状和推拉门的形状,都叫四边形。 (引出主题：四边形) 二、探究交流,学习新知识 (1) 涂一涂(教师向每位学生发一张画有许多图形的卡片) 教师的问题：在卡片上找出你认为是四边形的图形,并把它涂上颜色。 学生都很认真地找和涂。 最后老师展示两张学生的结果,在学生之间进行评价。 (2) 四边形的特点 教师投影出涂好的四边形,并问："观察一下这些四边形有什么特点?" (让学生以四人为一小组进行讨论) 小组讨论汇报结果：四边形的特点是有四条边、四个角,师生共同探究,进一步让学生发现和认识到四边形都有四条直的边,有四个角。 (3) 举例进一步深化 请两个学生到电视前提出长方体的面是四边形。 (得出结论：长方形的六个面是四边形) 教师还让学生联系周围的东西有哪些是四边形。 (学生争先恐后地回答) 三、动手实践,取得新知识 1. 课前教师给每个小组一个信封(里面有很多图形卡) 教师要求每个小组按不同的分法把图形卡分组。 讨论后小组汇报分类结果： (1) 按图形的相似来分 (2) 按图形的颜色来分 2. 游戏(准备工具：橡皮筋、钉子板) 要求学生亲自动手围一个四边形。 教师提问："你围成什么四边形?" 学生答："长方形"或"正方形"。 教师提问："为什么围成的是长方形或正方形? 为什么认为它是长方形或正方形?" 先让学生讨论,然后请多个学生回答。 再讨论"长方形和正方形有什么特点?"(小组讨论,每组项基本原则找一至两个发言) 在教师的引导下认识长方形和正方形的边和角的特点,最后教师在屏幕上显示总结： ① 长方形、正方形的角是直角。 ② 长方形的对边相等。 ③ 正方形的四边相等。 3. 联系实际引入另一游戏 "我们镇是毛织重镇,用毛线编织出美丽的衣服"(回归生活)引出游戏,教师将彩色的橡皮筋用手指编织多种四边形,这时学生自己动手编织出长方形、正方形等图形。 四、让学生再次阅读课本,如果有不明的地方提出,教师解答,并总结整节课 五、板书 四　边　形 四条直的边 四个　角	利用录像引起学生的注意。老师根据学生回答在屏幕上随机出现的各种图形,以加深学生对四边形的认识,从而引出新课的主题(四边形)。 让学生通过观察、直观感知四边形,能够区分和正确辨认四边形,并以小礼物奖励的形式去表扬学生,从而调动学生的积极性。 教师循循善诱,使学生跟着一起动脑、动手,且让学生去发表自己的意见,提高课堂气氛。 但教师没有说出正确的分法 以游戏的形式,让学生亲自动手,提高其积极性,发挥其创造性思维,并且让学生去总结知识点,加深对知识的理解。 使学生在活动中感受到数学与生活的密切联系,培养学生对家乡的关注。 反馈学生掌握的知识的程度。 板书简洁而明了,突出四边形的特征。

总评	这节课教师合理地运用多媒体教学,使学生能够全面掌握知识点。通过多种游戏,让学生感受到生活中的四边形无处不在,并认识四边形的特征,进一步掌握长方形和正方形的特征,培养学生的观察、比较、抽象概括能力和积极参与数学学习活动的态度,以及与他人合作的良好习惯。

2. 下面是一位小学数学教师对一节公开课所进行的评课记录,想一想如果你参加了此类活动,依据所学评课的相关知识你会从哪几个方面去评价一节课?

12月17~18日我有幸赴古色古香的如皋,参加了南通市小学数学课堂"有效课堂"第五次研讨会,聆听了3个各具特色的讲座,欣赏了精彩纷呈的6节课,第一次亲身接触到"活动单导学"的教学模式,学习时间短,自身收获大。下面我就佘路祥老师执教的"用'假设'的策略解决问题"一课,谈谈我自己的一些想法。

对于六年级孩子而言,"假设"这一策略,或者是承载着这一策略的数学问题,其难度是不言而喻的。"鸡兔同笼"问题历来是小学数学奥数题中的典型问题,如今作为习题走进了小学数学教材,可想而知难度之大。要想使孩子掌握,只靠老师的讲解肯定是徒劳的。而佘老师设计"活动单导学"教学环节,很好地把握和处理了教学重难点。

(1)多种尝试,体验策略

在"活动单导学"的教学模式下,佘老师先引导孩子理解题意:怎样租用10艘船正好坐满?这10艘船可能有哪些情况?你准备怎样来解决这个问题?这一环节给孩子充分的独立思考的时间,让学生运用画图、列表等学过的策略探究新的问题,培养孩子的自主探究知识的能力。思考后再在小组和全班进行探究、交流,注重语言表达能力和解决问题思路的训练。引导孩子提出不同的假设,培养孩子思维的灵活性,不仅让孩子掌握了解决问题的策略,也使孩子在不断探索与交流中感受到"假设"策略解决问题的价值。

(2)解决问题,体验成功

如何进行调整是本节课学习的难点,这里的调整孩子独立完成的难度比较高,所以在解决假设成同一种船初步感知调整策略时,佘老师适时地引领孩子进行探索,通过一些有效问题的追问,来帮助孩子建立一个解决问题的台阶,使他们的研究能获得成功,归纳出假设法解题的思路。孩子在教师的引导下进行了初步的研究,有了一定的思考能力,在接下来解决问题中,佘老师把关键的问题抛给孩子去研究、完成。这样,教师的引导探索和孩子的自主探索有机结合,就可以帮助孩子很好地突破难点,掌握方法,体验成功。

(3)反思整理,提炼策略

对于六年级孩子来说,不但要养成反思的意识,更要学会如何去进行反思,这样一种能力需要在教师设计的问题的引导下,在一次次的反思与交流中才能得到培养。本课孩子在解决实际问题的过程中,对假设的策略有了初步的体验,这时通过引导孩子进行两个层次的反思整理,帮助孩子及时提炼用假设的策略解决实际问题的步骤,以及如何调整,十分有利于孩子今后独立运用策略解决实际问题能力的提高。

我觉得"活动单导学"教学模式运用在《用"假设"的策略解决问题》这课是再合适不过了,衷心祝愿如皋的"有效"课堂越来越精彩。

3. 通过观看录像或到当地一所小学听一节数学课,针对这节课开展组际间的评课活动。

4. 你的同学在毕业前试讲一节课或教学片段时如何对她进行评课?

第三节 常用教学文书写作技能

一、常用教学文书写作技能概说

(一) 教育应用文的含义

教育应用文是专业文书的一种,顾名思义,教育应用文就是教育行政处理日常事务而使用的应用文体。广义的教育应用文泛指教育行业日常广泛使用的包括公务文书、事务文书、信函文书及教育专业文

书在内的应用文体。狭义的教育应用文是指教育部门的专用文书,这类应用文一般不为外界所使用,具有教育专业的典型特征。这里所谓的教育应用文是以具有教育专业典型特征的教育专业文书为主,包含教育日常所用的其他应用文体在内的文书的统称。这里所说的常用教学文书仅仅指教学随笔、教学反思和教学论文。

(二)教育应用文的特点

1. 主旨具有教育性

主旨即文章的中心思想,是文章的目的、意图和观点的体现。教育应用文应该明确地表达自己的主旨,主旨应体现教育这个核心,应该是为教育服务的。教育应用文的主旨还应该集中、单一,即一篇文章的主旨应围绕一个中心组织材料,体现出教育的专业特征。

2. 材料具有真实性

教育是一门科学,是一门老老实实的学问,来不得半点虚假。教育应用文的材料来源于教育实践中的观察、调查、实验、总结等,这是获取材料的主要途径,它是第一手资料,必须亲身去体验,亲自去获取,这样的材料才是真实可靠的。通过查阅文献获取的第二手资料,虽然是间接性材料,但它是前人实践的总结,它也必须是真实的、可靠的。材料不真实,得出的结论就不真实。

3. 语言具有准确性

语言准确是所有文体的共同要求,但教育应用文对语言准确的要求更高。首先,教育应用文体现的是教育工作者的智慧和成就,应该用最准确的语言来表述。其次,教育部门的任务之一就是教会学生正确地使用语言文字,语言的准确运用是教育工作者能力的具体体现。语言的准确性又主要体现在对专业术语的运用上,也体现在对数据的运用上。此外,教育应用文还要求语言简明、平实,使读者能迅速了解文章。

(三)提高写作水平的途径

1. 熟练掌握教育教学的专业理论和教育政策法规

专业文书的写作其专业理论性很强,教育应用写作则体现教育的专业理论特性,它是专门处理教育专业的事务,因此,要从教育专业人士的角度,用教育理论去分析问题和看待问题。要写好教育应用文,还要熟练掌握国家关于教育的路线、方针、政策,国家的教育政策法规是我们看待教育问题的思想指南,也是我们进行教育教学工作的行动指南。具备了坚实的教育理论的基础,有了明确的思想和行动指南,才能写出具有专业特点的教育应用文。

2. 基本掌握教育应用文体写作的规范

规范性是应用文的基本特性,学习应用写作最根本的一点就是把握其写作规范,学习教育应用文也一样。专业文书的写作规范虽不像公务文书那样严格,但也有自己的基本写作要求,学习教育应用写作应该认真把握其基本写作方法,在规范的基本框架内去写作。

3. 热爱教育事业,多学多思,勤于实践

要写好教育应用文,还要热爱教育事业,多学多思,勤于实践。热爱教育事业,才会有兴趣去探索教育规律,总结教育经验,摸索新的教法。事业心是写好教育应用文的重要保证。还要在教育实践中多读教育专业报刊,向行家学习,在学中思,借鉴别人的写作经验。要多进行写作实践,因为写作能力的形成更多地信赖于勤奋练笔,没有足够的练笔是很难写出有分量的教育应用文的。

二、常用教学文书写作技能案例解析

(一)教学随笔

1. 什么是教学随笔

随笔是一种散文,也称偶感、杂感、断想等,它是人们在工作、学习、生活和社会见闻中,不拘一格,自由写出的所思和所感,在内容上以个人的经历、情感、琐事为主要题材,并在一定程度上反映出作者的观念和人格,其特点是夹叙夹议、寓理于事、短小活泼、形式多样,随笔的写作,要因小见大,表达出作者的理性思考,给读者以启迪和教益。

教学随笔,是谈论教学现象、分析教学问题的短小文章,它对课堂教学中出现的种种现象(在一篇随笔中只涉及其中的某一种现象),选用活泼、形象的文字,表达作者对此教学现象的点滴思考,从而给人以一定的启迪,如有人对个别教师认为"差生"都是些废铜烂铁提出批评意见,写了一篇《"差生"并不是低能儿》的教学随笔,称"这里有黄金,只不过上面蒙有灰尘,未发出光芒",不少教师读了以后触动很大。

教学随笔不同于教学论文,它不必长篇大论;也不同于工作总结,无须罗列甲乙丙丁,分析得有条有理,它篇幅短小,不拘一格,灵活自由,只需采集教学工作中的一滴水珠、一朵浪花,通过这些水珠和浪花,反映出教学工作的成败得失。例如,你对课堂教学的点滴感悟,学生的学习有了哪些进步,记录下来,即成一篇随笔,随笔写的是自己的所得所感所悟,对自己来说是回顾和小结,但能给他人知识和启示,因此,教师学会写教学随笔,是十分必要的。

2. 教师写教学随笔的作用

教师在课堂教学实践的基础上,坚持动笔写些教学随笔之类的小文章,把自己的教学心得公之于众,就课堂教学领域中某些倾向性问题发表自己的看法,与同样关注这些问题的同行进行切磋,对于提高自己的教学水平,是颇有益处的。具体说来,利用课余时间(由于教学随笔篇幅短小、夹叙夹议,因此写起来比较自由,用时也较少)经常撰写一些教学随笔,至少能起到以下三方面的作用:

(1)有利于积累教学经验,随笔的素材通常取于自己的教学实践并且是自己有较深感受的,形成文字后(不管刊出与否)有利于保存较长的时间,如果不形成文字,那么即使当时感触颇深,往往也稍纵即逝。

(2)有利于钻研教学理论。撰写教学随笔,仅有一点素材是不够的,因为某个具体事例,某种具体现象只能作为"话头",要写成文章,总要加进或者从中升华出一些有教学理论的东西,无论是加进还是升华,对于作者钻研教学理论都是具有一定促进作用的。

(3)有利于提高思维质量。经常撰写教学随笔,会对教学现象特别关注,特别的关注会引发深入的思考,久而久之,自己的思维质量会在不经意中得到提高。

写教学随笔,没有时间的制约,也不必积累大量的资料,一般是在工作中有一己之见,或者有了感触之后,信笔写来的,但对于教师教学经验的积累、教学理论的提升均有非常大的帮助。

3. 教学随笔的撰写

撰写教学随笔的基础是课堂教学实践活动,离开了课堂教学实践,教学随笔就成了无源之水和无本之木。在教学实践中要随时做好必要的记录,也就是说,要积累一定数量的素材,要做一个有心人,要善于留心课堂教学活动中出现的那些值得思索和回味的现象,哪怕表面看来是极其平淡的,也要紧紧抓住它们,不让它们在自己的眼皮底下溜走,这样的材料积累得多了,写起来便会得心应手。

适合撰写教学随笔的内容是相当多的,凡是在课堂教学活动中出现的现象,无论是涉及教学原理、原则的,还是有关教学方式、方法方面的,均可作为教学随笔议论的对象,关键要选准角度和找准切入点,或是从如何"教"的角度出发,或是从如何"学"的角度出发,或是从"教"、"学"双方面如何相互沟通的角度出发,至于究竟应该从哪一个角度出发,要根据具体情况而定,总的原则是有利于把自己的观点清楚明晰地表达出来。

在确立好观点,选择好角度和切入点后,还有一项工作要做,那就是要先摸清"行情",看看类似的观点,类似的角度和切入点在近期有关刊物上有没有出现过,行情要摸准,否则你辛辛苦苦写成了也是徒劳(当然对自己而言还有意义的)。摸清行情最迅捷的办法是上网查阅有关的信息,如果条件不允许,也可采用笨办法,即查阅各高校的有关学报、全国各地的教育杂志以及有关报纸的"教育科学"专栏等。

撰写教学随笔应注意以下三点:

一是教学随笔的选题宜小不宜大,小处落笔,以小见大,阐述时求深不求全,题目小,从自己教学实践的经验教训出发,比较容易驾驭,议论起来也比较容易说到"点子"上。阐述自己的见解时要突出不同于他人的独到认识而不必面面俱到,这是由随笔这种体裁的特点决定的。教学随笔内容广泛,在写作

时,可选取一个侧面,或一堂课,或一次课堂上的偶发事件,或一点思想的火花等。教学随笔旨在通过小处,由此及彼,由表及里,揭示出事物普遍的特征。

二是写法灵活,不拘一格。教学随笔完全可以不按照固定格式写,如可以从自己的成败得失中展开,也可以从别人的教学经历中得到启发等。但是在撰写时对写这种体裁文章的一般思路和方法,还是要有所了解的:① 先扼要叙述课堂教学中的某一事例(这一事例要有典型性);② 以这一事例作为话题,引出类似的概括事例;③ 从典型事例和概括事例中归纳出某一见解(这见解对他人而言是比较新颖或比较深刻的);④ 引用名人或权威的相关论述(古代的或现代的均可);⑤ 联系目前课堂教学领域中的一般实际情况进行评述。

三是意味隽永,给人启示。随笔篇幅短小,它要求用简捷生动的语言,凭借一件事物,或抒发自己的情感,或发表自己的议论,让人从中汲取新的知识,得到有益的启示。课堂教学活动中值得写的内容固然不少,但未经认真思考和深入发掘,那么写出来的随笔很可能因缺乏新意而失之空泛;而要写出新意来,就必须写自己独特的经历,写自己感受最深、难以忘怀的东西。例如,从自己上得最满意(或特别不满意的)的一堂课谈起,或是从分析预期效果与实际效果反差极大的一堂课说起等。总之,最好说出他人未曾经历而你感受特深的,并且要说出他人能从你的独特经历和感悟中得到的有益启迪。

要关注课堂教学领域里普遍存在的某些倾向性问题,应当结合自己的具体实践,对这些普遍存在的和带有倾向性的问题进行较为深入的分析研究,然后从中归纳出某种见解。这样的文章由于具有比较普遍的指导意义,因此容易受到报刊编辑的青睐。

除对教学领域里普遍存在的倾向性问题应加以关注外,对那些人们普遍不太关心的问题,即所谓"冷门"问题,如营造课堂教学的良好氛围,非智力因素对教学效果的影响等,也应当加以关注。"冷门"问题因分析研究的人少,其起点较低,比那些人人关注,已有不少文章从不同角度加以探讨过的热点问题,更容易取得引人注目的研究成果。

正确评价学生

教育的主体是学生,学生的认知能力、生活经验客观地受家庭环境、地域所处等的不同而存在差异,要根据学生的实际情况创造性地使用教材、巧选素材、合理设置教学活动内容、使用有效于学生学习的教学方法和学习方法。我使用西师版小学数学新教材教学已三个多年头了,我真正懂得"课标是源、教材是流",逐渐具备创造性使用教材教学的能力。但也留下了一些教学遗憾:一方面部分学生计算速度慢、正确率不高。另一方面部分学生解决问题的能力差。

一、用"发展"的眼光去评价小学数学教育对象

1. 教师要树立"发展"观

"发展是硬道理",人的发展首当其冲是各种发展的核心,教学必须坚持"以人为本"。在数学教学中,必须要打破"只注重书本知识,只注重问题结果",以"结果对错"作为学生解答数学问题的唯一评价标准,以"得分高低"作为学生学习成效的唯一评价尺度等从眼前出发、急功近利、有损于学生终身发展的落后评价观,而应该思考一下我们今天的教学对于学生的明天,对于他们能否自主地学习、发展有什么影响。

2. 教师要为学生的长远发展做好长远的服务

"终身教育"是时代对受教育者提出的要求,所以作为教育者的教师要从"服务"的角度审视每一天的工作,不仅是一本书、一个单元、几道题等该掌握的知识,而是学生在获得这些知识的同时,是否焕发出生命的活力,使"自觉的学习"将来能够伴随他们的终身。所以教师要关注每一个学生,为他们的长远发展做好今天的服务,从这样的角度加强自我反思和评价。

3. 实现学生有差异的发展

"差异性"是人在素养方面的客观存在,它反映了人在教育发展中的不平衡性,这就决定了我们的教育应该是个性化的教育,数学教学应满足不同学生的个性发展需求。在教学中,教师要关注学生的差

异,实施有区别的分层教学;在评价上,教师更要实施分层评价,使评价符合学生的个性发展实际。我们必须摒弃那种追求高平均分、高优秀率的一刀切的教学要求和评价要求,使每个学生在符合自身基础的前提下实现真正意义的发展。我们尤其要关爱"学困生",理解他们的苦恼,帮他们排忧解难,使他们也能够在自身的进步中发展,不至于被排挤在数学乃至整个学习之外。

二、针对个体进行有效评价

实施"分层评价"正体现了在数学教学中教师对学生的客观尊重,体现了"以人为本"的教学理念,体现了服务于学生主动发展的宗旨。学生的各自思维方式不同,学习的起点不同,在运用过程中,学生分层次完成题目的时候,每个学生找到适合自己的题目,并在解答过程中获得一份自信和鼓励。

在以后的教学工作中,我将始终以新课程理念指导自己的教学,不断地使自己的教学方式和学生的学习方式向新课程理念所倡导的方向转变。我想,每位教师都具有各自的教学风格,拥有适合自身特点的教学方法和针对不同的学生情况调试自己的教学行为的能力,但在不同的教学方法的作用下,学生存在的问题有些是带有共性的,这就需要我们教师努力寻找真正有效于学生学习的教学素材、教学方法和学习方法。

解 析

这篇教学随笔对自己所使用的教材,对新课程标准的理解,对学生在教学中出现的问题进行较详细的思考,是真正的有感而发。语言明白准确,自然质朴,文章题目就表明了自己的观点,结构简单,能结合教学实际来谈自己的体会。

(二) 教学反思

1. 教学反思的概念

教学反思是教师在教学工作中通过思考、反省、探索,不断审视、分析和解决工作中各种实际问题的过程。它对我们大多数教师来说,是一个新的概念。事实上,每一位教师都有对自己的教学理念与教学行为加以反思、研究与改进的能力。但问题是,不少教师只习惯于日复一日地上课,缺乏反思意识,有位教师对此深有感触,在一篇文章中写出了他对反思的认识:"记得当我刚刚踏上工作岗位时,对教学中偶发的小问题,我通常不加注意,或是有意无意地回避了它,工作一忙,不久后自己就忘了有这么回事。而教学反思改变了这种情况,因为要反思,我没有逃避问题的机会,必须直面它,我把问题记录在反思本上,这并不是愉快的过程。但时间一长,我渐渐养成了反思的习惯,如今翻阅这本反思本,心里不禁庆幸,若使本上的这些问题都听之任之地存在下去,对我的教学工作将是很大的隐患。慢慢地,反思就由被动转化成了一种主动的要求,它已成了我教学工作的一部分。"

2. 教学反思的作用

(1) 有助于教师积累教学经验,为撰写文章提供有关素材;

(2) 锻炼了教师学习的主动性和自觉性,培养了教师的概括能力和发现并解决问题的能力;

(3) 教学反思是教师参与教学科研的基础。

3. 教学反思的方法

布鲁巴克等提出了以下四种反思的方法:

(1) 反思日记,在一天的教学工作结束后,要求教师写下自己的经验,并与其指导教师共同分析;

(2) 详细描述,教师相互观摩彼此的教学,详细描述他们所看到的情境,对此进行讨论分析;

(3) 实际讨论,来自不同学校的教师聚集在一起,首先提出课堂上发生的问题,然后共同讨论解决的办法,最后得到的方案为所有教师及其他学校所共享;

(4) 行动研究,为弄明白课堂上遇到的问题的实质,探索用以改进教学的行动方案,教师以及研究者合作进行调查和实验研究。它不同于研究者用于外部进行的旨在探索普通法则的研究,而是直接着眼于教学实践的改进。

例如,教师经常听课,尤其是新教师,学校都为他们指定了指导教师,并且规定每周必须听指导教师的课,对新教师来说,不仅要坚持听课,而且听课后要认真反思、总结。他们要思考这样一些问题:上公开课的教师对教材为何这样处理? 换成自己该如何处理? 教师是怎样把复杂问题转化为简单问题的? 自己应怎样对"闪光点"活学活用? 思考之后,要和自己的备课思路进行对比分析,大胆地去粗取精,扬长避短,写出符合自己特点的教案,并付诸实施,但不能生搬硬套。

一 节 公 开 课

12月9日,是既兴奋又紧张的一天。第一次在这么多老师面前教学,颇有班门弄斧之感。不过,这节课像第一场战役一样,对我的教学生涯来说有着不同一般的意义。我教学的内容是人教版小学数学一(上)《认识钟表》第一课时,为这节课我一直思来想去努力想上出有自己想法的数学课,每一个环节精心打磨,每一句话斟酌半天……前后用了1个半月的时间,终于新鲜出炉。课后的反响还可以,毕竟对于一个新人来说,前辈们都会本着包容和鼓励的态度,心里也开始大了胆子。心里特别感谢一个人,有她在下面听我上课心里就特别定,大概这就是冥冥中的力量吧!

无论是设计出一堂如何精彩纷呈的课,它始终是为着学生服务的。在随后的练习和测验中,学生的反馈又让我产生了一些想法。

1. 画12时,起先很多学生画的看上去好像只有1根指针。为了避免这种情况,我统一让学生记住画针时一定要带上箭头,并且箭头要正好指向那个数。如果这个小细节在上课时就落实下来,那学生可以走更少的弯路了。

2. 半时的画法。在教学半时时,我是让学生学会说这样一句话:分针正好指向6,时针走过几,就是几时半。如果是让学生看钟说几时半一般不存在问题,但是画钟的时候就存在学生该如何把"时针走过几"转化为钟面图的问题。比如说让学生画1时半,有不少学生会喜欢画在12和1之间;但是他们在认1时半的钟面时,却能毫不犹豫地告诉我时针走过1。归根结底,还是学生没有能真正认识到指针走的方向——顺时针。而教科书上也没有涉及"顺时针"的明确目标,这是与之相矛盾的。

后来,我想了一想。如果在教学整时时,把课件设计成像一般钟表那样走动,让学生感受从1时到2时,2时到3时……不管是时针还是分针都是朝着一个方向走动,那就是顺时针。让学生在看钟表走的过程中,不仅复习了整时,而且还感知到时针和分针走的方向。那么这就为半时,明确"走过几"这个问题埋下了伏笔。

3. 再过几小时,就是几时? 这个问题,在练习中频频出现,而我在设计时并没有涉及。如果在"学校中的一天"里渗透这样的思想就更好了。比如早自修8时,过了3小时,就是我们吃饭的时间——11时。

4. 整时和半时的两个写法。一般电子钟的写法不会对学生造成困扰,机械钟的写法要求学生写出文字,有不少学生就写错字,多一画或者少一画。在教学时,应该注重书写的问题,特别是"半",不仅容易写出3画的横,而且容易漏掉这个字。

 **解 析**

教师能够简要介绍了他上一节小型公开课的心情和详尽的事前准备工作,从第一段中就可看出。这节课的案例并没有一五一十地都记录下来,而是对某些教学细节的设计进行了充分的思考,这种思考在实际教学的运用过程中是否真正地达到目的,采用的教学方法更适合这个年龄段学生的认知发展规律,具体的教学内容有哪些没有设想到,教学过程中有个别地方有欠缺或教师的失误等都能够进行记录与反思,通过分析和审视,至少今后这位教师再有类似的情况时会主动、积极地面对,更好地实现教学的有效性。

（三）教学论文

1. 教学论文的内容

根据《现代汉语词典》的解释,论文是讨论某种问题或研究某种问题的文章。据此,教学论文的含义也不难理解,它是较为系统地专门讨论和研究教学现象和教学问题的文章。在形式上,教学论文既不同于一事一得的教后记,也不同于随感式的教学随笔,又有别于涉及面较广,感性万分较重的经验总结。它的要求很高,具有较强的理论性和较完整的框架,而不仅仅是就事论事或就事论理。它直接运用有关教学论的基本原理(当然只要有根有据和自圆其说,也可以提出新理论)对所研究的现象和问题进行剖析,从中提出观点,用以指导教学实践。因此,教学论文具有较强的论证性和指导性,是一种较高层次的议论文。

按照不同的分类标准,教学论文可以分为许多不同的类型。但是,就其性质而言,主要分为两种类型:一是立论型,即针对某种教学现象或某一教学问题,明确地提出自己的研究成果,给人以较为肯定的回答;二是归纳型,同样针对某种教学现象或某一教学问题,整理汇集前人研究成果中各种不同的代表性意见,自己不明确表态,仅为后人进一步探索提供方便。显然,后一种教学论文适合有关专家学者,一般教师应选择前一种。

2. 教学论文的基本要求

教学论文的基本要求有三点:一是创建性;二是科学性;三是实用性。

（1）教学论文应当具有创建性

要知道,教学论文尽管属于议论文的范畴,但它毕竟是一种较高层次的议论文,与一般的议论说理的文章不一样。要称得上"论文",必须在某一方面提出自己的新认识、新见解或新看法。当然,这绝不是说对以往别人在这方面的研究成果可以视而不见和听而不闻。恰恰相反,在落笔之前,要花大力气对前人的成果进行认真仔细的分析研究,然后在此基础上提出自己的新观点。也就是说,既不能无视前人,也不能被前人所束缚,一定要有自己的新东西奉献给读者。

（2）教学论文应当具有科学性

对教学论文而言,创建性这一要求固然很重要,但从根本上说,更为重要的是它的科学性。作者必须本着科学的态度,全面地收集各方面的有关材料,通过严密的科学分析和论证,从中揭示出具有普遍指导意义的教学科学规律。所谓科学性,不仅指论文的观点要正确,同时应该考虑论文的基础-材料的科学性如何,在论证中是否严格遵循形式逻辑的基本规律,写好后还要仔细推敲语言文字表达方面是否有不够周密和需要改进的地方。

（3）教学论文还应具有实用性

教学论文应当有的放矢针对教学领域中普遍存在的倾向性问题进行分析研究,探索出这些问题迟迟不能得到解决的原因,并在充分论证的基础上提出解决这些问题的途径和办法。教学论文要注重可操作性,提出的见解和具体的措施,不但要从理论上阐述透彻以解决人们的思想认识问题,而且要帮助人们把原本觉得十分棘手的问题比较容易地加以解决。

3. 教学论文的撰写

教学论文从开始具有某种意向到完稿,通常包括这样几个阶段:

（1）准备阶段

教学论文动笔前必须做充分的准备:

① 教师在教学实践中应当做个有心人,要随时发现问题,总结经验,并从中选择自己的课题;

② 要善于利用各种教学杂志,在开阔视野,博采众长的同时,掌握教学动态,保持科研的敏感性,使自己的研究课题不落伍;

③ 要经常翻阅一些教学理论书籍,努力提高理论水平,使自己能够站在一定的高度上观察思考,获得真知灼见。

（2）选题阶段

教学论文的选题必须遵循三项原则:

① 选题要具有较强的针对性和现实意义,要关注课堂教学中的热点问题,当前如二期课改与课堂教学的整合、研究性学习等;

② 选题要选自己在这方面确有真知灼见,或是能有较充足的理由提出与传统的观点相对立的看法,或是能提出别人还没有想到的新论点,或是能在别人一般性议论的基础上发掘更深刻的看法的题目;

③ 选题要考虑材料的准备情况以及精力、时间等必要条件的许可程度,不要贪大求全,以致力不从心,半途而废,或面面俱到却泛泛而谈。

教学论文的选题,不可能从天上掉下来,不可能从地下冒出来,也不可能是自己头脑里固有的。据笔者考察,大概可以从三方面得来:

第一,来自课堂教学的实践,特别得意的成功经验以及特别难忘的教训均可使人产生某种灵感,顿悟到某种思想;

第二,来自阅读报刊有关文章(不一定是教学论文)时的触动和联想(或赞成,但觉其未能阐述深透;或反对,欲提出针锋相对的看法等);

第三,来自教育行政部门或教育报刊的需要,如上级需要推广某一方面的经验或有关报刊编辑部约稿等。

当题目选定,确立论文的中心论点后进入第二阶段。

(3) 收集资料阶段

资料的收集时要注意,当我们围绕中心论点收集有关资料时,材料要充分恰当,避免出材料堆砌以致淹没观点的现象。

(4) 安排结构阶段

确定论文的基本结构(不要先考虑开头怎么写,而应把主要精力放在总体构想上,例如,全文分几个层次以及采用并列式结构还是递进式结构等)和确定重要分论点。

教学论文的基本结构与一般论文的基本结构相同,包括绪论(或称序言、引言等)、本论和结论三个部分。文章不论长短,绪论都相当重要,绪论部分应当概括全文的主要内容(即作者的主要观点),使读者对整篇文章的基本精神有所了解;本论是整篇文章的核心部分,应当紧紧围绕绪论中提出的总论点分层次展开论述,深入分析问题的实质,把自己的观点鲜明、准确地表达出来;结论部分尽管文字不多,但相当重要,应当言简意赅,在本论深入论述的基础上较为自然地归纳全文,使文章的主要观点再一次得到凸显,在读者的头脑中留下深刻的印象。

(5) 落笔成文阶段

落笔成文,最好一气呵成,不要拘泥于字斟句酌,使较为顺畅的思路中断。

由于本论是论文的核心部分,因此撰写时应特别重视。本论分几个部分或几个层次(通常3～4个),下面介绍每一个部分(或每一个层次)的一般写法——“点、引、议、结”法。“点”即在段首用一句话(中心句)点明从哪一点上阐明总论点(即分论点),给下面的论述定下基调;“引”,引用能说明分论点的例子,包括事实论据(具体事例、数据等)和理论论据(名人名言、格言警句等);“议”,对引用的例子结合观点加以充分的阐述和说明,使两者有机地融合在一起;“结”在“议”的基础上,对本部分作一简要的小结,使阐述的分论点进一步凸显出来。

(6) 修改润色阶段

初稿完成后,须进行几次修改,以提高论文的质量。修改分为“冷处理”和“热处理”两种,“冷处理”是先搁上一段时间,然后再进行修改;“热处理”是指初稿完成后立即进行修改。两者各有优势,所以在实践中应当是“冷热结合”。

此外,教学论文的语言表达也相当重要。虽然,与内容客观真实、观点鲜明新颖相比较而言,语言表达的地位似乎不如这两者高,但如果前两者甚优而语言表达太差,那么论文的质量也就会因此而逊色不少。教学论文语言的基本要求有两条,一是具体,二是通达。所谓具体是指要善于用材料来说明观点,因为“抽象的真理是没有的,真理总是具体的”(列宁语),你要把研究的成果告诉读者,就得引用具体真实的材料加以阐述,以增强说服力;所谓通达是指把要阐明的较为抽象深奥的观点,尽可能用简明流畅的语言表达得清晰透彻,这样读者接受起来比较容易。

让学生在"体悟"中学习

《数学课程标准》指出:"义务教育阶段的数学课堂,其基本出发点是促进学生全面持续、和谐地发展。"为此数学教学既要考虑数学自身的特点,更应遵循学生学习数学的规律,注重从学生已有的知识和生活经验出发,让学生亲身经历数学建构的过程。这种主动建构必须是在学生对已有知识和经验进行体验、反思的基础上实现的,从而使学生获得对数学理解的同时,在认知、情感、能力等多方面得到发展。学生都是有着丰富的人格、丰富个性的活生生的人,在倡导"以学生的发展为本"的当今课堂上,越来越呼唤"体悟"教学。我就结合自己的教学,来谈谈"体悟"教学。

一、猜想创编,于探索挑战中"体悟"学习

现代教学论认为,在课堂教学中,学生的学习是两个转化过程,一是由教材的知识结构向学生的认知结构转化;二是由学生的认知结构向智能转化。这种转化过程只有以学生为主体,在教师的积极引导下才能实现。没有学习主体的积极参与是没有办法学会数学的。因此,数学的教学应力求体现知识发展的阶段性,让学生经历尝试、假设、操作、探究和分析等一系列活动,调动学生积极学习的心向,使学习数学成为真正意义上的内在需求和追求。在"一位数除两位数,除整百整十数"的教学中,我先让学生口算"60÷3＝　15÷3＝　",有了"好算"的体验后,再把学生组织在猜想编好算的除法题"80÷4＝　60÷2＝　90÷3＝　40÷2＝　24÷3＝　18÷6＝　12÷4＝　48÷6＝　72÷8＝　"这一极富挑战性的活动中。在学习中,我多次组织学生进行猜想活动,并不在于学生是否能猜想出正确的结果、结论,重要的是通过猜想活动有利于培养学生探究能力,并使学生从中学到探究知识规律的科学方法。从而使学生发现"75÷3＝　65÷5＝　84÷4＝　42÷3＝　"的多种计算方法。而学生对口算的感悟过程是思维不断深入、不断发展的过程,是主动建构自己知识结构的过程,学生享受到探索活动的乐趣,对枯燥无味的口算产生了浓厚兴趣。因此,我认为在进行数学规律探知教学中,教师一定要大胆地让学生进行猜想。

二、实践探索,在操作情境中"体悟"学习

数学学习只有通过学生的探索、发现,在发现中体验认知、情感、技能、态度才能协同发展,这才是真正的有意义的数学学习。让学生自己去参与数学活动,在动态的过程中感悟知识的生成,从而在这些过程中获得积极良好的体验。这正是"学科本位"转向"关注"学生。在"什么是周长"的教学中,为了让学生初步理解"周长"的概念,我设计了① 比一比、画一画、评一评三个环节,唤起学生的学习欲望,使学生感知周长。让学生在比较中给图形分类,揭示封闭图形与非封闭图形。这样,抽象的数学知识有了媒体的直观演示,便于学生形象思维与逻辑思维交互使用,发展了思维能力。请同学评一评,并指出所画图形的周长,使学生获得一种满足感,进一步体会到在同一平面内封闭图形一周的长度叫做这个图形的周长。② 通过描一描、摸一摸、走一走体验周长。这样,从学生熟悉的生活事例入手,通过这些活动,拓宽了学生对周长的感性认识,建立丰富的表象,初步认识周长的意义,体现数学与生活的紧密联系。教师留给学生充分的时间与空间让学生经历实物操作,再到画图表征,充分体验周长的意义,并感悟周长的实质。激起学生的思维振荡,放射出欲罢不能的情感元素,从而使学生有的放矢地展开学习讨论。

《课标》的基本理念部分也指出:"数学教学活动必须建立在学生已有的知识经验基础上,帮助学生在自主探索和合作交流的过程中真正理解和掌握基本的数学知识与技能。"每个学生,都有自己的生活经验和知识基础,并不是空着脑袋走进教室。面对新的问题,虽然没有现成的经验,不同的学生也能依靠各自的知识能力形成对问题的解释。在整个学习过程中,每个学生都有自己的想法、自己的发现,在发现中加深对图形周长的感受、体验。

三、沟通联系,在迁移同化中"体悟"学习

数学教育家弗赖登塔尔反复强调:学习数学唯一正确的方法是实行"再创造",也就是有学生本人把要学习的东西自己去发现与创造出来。教师的任务是引导和帮助学生进行这种再创造的工作。以往

的我在"分数的初步认识"教学中先让学生把一个苹果或蛋糕平均分成2份,引导出"1份可以怎样表示"。在学生无法用整数表示分得的结果时再引出分数。显然这种教学不利于学生自主学习,主动建构完整、牢固的数学知识,不利于学生面对问题、主动搜索、沟通联系去解决问题的能力。

学习的本质是学习者用已有的经验来解释同化新知的过程,也是未知与已有的经验之间建立实质性联系的过程。现我在教学这部分内容时,首先让学生用1、2两个数字组成尽可能多的算式并计算出结果。这一开放的教学情境,有效地沟通了数与式之间的内在联系。在学生探究"1÷2是什么意思"时,老师巧妙地提供8÷4,4÷2这两个算式。学生借助它们,通过类比思考,发现了1÷2与8÷4等算式的本质联系。这样的教学善于把握学生学习的契入点,引导他们着力沟通新旧知识的联系,学生在捕捉联系,发现窍门的"顿悟"过程中不知不觉地经历着知识经验的迁移与同化,认知矛盾趋于平衡,认知结构得以拓展。学生在解决问题的过程中既获得知识,又发展思维,同时也在解决问题学习成功中体验学习的快乐。

四、引导深究,于反思总结中"体悟"学习

建构主义认为:一切认识都必须通过主体的建构活动才得以完成。所以学习者必须对自己的学习活动进行自我监控、自我检查,以诊断和判断自己在学习中所追求的是否符合自己设置的目标。通过反思,让学生把解决问题的思维上升到一定的高度,形成一定的认知策略,学到数学思想、方法,从而提高元认知能力。我认为课堂上教师应"导在所当导,放在不得不放处"。上面的教学中,当学生暴露口算除法有多种想法时,教师创造性地提供了一个变式,让学生深究,从而强化对口算方法和转化思维的认识,又蕴含了优化的策略思想。这样的课堂教学符合学生的认知规律,有利于学生的主体建构。

五、营造氛围,在师生评价中体悟学习

素质教育提倡"以人为本"的教育观念,也就是一切以人的发展为本,对学生进行综合评价,使全体学生的素质都得到提高,每个学生的各种素质都得到发展。朱熹不是说过"大以成大,小以成小,无异人也"。在我的教学中,很注重从多层次、多角度地对学生评价。对于一些后进生实行"暂不答分","舍得送分",对于一些特优生的表现,实行"突破满分",又为学生营造宽松的学习氛围,让他们在师生的鼓励声中、激励声中去体验知识的来龙去脉,去攀登知识的高峰。课中、课尾的师生自发的热烈鼓掌,既是对问题解决的评价,更是让学生学会自我欣赏和互相欣赏,有利于自信心的培养。

总之,要实现数学教学从获取知识这个目标转变为关注人的发展,教师要注意从学生的经验和已有的知识背景出发,提供给学生自主探索的机会,让他们在经历知识的过程中,真正体验和感悟数学知识、思想和方法,同时获得广泛的数学活动经验,从而实现学生在认知、情感、智能等方面全面、持续、和谐的发展。

 **解析**

本篇论文从日常小学数学教学工作实际的凌乱材料背后揭示出最本质的东西,通过抽象、归纳各种材料,形成一个有机的整体,提炼出中心论点。可见论点是在经过作者认真分析研究材料、独立思考中所得,"'体悟'学习"不是对别人或书上观点的翻版,而是关注事物的差异、区别与矛盾,敢于打破前人没有涉足的路,打破习惯的单一、单向思维,多维度、多角度、多侧面、创造性地提出自己的观点。论点的呈现是准确的、鲜明的、优美的,简明清晰,符合科学性,不片面,不武断,言之有理。论文题目恰当、醒目、新颖、简洁,本文《让学生在"体悟"中学习》针对小学数学教学在适应新课程改革中如何能够让小学生在体悟中学习数学知识,并时刻关注学生的自身发展,给学生以自主探究的空间和机会,从而解放了教师,也能为学生的终生发展服务。论文的标题大小适宜,标题所反映的内容与论文内容相适应,题目小而具体,感悟较深,操作顺畅,结构严谨,是并列式结构,它当中每一部分都是由实践到理论的循环,都按照人的认识规律排列成不同部分,每一部分都对数据、资料进行理性的讨论,归纳出结论,每一方面相对独立,都有观点、有分析、有实例,几个方面的观点联合起来共同论证、说明中心观点。

参考文献

1. 刘忠智,张晓霞主编. 数学教学实施指南(小学卷)[M]. 华中师范大学出版,2003

2. 陆丽萍主编. 小学数学新课程教材教法[M]. 东北师范大学出版社,2003

3. 田常泰著. 新课程教学研究导论[M]. 黑龙江教育出版社,2005

4. 胡淑珍著. 教学技能[M]. 湖南师范大学出版社,2000

5. 那瑞琴,于民伟主编. 教师课堂教学能力的培养与训练[M]. 东北师范大学出版社,2005

6. 顾松麒主编. 课堂教学技能与训练[M]. 湖南师范大学出版社,1999

7. 湛蓊才著. 课堂教学艺术[M]. 湖南师范大学出版社,2000

8. 孙文杰主编. 小学数学微格教学教程[M]. 科学出版社,1999

9. 朱新春等主编. 教学工作技能训练[M]. 人民教育出版社,2001

10. 张常清编著. 教育应用写作[M]. 广东高等教育出版社,2003

11. 赵嘉平主编. 中小学骨干教师培训内容体系研究[M]. 山东教育出版社,2001

12. 鄂月钿主编. 教师的语言艺术[M]. 吉林大学出版社,2007

13. 魏超群. 数学教育评价[M]. 南宁:广西教育出版社,1998

14. 周卫勇. 走向发展性课程评价——谈新课程的评价改革[M]. 北京:北京大学出版社,2002

15. 朱慕菊. 走进新课程——与课程实施者对话[M]. 北京:北京师范大学出版社,2002

16. 范晓玲. 教育评价[M]. 长沙:湖南教育出版社,2002

17. 杨庆余. 小学数学课程与教学[M]. 北京:高等教育出版社,2004

18. 奚定华. 数学教学设计[M]. 上海:华东师范大学出版社,2001

19. 陶金凤. 小组合作学习教学概说[J].《音体美报》2002.6

20. 马文才. 小学数学直观演示三误[J].《青海教育》2002.2

图书在版编目（CIP）数据

小学数学教学技能导练/田晓莅主编. —上海：复旦大学出版社，
2011.2（2019.8 重印）
ISBN 978-7-309-07890-9

Ⅰ. 小…　Ⅱ. 田…　Ⅲ. 数学课-教学研究-小学　Ⅳ. G623.502

中国版本图书馆 CIP 数据核字（2011）第 013223 号

小学数学教学技能导练
田晓莅　主编
责任编辑/黄　乐

复旦大学出版社有限公司出版发行
上海市国权路 579 号　邮编：200433
网址：fupnet@ fudanpress.com　http://www.fudanpress.com
门市零售：86-21-65642857　　团体订购：86-21-65118853
外埠邮购：86-21-65109143　　出版部电话：86-21-65642845
江苏省句容市排印厂

开本 890×1240　1/16　印张 10.5　字数 309 千
2019 年 8 月第 1 版第 4 次印刷

ISBN 978-7-309-07890-9/G·949
定价：35.00 元